BONDADE, AMOR E COMPAIXÃO

Sua Santidade o
DALAI LAMA

BONDADE, AMOR E COMPAIXÃO

Segundo a versão inglesa organizada por
JEFFREY HOPKINS
ELIZABETH NAPPER

Tradução
CLAUDIA GERPE DUARTE

EDITORA PENSAMENTO
São Paulo

Título original:
Kindness, Clarity, and Insight

Copyright © Sua Santidade Tenzin Gyatso,
Décimo Quarto Dalai Lama.

Publicado mediante acordo com a Editora
Snow Lion Publications, Inc., Ithaca, Nova York, EUA.

A Editora Pensamento agradece a
LIA DISKIN
sua preciosa ajuda no estabelecimento
do texto final deste livro.

Dados Internacionais de Catalogação na Publicação (CIP)
(Câmara Brasileira do Livro, SP, Brasil)

> Bstan-'dzin-rgya-mtsho, Dalai Lama XIV, 1935- .
> Bondade, amor e compaixão / Sua Santidade o Dalai Lama ; segundo a versão inglesa organizada por Jeffrey Hopkins, Elizabeth Napper ; tradução Claudia Gerpe Duarte. — 4. ed. — São Paulo : Pensamento, 2006.
>
> Título original: Kindness, clarity, and insight.
> Bibliografia.
> ISBN 85-315-0059-1
>
> 1. Amor - Aspectos religiosos - Budismo 2. Bondade - Aspectos religiosos - Budismo 3. Budismo - Doutrinas 4. Budismo - Tibete 5. Compaixão (Budismo) I. Hopkins, Jeffrey. II. Napper, Elizabeth. III. Título.
>
> 06-1154 CDD-294.3923

Índices para catálogo sistemático:
1. Budismo Tibetano : Doutrinas : Religião 294.3923

O primeiro número à esquerda indica a edição, ou reedição, desta obra. A primeira dezena à direita indica o ano em que esta edição, ou reedição, foi publicada.

Edição	Ano
5-6-7-8-9-10-11-12-13-14	06-07-08-09-10-11-12

Direitos de tradução para a língua portuguesa
adquiridos com exclusividade pela
EDITORA PENSAMENTO-CULTRIX LTDA.
Rua Dr. Mário Vicente, 368 — 04270-000 — São Paulo, SP
Fone: 6166-9000 — Fax: 6166-9008
E-mail: pensamento@cultrix.com.br
http://www.pensamento-cultrix.com.br
que se reserva a propriedade literária desta tradução.

SUMÁRIO

Nota dos organizadores... 6
Prefácio 7
Os valores religiosos e a sociedade humana 9
A natureza luminosa da mente 19
As quatro nobres verdades....................................... 23
O karma 28
A medicina da sabedoria e da compaixão............... 31
O altruísmo e as seis perfeições 34
A harmonia religiosa.. 48
Os tesouros do budismo tibetano 55
A compaixão na política global................................ 63
Meditação... 71
O budismo do Oriente para o Ocidente................... 91
As divindades... 104
Oito versos para o treinamento da mente................ 110
Oṃ Maṇi Padme Hūṃ 128
O caminho para a Iluminação.................................. 131
O eu e a ausência-do-eu... 185
Conceitos tibetanos sobre a morte........................... 197
A transformação da mente através da meditação.... 213
As duas verdades.. 223
A união das antigas e das novas escolas de tradução.... 232
Notas.. 259

NOTA DOS ORGANIZADORES

Os organizadores desta edição incluíram algumas notas, visando fornecer breves explicações, referências a material suplementar e referências pertinentes a citações — estas, gentilmente pesquisadas na língua tibetana por Kensur Yeshe Thupten. Na tradução das palavras do sânscrito, *ch*, *sh* e *sh* são usados em lugar de *c*, *s* e *ś*, para facilitar a pronúncia. A transliteração do tibetano é realizada de acordo com um sistema aperfeiçoado por Turrell Wylie (veja "A Standard System of Tibetan Transcription", *Harvard Journal of Asiatic Studies*, vol. 22, 1959). No corpo do texto tibetano utilizam-se as palavras sob forma de "fonética de texto" (menos sinais diacríticos para os tons elevados) elaborada com o intuito de facilitar a pronúncia (veja *Meditation on Emptiness*, de Hopkins, observação técnica).

PREFÁCIO

Sua Santidade o Dalai Lama, líder espiritual e temporal do Tibete, atualmente no exílio na Índia, visitou os Estados Unidos em 1979 e em 1981, e o Canadá em 1980. Durante essas viagens falou em muitas universidades, faculdades, encontros ecumênicos, centros budistas e reuniões públicas, desenvolvendo gradualmente uma mensagem de bondade e compaixão para o mundo todo e em especial para o Ocidente. Esta mensagem não se limita ao budismo ou a pessoas religiosas; pelo contrário, fala a toda a humanidade da importância da bondade, do amor e da compaixão para a própria estrutura da sociedade. Pedindo ao mundo que reconheça a contribuição dos métodos desenvolvidos nas religiões que visam o cultivo de atitudes harmoniosas, ele também solicita de nós que consideremos a fragilidade da conjuntura mundial atual e que trabalhemos, em nível individual, no sentido de reformular as atitudes para alcançarmos uma sociedade melhor.

Suas palestras informam sobre técnicas de meditação voltadas à mudança e ao desenvolvimento de idéias e princípios que representem a base dos sentimentos de cada indivíduo e a interação entre as pessoas. Seu apelo dirige-se ao coração através da mente, usando a razão e a sensibilidade para restringir o egoísmo e gerar o altruísmo. A ênfase dada pelo Dalai Lama à importância do bem-estar alheio alcançou repercussão mundial.

Em suas palestras também se faz uma introdução às doutrinas fundamentais do budismo — como desenvolver o discernimento mental necessário a todas as situações da vida e como transcender as aparências e atingir a natureza profunda das pessoas e das coisas, encurtando a distância entre a aparência e a realidade. Sua mensagem é de esperança, em termos do potencial da transformação individual e social e também do inquebrantável espírito humano.

São apresentadas aqui vinte palestras identificadas por assunto e lugar. Nesta seleção, introduzimos, com alguma freqüência, idéias proferidas em conferências ministradas em outros lugares. De um modo geral, Sua Santidade falava, durante cerca de meia hora, em inglês — via de regra, sobre bondade, amor e compaixão. Continuava discursando em tibetano, quando então empregava um vocabulário mais complexo e abordava assuntos diversos. Como tradutor, fiquei assombrado e comovido com a importância de sua mensagem, com sua aplicabilidade e aspecto prático, pois como ele próprio afirma, a sociedade humana começa com as pessoas e, especificamente, com a nossa capacidade de reconhecer no próximo os anseios, comuns a todos, pela felicidade. Considerando-se que esse reconhecimento contraria o egoísmo arraigado, sua mensagem — repleta de idéias e de métodos visando à mudança — é particularmente relevante. Com seu estímulo voltado para o interesse universal, o Oriente e o Ocidente se unem numa identidade humana fundamental.

    Professor Jeffrey Hopkins
    Universidade de Virgínia
    Charlottesville

OS VALORES RELIGIOSOS E A SOCIEDADE HUMANA

Constitution Hall

Introdução realizada pelo congressista Charles G. Rose
Este é um momento sagrado para todos os americanos. Em nome dos meus colegas do Congresso, que se unem a mim para saudar amanhã Sua Santidade no Capitol Hill, desejo agradecer-lhes por terem vindo esta noite ao Constitution Hall. Agradeço-lhes, porque o governo dos Estados Unidos se enriquece com esta visita.

Li a respeito dos conceitos budistas de karma e de dharma. Tomei conhecimento das 227 regras que os monges budistas devem observar, e percebi o quanto tenho que aprender. Cheguei, assim, à conclusão de que tudo gira em torno da autoconsciência. A iluminação começa dentro do indivíduo e, para que a América enfrente seus atuais dilemas, é preciso que atinja um nível de consciência mais elevado do que os níveis em que nossos problemas foram criados. A crença do budismo tibetano na evolução do indivíduo harmoniza-se com o desejo de um número crescente dos nossos cidadãos por um desenvolvimento espiritual que lhes permita atingir uma consciência superior.

As pessoas engajadas em princípios espirituais renunciam, com excessiva freqüência, à política e à vida comum. O que Sua Santidade ensina é que cada aspecto da vida se relaciona com todos os outros. As soluções políticas ligam-se diretamente ao crescimento espiritual; por isso, esta visita é tão oportuna para a América. A mensagem do budismo tibetano é inteiramente compatível com nossa herança judeu-cristã. O humanismo visionário de Sua Santidade talvez possa fazer com que encontremos uma expressão mais autêntica das religiões com as quais estamos familiarizados. Todas as crenças do mundo trilham o mesmo caminho.

A vinda do Dalai Lama ocorre numa época muito propícia, apenas um mês depois da viagem de outro grande líder espiritual, Sua Santidade o Papa da Igreja Católica Romana. Nós, em Washington, estamos felizes por receber tão ilustres visitantes e observar as descobertas daqueles a quem essa sabedoria é familiar — uma sabedoria à qual os políticos aspiram mas que raramente alcançam. O Dalai Lama estimula as pessoas a pensarem de maneira mais autônoma, o que é essencial para a nossa nação e para o mundo. Sua Santidade alimentou a semente do budismo que está crescendo nos Estados Unidos, mas o respeito da América por esses ideais não é novo. O poeta americano Henry Thoreau falou do amor de Jesus Cristo e do amor de Buda; entretanto, salientou ser o amor, em si, a coisa mais importante.

Nossa nação viu-se envolvida em trágicas guerras na Ásia. Agora, porém, vivemos num período em que a prudência nos leva a buscar uma melhor compreensão dos grandes ensinamentos pacifistas da Ásia, tais como os do budismo tibetano, e a procurar caminhos de amor, de consciência e de transformação pessoal. Sua Santidade é um guia para a iluminação; respeitamos seu pacífico vigor — um poder espiritual que não pode ser abolido, mesmo se terras forem ocupadas, templos fechados e orações estancadas. A história nos ensinou que a opressão é transformada pela fé e que os opressores um dia terão de aceitar aquilo mesmo que combatem.

Estamos reunidos neste local construído em homenagem à Constituição dos Estados Unidos. Lembro-lhes a primeira emenda da Constituição que diz: "O Congresso não elaborará nenhuma lei com relação à oficialização de uma religião ou que proíba o livre exercício religioso." Nesta noite, neste local histórico, comemoramos o livre exercício da fé, no caso, o Budismo Tibetano. Nós o fazemos dando as boas-vindas ao eminente líder espiritual e temporal do Tibete, Sua Santidade o Dalai Lama. É uma grande honra para mim apresentar Sua Santidade ao grupo de amigos e seguidores aqui presentes.

Palestra de Sua Santidade o Dalai Lama

De certo modo — em termos materiais — a geração atual alcançou um nível de desenvolvimento elevado. Ao mesmo tempo, porém, nós, seres humanos, enfrentamos muitos problemas. Alguns se devem a circunstâncias ou causas externas, como os desastres naturais. Esses não podem ser evitados. Entretanto, muitos outros são criados pelas nossas próprias insuficiências mentais; sofremos por causa de uma carência interior. Considero tais problemas evitáveis; se adotarmos uma atitude mental correta, essas dificuldades originadas pelo homem não ocorrerão.

Com freqüência, elas acontecem devido a diferenças ideológicas que, lamentavelmente envolvem, algumas vezes, divergências entre crenças religiosas distintas. Portanto, é muito importante a adoção de uma atitude correta. Existem muitas e diferentes filosofias, porém o que realmente importa é a compaixão, o amor ao próximo, a preocupação com o sofrimento das outras pessoas e a diminuição do egoísmo. Sinto que o pensamento piedoso é a coisa mais preciosa que existe. Apenas os seres humanos podem desenvolvê-lo. Se nosso coração for bondoso e fraterno, e alimentarmos sentimentos afetuosos, tornar-nos-emos felizes e satisfeitos; ao mesmo tempo, nossos amigos e aqueles que nos rodeiam também partilharão de uma atmosfera cordial e tranqüila. É um estado que poderá ser vivenciado de nação a nação, de país a país e de continente a continente.

O princípio básico é a compaixão e o amor pelos outros. Sustentando tudo encontramos o sentimento válido do "eu", pois, num nível convencional, existe um eu — "Eu quero isso", "Eu não quero aquilo". Experimentamos esse sentimento naturalmente, e, de modo análogo, desejamos a felicidade — "Eu quero a felicidade", "Não quero o sofrimento". Isso não só é natural, como também correto. Não precisa de nenhuma justificativa posterior; é um sentir espontâneo, confirmado pelo fato de que, natural e corretamente, desejamos a felicidade e não o sofrimento.

Baseados nesse sentir, temos direito à felicidade e ao privilégio de nos livrarmos do sofrimento. Além disso, do mesmo modo como abrigo esse sentimento e tenho esse direito, outras pessoas experimentam sentimento idêntico e têm o mesmo direito. A diferença é que quando você diz "eu", está se referindo tão-só a uma única pessoa, uma alma. Os outros, numericamente, são ilimitados. Assim, visualizemos o seguinte: de um lado, imagine o seu próprio eu, que até aqui concentrou-se apenas em metas egoísticas; de outro, imagine as demais pessoas — seres ilimitados, infinitos. Você é uma terceira pessoa que, no meio, observa ambos os lados. No que diz respeito ao sentimento de desejar a felicidade e não querer o sofrimento, os dois lados são iguais, absolutamente idênticos. Também com relação ao direito de obter a felicidade, são exatamente os mesmos. Contudo, não interessa quão importante seja a pessoa motivada pelo egoísmo, ela é apenas uma; não interessa quão insignificantes sejam as outras, elas são ilimitadas, infinitas. A terceira pessoa, observando de modo imparcial, pode verificar que os muitos são mais importantes do que o um. Através disso, podemos compreender, sentir, que a maioria — os outros seres ilimitados — é mais importante do que uma única pessoa, um "eu".

Assim, o problema é o seguinte: todos deverão ser usados para eu alcançar a felicidade, ou devo ser eu, a fonte de felicidade do próximo? Eu ser útil a esses seres ilimitados será correto. Se eles forem usados em função de um único eu, será um erro completo. Mesmo que você possa usar esses outros, isso não o fará feliz; ao passo que, se você, esse único indivíduo, contribuir e servir tanto quanto puder, será causa de grande alegria. É com base em tal atitude que a verdadeira compaixão e o amor pelo próximo podem ser desenvolvidos.

A compaixão que se fundamenta nesse princípio e nesses sentimentos tende a estender-se inclusive a nossos inimigos. Nosso sentido corriqueiro de amor e de compaixão está, na verdade, muito ligado ao apego. Experimenta-se um sentimento de compaixão e de amor por uma esposa ou um marido, pelos pais e pelos filhos. Contudo, como isso está ligado ao apego, não pode incluir seus inimigos. Mais uma vez, tudo se concentra numa motivação egoísta — como são *minha* mãe, *meu* pai e *meus* filhos, eu os amo. Contrastando, deparamo-nos com o claro reconhecimento da importância e do direito alheios. Se a compaixão for desenvolvida a partir desse ponto de vista, ela englobará até os inimigos.

Para podermos desenvolver essa motivação para a compaixão, precisamos ser tolerantes e pacientes. Na prática da tolerância, nosso inimigo é o melhor professor. Seu inimigo pode ensiná-lo a ser tolerante, ao passo que seu professor ou seus pais, nem sempre conseguem. Assim, sob esta óptica, um inimigo é, na verdade, muito útil — o melhor dos amigos, o melhor dos professores.

Baseado na minha experiência pessoal, acho que adquirimos maior conhecimento e experiência nos períodos mais difíceis da vida. Se a experiência flui facilmente, sem entraves, seremos levados a crer que tudo vai bem. Entretanto, quando nos defrontamos com problemas, sentimo-nos deprimidos e desamparados. Num período difícil podemos aprender, desenvolver força interior, determinação e coragem para enfrentar momentos críticos. Quem nos dá essa oportunidade? O inimigo.

Isso não significa que devamos obedecer ao inimigo ou nos inclinarmos diante dele. Na verdade, segundo o comportamento do adversário, algumas vezes precisaremos reagir com energia — interiormente, no entanto, a calma e a compaixão deverão permanecer intactas. Isso é possível. Algumas pessoas podem pensar: "Ora, o Dalai Lama está falando bobagens." Não, não estou. Se você praticar essa atitude, se puder experimentá-la em sua própria vivência, você a conhecerá e poderá senti-la por si mesmo.

O desenvolvimento do amor e da compaixão é fundamental; repito com freqüência que é uma das principais mensagens religiosas. Ao falar em religião, não estamos nos referindo, necessariamente, a assuntos filosóficos mais profundos. A compaixão é a verdadeira essência das crenças. Se você for budista, desde que procure praticar a compaixão, o fato de realçar ou não a figura do Buda não será tão importante. Como cristão, se você tentar praticar esse amor, não terá necessidade de colocar muita ênfase em outros assuntos filosóficos. Afirmo isso de modo cordial. O importante é que em sua vida diária você pratique as coisas essenciais, e, nesse nível, quase não existe diferença entre budismo, cristianismo, ou qualquer outra profissão de fé. Todas elas focalizam o desenvolvimento, o aperfeiçoamento dos seres humanos, o sentimento de fraternidade, o amor — que são o denominador comum de todos os credos. Assim, se você refletir sobre a essência da religião, não encontrará muitas diferenças.

Eu sinto, e também digo a outros budistas, que a questão do nirvana será abordada sim — mais tarde. Não há tanta pressa. Se viver o seu dia-a-dia de maneira honesta, com amor, compaixão e menos egoísmos você se aproximará naturalmente do nirvana. Se, ao contrário, falarmos sobre ele e sobre filosofia, mas não nos ocuparmos com a prática diária, talvez alcancemos, sim, um raro "nirvana", porém não atingiremos o verdadeiro, devido à falta dessa prática.

É preciso que esses bons ensinamentos façam parte da nossa vida diária. Não é muito importante o fato de se acreditar em Deus ou no Buda; tampouco o é, caso sejamos budistas, que acreditemos na reencarnação. Precisamos levar uma vida satisfatória, o que não significa apenas boa comida, boas roupas e um bom abrigo. Não é suficiente. É necessária uma boa motivação: compaixão, sem dogmatismo, sem uma filosofia complicada; compreender apenas que os outros são nossos irmãos e irmãs e respeitar-lhes os direitos e a dignidade humana. O fato de que nós, seres humanos, podemos nos ajudar mutuamente, é uma das nossas capacidades excepcionais. Temos de participar do sofrimento alheio; mesmo que não possamos dar auxílio material, a possibilidade de mostrar interesse, de conceder apoio moral e de expressar simpatia é extremamente valiosa. Deveria ser esse o alicerce das nossas atividades; que o chamemos ou não de religião, não é importante.

No atual contexto mundial, algumas pessoas podem achar que a religião destina-se àqueles que se retiram para lugares remotos e que ela não é muito necessária nas áreas dos negócios ou da política. Minha resposta a isso é "Não!", pois, como acabei de dizer, na minha simples compreensão de religião, o amor é a motivação principal. Se um político tiver uma boa motivação e com ela procurar melhorar a sociedade humana, revelar-se-á uma pessoa correta e honesta. A política em si não é má. Costumamos dizer, "a política é corrupta", o que não é correto. A política é necessária como instrumento para solucionar os problemas humanos e da sociedade humana. Não é má em si, e é necessária. Contudo, se praticada por pessoas desonestas, de forma astuta e sem a motivação correta, então naturalmente tornar-se-á desprezível.

Isso é verdadeiro não apenas no que diz respeito à política como também a todas as áreas, inclusive a religião — se eu falar sobre religião com uma motivação negativa, o sermão se tornará negativo; mas não se pode concluir que a religião é ruim; não se pode dizer "a religião é corrupta".

A motivação é muito importante; assim sendo, minha modesta religião é formada por amor, respeito ao próximo e honestidade — ensinamentos que abrangem não só a religião mas também o campo da política, da economia, das finanças, da ciência, das leis, da medicina, em todos os lugares. Com a motivação adequada, pode-se ajudar a humanidade; sem ela, ocorre exatamente o oposto. Sem uma boa motivação, a ciência e a tecnologia, em vez de serem úteis, criam mais medo e a ameaça da destruição global. O pensamento piedoso é fundamental para a espécie humana.

No momento atual, se observarmos a sociedade com atenção, perceberemos que as pessoas não são tão felizes quanto parecem. Por exemplo, ao visitar um novo país, tudo me parece muito bonito, no início. Quando travo novos conhecimentos, é muito agradável, não há motivo para reclamações. Em pouco tempo, porém, começo a ouvir as pessoas falarem dos seus problemas, e torna-se bem claro que em todos os lugares existem muitos conflitos; bem no fundo, encontramos a inquietação. Devido a essa inquietação, as pessoas se sentem isoladas, deprimidas, passam a experimentar desconforto e sofrimento mental. Esse é o clima que impera no mundo. A verdadeira justiça e a honestidade não são compatíveis com os sentimentos ardilosos. Querer causar um benefício a outras pessoas tendo bem no fundo uma motivação egoística também não é possível. Quando, apesar de falarmos sobre paz, amor, justiça, etc., ao sermos afetados realmente pelas coisas que acontecem nos esquecemos de tudo e, se necessário, oprimimos outras pessoas ou mesmo declaramos uma guerra, é um sinal evidente de que algo está faltando.

Essa atmosfera perturbada representa a realidade dos nossos dias. Apesar de muito desagradável, é a realidade. As pessoas poderão sentir que o oposto disso, a transformação interior sobre a qual tenho falado, é simplesmente idealista e não tem relação com nossa situação aqui na Terra. Meu sentimento, contudo, é que, se persistir o atual clima em que tudo depende do dinheiro e do poder, sem muita preocupação para com o verdadeiro valor do amor, se a sociedade humana perder o sentido da justiça, da compaixão, da honestidade, enfrentaremos maiores dificuldades e mais sofrimento na próxima geração ou num futuro mais adiante. Assim, embora seja difícil realizar a transformação interior, vale a pena tentar; acredito firmemente nisso. O importante é nos esforçarmos o mais que pudermos. Ser bem-sucedidos ou não é outra questão. Mesmo não obtendo o que procuramos nesta vida, não tem importância; pelo menos teremos realizado uma tentativa no sentido de construir uma sociedade humana melhor, alicerçada no amor — no verdadeiro amor — e menos egoísta.

As pessoas que lidam diariamente com os problemas atuais precisam se concentrar naquele que é o problema imediato, mas, ao mesmo tempo, devem observar o efeito a longo prazo sobre a sociedade humana. Por exemplo, o seu corpo físico precisa ser saudável e forte, pois, se tivermos uma base saudável, não teremos pequenas e contínuas doenças ou, mesmo se as tivermos, poderemos nos curar dentro de um curto período de tempo. A sociedade humana é semelhante. Se nos concentrarmos totalmente no "modo realista" visando benefícios temporários e a curto prazo, é como se estivéssemos doentes hoje e tomássemos remédio. Contudo, se fizermos isso, e ao mesmo tempo nos preocuparmos com o futuro da humanidade a longo prazo, é como se estivéssemos formando um corpo saudável. É necessário lidar com os problemas visando simultaneamente uma solução temporária e outra de longo alcance.

Nos últimos anos, venho observando os problemas mundiais, inclusive o nosso próprio problema, a situação tibetana. Tenho pensado sobre isso e encontrado pessoas de diversas áreas e diferentes países. Fundamentalmente todas são iguais. Sou originário do Oriente; a maior parte de vocês é ocidental. Se eu os analisar de modo superficial, acharei que somos diferentes, e se aprofundar esse nível, ficaremos mais distantes ainda. Por outro lado, se eu os encarar como sendo da minha espécie, seres humanos como eu, que possuem um nariz, dois olhos, e assim por diante, naturalmente a distância desaparecerá. Eu desejo a felicidade; vocês também a querem. A partir desse reconhecimento mútuo é possível construir a verdadeira confiança e o respeito recíproco. Daí podem surgir a cooperação e a harmonia, com as quais viabiliza-se a solução de muitos problemas.

Atualmente, dependemos muito uns dos outros: não apenas as nações, mas também os continentes. Desse modo, é essencial que exista uma verdadeira cooperação aliada a uma boa motivação; poderemos assim resolver inúmeras dificuldades. As boas relações, de coração a coração, de ser humano a ser humano, são muito importantes e necessárias. Tudo depende de uma boa motivação.

A NATUREZA LUMINOSA DA MENTE

Claremont College

Precisamos nos familiarizar com as boas atitudes, mas o fato de estarmos habituados a emoções más, como o ódio, cria um enorme obstáculo para isso. Precisamos detectar as diversas formas de emoções perturbadoras e perniciosas, e combatê-las de imediato. Se nos acostumarmos gradualmente a controlar nossos maus hábitos, é possível que nos tornemos calmos em alguns anos, mesmo que no momento costumemos nos zangar com facilidade.

Algumas pessoas tendem a achar que ficarão sujeitas a perder sua independência se não permitirem que suas mentes vagueiem por onde desejarem, ou seja, se tentarem controlá-las. Não é verdade; se nossa mente estiver caminhando da maneira correta, já seremos independentes, mas se estiver agindo de modo errado, é necessário exercermos controle sobre ela.

É possível eliminar completamente as emoções perturbadoras, ou conseguiremos apenas reprimi-las? Do ponto de vista do budismo, a natureza convencional da mente é a de uma luz clara; desse modo, a corrupção não se encontra na própria natureza mental. As deturpações são fortuitas e temporárias, e podem se extirpadas. Do ponto de vista supremo, a natureza da mente é o vazio de existência inerente.

Se as emoções perturbadoras, como o ódio, fizessem parte da verdadeira natureza da mente, então, esta seria, por exemplo, sempre odiosa, pois tal seria sua natureza. Contudo, isso evidentemente não é verdadeiro; só ficamos zangados em determinadas circunstâncias, e quando essas circunstâncias não se apresentam, a raiva não é gerada. Isso mostra que a natureza do ódio e a da mente são diferentes, mesmo que num sentido mais profundo ambas sejam consciência, possuindo assim uma natureza de luminosidade e de conhecimento.

Quais as circunstâncias que servem de base para gerar o ódio? Ele é gerado porque sobrepomos aos fenômenos uma repulsa e uma maldade que vão além daquilo que existe. Baseados nisso, nos zangamos com o que impede a realização de nossos desejos. Conseqüentemente, o fundamento de uma mente envolvida com o ódio não é válido. Contudo, uma mente amorosa possui um fundamento válido. Quando, por um longo período de tempo, uma atitude que possui um princípio válido rivaliza com uma atitude destituída dele, aquela que o tem vencerá.

Em conseqüência, se adotarmos sem interrupção, por um longo período de tempo, atitudes que possuam um fundamento válido, as más atitudes, não fundamentadas nele, decrescerão gradualmente. Quando treinamos salto em distância, por exemplo, a base do processo é o corpo físico; portanto existe um limite de quanto se pode saltar. Contudo, como a mente é uma entidade de mera luminosidade e conhecimento, quando é ela a base do treinamento, pode-se, através da familiarização gradual, desenvolver atitudes saudáveis de modo ilimitado.

Nós próprios sabemos que a mente é capaz de se lembrar de muitos fatos; ao colocarmos nela algo, depois algo mais, vemos como é possível armazenar na memória inúmeras coisas. Nos nossos dias não conseguimos reter grande quantidade de elementos, pois empregamos apenas os níveis mais grosseiros da consciência; se usássemos os mais sutis, poderíamos reter uma extraordinária quantidade de elementos.

As qualidades que dependem da mente podem ser multiplicadas de modo ilimitado. Quanto mais introduzimos e incrementamos as atitudes que se opõem às emoções perturbadoras, mais as atitudes adversas diminuem, extinguindo-se, afinal, por completo. Assim, considera-se que, por possuirmos uma mente cuja natureza é de mera luminosidade e conhecimento, todos nós reunimos as substâncias básicas necessárias para alcançarmos o estado de Buda.

Um ponto budista fundamental é que tomando-se como base que a mente é, essencialmente, uma entidade de luminosidade e conhecimento, pode ser demonstrado que ela tem capacidade para conhecer tudo. Isso, sob um prisma filosófico, sustenta a afirmação de que as boas atitudes podem ser incrementadas de modo ilimitado.

Em termos da prática cotidiana, é bastante útil detectar a natureza convencional da mente e nos concentrarmos nela. O motivo pelo qual se torna difícil perceber a sua natureza é que ela está como que encoberta sob nossas próprias concepções. Assim sendo, em primeiro lugar, é necessário que deixemos de nos lembrar o que ocorreu no passado e cogitemos o que poderá acontecer no futuro; deixemos que a mente flua de modo espontâneo e sem uma sobrecarga conceitual. Permitamos que ela descanse no seu estado natural, e a partir daí, passemos a observá-la. De início, enquanto não estivermos acostumados com essa prática, resultar-nos-á difícil; com o tempo, no entanto, a mente surge como água cristalina. Então, devemos permanecer com essa mente autêntica impedindo o surgimento de concepções.

É conveniente realizarmos essa meditação logo pela manhã, quando nossa mente acabou de despertar e já está lúcida, enquanto nossos sentidos não estão completamente ativos. É bom não termos comido muito na véspera e nem dormido demais; isso torna a mente mais leve e estável. A atenção e a memória ficarão mais claras.

Observemos se essa prática nos torna a mente mais alerta no decorrer do dia. O benefício mais imediato será a tranqüilização de nossos pensamentos. À medida que nossa memória se aperfeiçoar, poderemos desenvolver gradualmente a clarividência, o que decorre do aumento da atenção. Um benefício a longo prazo, tendo em vista que nossa mente tornou-se mais alerta e penetrante, é podermos usá-la em qualquer campo que desejarmos.

Seria de grande utilidade para nós, conseguirmos fazer diariamente uma pequena meditação, concentrando nossa mente dispersa num objeto interno. A capacidade de conceituação que de modo incessante elabora imagens — ora boas, ora más — conseguirá um descanso. Serão como que pequenas férias, para nos fixarmos na não-conceituação e repousarmos.

AS QUATRO NOBRES VERDADES

Universidade de Washington

Todas as religiões possuem, de um modo geral, a mesma motivação de amor e de compaixão. Embora existam com freqüência diferenças significativas no campo filosófico, a meta básica de aperfeiçoamento é praticamente a mesma. Contudo, cada fé possui métodos diferentes. Apesar de as nossas culturas serem diferentes, nossos sistemas vêm se aproximando, uma vez que o mundo se torna cada vez menor com o desenvolvimento das comunicações; isso proporciona excelentes oportunidades para aprendermos uns com os outros, o que é bastante proveitoso.

Por exemplo, o cristianismo emprega inúmeros métodos práticos e vantajosos a serviço da humanidade, especialmente nas áreas de educação e saúde. Há neles muita coisa, que nós budistas, podemos assimilar. Por outro lado, existem ensinamentos budistas sobre a meditação profunda e sobre o raciocínio filosófico através dos quais os cristãos podem aprender técnicas proveitosas. Na Índia antiga, os budistas e os hindus aprenderam muito uns com os outros.

Uma vez que esses sistemas possuem fundamentalmente o objetivo comum de beneficiar a humanidade, olhando-se sobre o prisma das carências, nada há de errado em aprendermos uns com os outros. Por outro lado, sob o prisma das coincidências isso ajuda a criarmos o respeito mútuo; também auxilia a promover a harmonia e a união. Por essa razão, falarei um pouco sobre as idéias budistas.

A raiz da doutrina budista são as Quatro Nobres Verdades — a Verdade acerca do sofrimento, suas origens, cessação e caminhos. As Quatro Verdades compõem-se de dois grupos, de efeito e de causa: os sofrimentos e suas origens; a cessação dos sofrimentos e os caminhos para que a cessação se concretize. O *sofrimento* é como uma doença; as condições externas e internas que produzem a doença dão *causa* ao sofrimento. A cura da enfermidade é a *cessação* do sofrimento e de suas causas. O remédio que cura a moléstia são os verdadeiros *caminhos*.

A razão para que os efeitos, o sofrimento e a cessação antecedam as causas — as origens do sofrimento e os caminhos — é esta: de início devemos detectar a doença, os verdadeiros sofrimentos — a primeira Nobre Verdade. Não é suficiente, porém, apenas reconhecer a doença; para poder saber que remédio tomar é preciso conhecer-lhe as causas. Conseqüentemente, a segunda Nobre Verdade compõe-se das causas ou origens do sofrimento.

Não basta apenas identificar as causas da doença; precisamos determinar se é possível curá-la. O conhecimento de que ela pode ser curada é semelhante ao do terceiro nível, o da verdadeira cessação do sofrimento e das suas causas.

A verdade a respeito do sofrimento foi, portanto, reconhecida; suas causas, identificadas; assim, quando compreendemos que a doença pode ser curada, tomamos os remédios que representam os meios de eliminá-la. Da mesma forma, é preciso confiar nos caminhos que produzirão o estado de libertação do sofrimento.

O que se considera mais importante de início é detectar o sofrimento. Em geral, este é de três tipos: o sofrimento do sofrimento, o sofrimento da impermanência e o sofrimento todo penetrante do condicionamento. O primeiro é o que em geral consideramos como sofrimento físico ou mental — por exemplo, uma dor de cabeça. O desejo de libertar-se desse tipo de perturbação ocorre não apenas nos seres humanos, mas também nos animais. Existem maneiras de evitar algumas formas desse sofrimento: tomar um remédio ou vestir roupas quentes. Agindo assim, estaremos nos afastando de sua origem.

O segundo nível, o sofrimento da impermanência, é o que superficialmente consideramos como prazer, mas que, se observado com atenção, revelar-se-á, de fato, sofrimento. Tomemos, por exemplo, algo normalmente considerado agradável: a compra de um carro novo. Logo que o adquirimos ficamos muito felizes, satisfeitos. Com o uso, porém, surgem os problemas. Se ele fosse intrinsecamente agradável, quanto mais usássemos essa causa de satisfação, mais o nosso prazer aumentaria proporcionalmente; mas não é isso que ocorre. Quanto mais o usamos, mais ele causa problemas. É a razão por que tais coisas são chamadas de "sofrimento da impermanência"; é através da mudança que a natureza do seu sofrimento se revela.

O terceiro nível de sofrimento serve de base para os dois primeiros; o que o ilustra são os nossos agregados físicos e mentais contaminados. Ele é chamado de sofrimento todo penetrante do condicionamento, pois permeia todos os tipos de seres transmigratórios ou se aplica a eles; fala-se que é "todo penetrante" no sentido de que é a base do sofrimento presente e induz o sofrimento futuro. Não existe nenhum modo de nos afastarmos desse tipo de dor, a não ser pelo término do contínuo renascimento.

Eis os três tipos de sofrimento que precisamos identificar de início. Percebe-se, deste modo, que não apenas os *sentimentos* são identificados como sofrimento mas também os fenômenos externos e internos que os causam, bem como a mente e os fatores mentais que a acompanham.

Quais as origens desses sofrimentos? De que dependem eles? Existem (1) origens kármicas e (2) origens identificadas como emoções perturbadoras. Estas formam a segunda das Quatro Nobres Verdades — as origens do sofrimento. O karma, ou a ação, diz respeito às ações físicas, verbais e mentais contaminadas. Do ponto de vista da natureza ou da existência, as ações são de três tipos: virtuosas, não-virtuosas e neutras. As ações virtuosas são aquelas que produzem efeitos bons ou agradáveis. As não-virtuosas produzem efeitos maus ou dolorosos.

As três principais emoções perturbadoras são o ofuscamento, o desejo e o ódio. Dão origem a muitas outras variedades de emoções perturbadoras, como o ciúme e a inimizade. Para extinguir o karma ou as ações que originam o sofrimento, é necessário eliminar as emoções perturbadoras que atuam como suas causas. Conseqüentemente, as emoções perturbadoras são mais importantes do que o karma, como principal origem do sofrimento.

Quando perguntamos se as emoções perturbadoras podem ser eliminadas ou não, estamos envolvidos com a terceira Nobre Verdade, a verdadeira cessação. Se as emoções perturbadoras fizessem parte da natureza da mente, seria impossível extirpá-las. Se o ódio, por exemplo, integrasse a natureza da mente, enquanto estivéssemos conscientes seríamos odiosos, e esse, claro, não é o caso. A mesma coisa ocorre com relação ao apego. Em conseqüência, considera-se que a natureza da mente, da consciência, não está contaminada. A poluição é passível de ser eliminada, podendo ser separada da mente fundamental.

É evidente que a boa categoria de atitudes é contrária à má categoria de atitudes. Por exemplo, o amor e a raiva não podem ser gerados simultaneamente na mesma pessoa. Enquanto estivermos zangados com um determinado objeto, nesse exato momento não poderemos sentir amor; do mesmo modo, enquanto estivermos sentindo amor, a um só tempo não poderemos sentir raiva. Isso indica que os dois tipos de consciência são mutuamente exclusivos, contraditórios. Assim, uma vez que nos acostumemos mais com uma classe de atitudes, a outra, por decorrência, enfraquece. É o motivo pelo qual, através da prática e do aumento da compaixão e do amor — a fase positiva do pensamento — o outro lado, como é natural, diminui.

Assim se demonstra que as origens do sofrimento podem ser removidas gradativamente. Com a extinção total das causas do sofrimento, ocorre a verdadeira cessação. É a liberação final — a paz real e duradoura, a salvação. Eis a terceira das Quatro Nobres Verdades.

Em que espécie de caminho deveríamos praticar para alcançar essa cessação? Como as falhas, via de regra, surgem da mente, o antídoto deve ser gerado na própria mente. É importante conhecermos a forma final de subsistência de todos os fenômenos; mais importante ainda, no entanto, é conhecermos a condição final da mente.

Em primeiro lugar, precisamos perceber, de forma nova e de modo totalmente não-dualista, a natureza final da mente exatamente como ela é; é o chamado "caminho da visão". O nível seguinte é familiarizarmo-nos com tal percepção, o chamado "caminho da meditação". Antes desses dois níveis, precisamos atingir uma estabilização meditativa dual, que é a união de uma absorção na tranqüilidade e de uma visão intuitiva especial. Antes disso, para que possamos ter uma consciência sábia, poderosa, é necessário desenvolvermos primeiro a estabilidade da mente, chamada de absorção na tranqüilidade.

Esses são os níveis do caminho, a quarta Nobre Verdade, indispensável para efetivar a terceira, as cessações que são estados onde foram extintas as duas primeiras Nobres Verdades, os sofrimentos e suas origens. As Quatro Nobres Verdades representam a estrutura básica do pensamento e da prática budista.

Pergunta — Visto de modo superficial, parece haver uma diferença entre o princípio budista da eliminação do desejo e a importância que o Ocidente outorga a uma finalidade na vida, na qual está implícito que o desejo é bom.

Resposta — Existem dois tipos de desejo: um deles não tem razão de ser e está mesclado às emoções perturbadoras. O segundo é aquele em que encaramos o que é bom como bom, e procuramos alcançá-lo. Este último tipo de desejo é correto, e com base nele um praticante dedica-se à prática. Da mesma forma, a busca do progresso material que se fundamenta na percepção de que ele pode servir à humanidade e é, por conseguinte, bom, também é correta.

O KARMA

Universidade de Brown

O prazer e a dor são o resultado das ações anteriores (*karma*). Assim sendo, é fácil explicar o karma numa pequena frase: se você proceder bem, as conseqüências serão boas, e se você agir mal, as conseqüências serão ruins.

Karma significa "conjunto de ações". Do ponto de vista da sua execução, existem ações físicas, verbais e mentais. Já no que diz respeito aos seus efeitos, elas são virtuosas, não-virtuosas, ou neutras. Em relação ao tempo, existem dois tipos: ações de intenção, que ocorrem enquanto estamos pensando em fazer alguma coisa, e ações operativas, a expressão das motivações mentais através da ação física ou verbal.

Por exemplo, estou falando agora baseado num motivo, e desse modo venho acumulando uma ação verbal ou karma. Com os gestos das minhas mãos, também estou acumulando karma físico. O fato de essas ações se tornarem boas ou más vai depender sobretudo da minha motivação. Se eu falar com uma boa motivação e com sinceridade, respeito e amor pelos outros, minhas ações serão boas e virtuosas. Se eu agir motivado pelo orgulho, ódio, crítica, e assim por diante, minhas ações verbais e físicas se tornarão não-virtuosas.

Os karmas, portanto, estão sendo criados a cada instante. Quando uma pessoa fala com uma boa motivação, o resultado imediato é uma atmosfera amigável; além disso, a ação imprime uma marca na mente que, neste caso, causará prazer no futuro. Com uma má motivação, gera-se imediatamente uma atmosfera hostil, e a pessoa que fala encontrará a dor no futuro.

O ensinamento de Buda é que somos o nosso próprio mestre; tudo depende de nós. Significa que o prazer e a dor resultam de ações virtuosas e não-virtuosas que não vêm do exterior e sim de dentro de nós. Essa teoria é muito útil na vida cotidiana, pois uma vez que passamos a acreditar no vínculo entre as ações e seus efeitos, existindo ou não um controle exterior, sempre ficaremos alertas e nos examinaremos com freqüência. Por exemplo, se houvesse aqui algum dinheiro ou uma pedra preciosa e ninguém por perto, poderíamos pegá-los tranqüilamente; contudo, se acreditarmos nessa doutrina, como toda a responsabilidade do nosso próprio futuro recai sobre nós mesmos, não os roubaríamos.

Na sociedade moderna, há indivíduos que, apesar dos sofisticados sistemas policiais dotados de avançada tecnologia, ainda conseguem levar a cabo ações terroristas. Embora uma das partes disponha de técnicas sofisticadas para não perder o outro lado de vista, este também desenvolveu grande sofisticação no modo de causar os problemas. O único controle verdadeiro é interno — um sentido de interesse e de responsabilidade pelo próprio futuro e uma preocupação altruísta pelo bem-estar do próximo.

Falando de modo prático, o melhor controle da criminalidade é o autocontrole. Por meio da mudança interior, pode-se suprimir o crime e trazer paz à sociedade. O auto-exame é extremamente importante; assim sendo, a teoria budista da auto-responsabilidade é proveitosa, e conduz não só ao auto-exame como ao autodomínio, objetivando tanto nosso próprio interesse quanto o do outro.

Com relação aos efeitos das ações, diferentes tipos podem ser definidos. Um deles chama-se "efeito de continuidade". Por exemplo, se alguém, devido a uma ação não-virtuosa, nascer, numa má transmigração, como um animal, esse renascimento será um efeito, isto é, a continuidade em outra vida. Outro tipo é chamado de "efeito experimentalmente semelhante à causa"; por exemplo, se após termos renascido numa má transmigração devido a um assassinato que cometemos na vida anterior, reencarnamos como ser humano, essa vida será curta, pois o efeito — a brevidade da vida — é semelhante à causa em termos de experiência, ou seja, ter encurtado a existência de outra pessoa. Outro tipo é conhecido como "efeito funcionalmente semelhante à causa", podendo-se ter uma tendência natural a realizar a mesma ação não-virtuosa — como cometer assassinato, por exemplo.

Com relação às ações virtuosas, também podemos dar exemplos para todos esses tipos. Além disso, existem ações cujos efeitos são compartilhados: seres que realizaram tipos semelhantes de ações e que, conseqüentemente, recebem seus efeitos em conjunto, tendem, por assim dizer, a participar do mesmo ambiente físico.

O importante é que tais exposições das teorias budistas sobre as ações podem proporcionar uma contribuição positiva à sociedade humana. Minha esperança é — sejamos ou não religiosos — estudarmos os sistemas uns dos outros, para reunirmos idéias e técnicas úteis ao aperfeiçoamento da humanidade.

A MEDICINA DA SABEDORIA E DA COMPAIXÃO

Zen Studies Society, Nova York

Buddhaṃ sharaṇaṃ gacchāmi.
Dharmaṃ sharaṇaṃ gacchāmi.
Saṅghaṃ sharaṇaṃ gacchāmi.

"Eu me refugio no Buda, no Dharma e no Sangha." A melodia é diferente da tibetana, mas a essência é a mesma, e mostra que somos todos seguidores do mesmo mestre, Buda. Aqueles que cantam essas orações acreditam nos ensinamentos budistas, mas não posso dizer que o budismo seja a melhor religião para todos. Assim como as várias pessoas possuem gostos diversos, diferentes religiões são adequadas para pessoas diferentes. Remédios diversos são prescritos para doenças diversas e um medicamento que seja apropriado para determinada situação poderá ser inadequado para outra. Assim, não posso simplesmente dizer, a respeito do budismo: "*Este* é o melhor remédio."

Os ensinamentos budistas são extremamente profundos e variados. Alguns dizem que o budismo não é uma religião e sim uma ciência mental; outros afirmam que os que o professam são ateus. De qualquer modo, o budismo representa a abordagem racional, profunda e requintada da vida humana; não se volta para algo externo e sim para a responsabilidade pessoal do desenvolvimento interior. Buda disse: "Você é seu próprio mestre; as coisas dependem de você. Sou um instrutor, e, tal como um médico, posso lhe dar o medicamento adequado, mas você terá de tomá-lo por si só e cuidar de si próprio."

Quem é Buda? É um ser que alcançou a completa purificação da mente, da palavra e do corpo. Segundo determinadas escrituras, a mente de Buda — o Dharmakāya, ou o Corpo de Verdade — pode ser considerada como Buda. A palavra de Buda ou a energia interior pode ser considerada como Dharma, a Doutrina. A forma física do Buda pode ser considerada como Saṅgha, a Comunidade Espiritual. Desse modo, voltamos mais uma vez para as Três Jóias — Buda, sua Doutrina e a Comunidade Espiritual.

Esse Buda possui uma causa ou não? Ele tem uma causa. Ele é permanente? Shākyamuni, o Buda individual, é eterno? Não. Inicialmente, Shākyamuni Buda era Siddārtha, um ser comum, perturbado por ilusões e envolvido em pensamentos nocivos e ações erradas — uma pessoa como nós. Porém, com a ajuda de certos ensinamentos e de alguns mestres, gradualmente se purificou e tornou-se iluminado.

Através desse mesmo processo causal nós também podemos nos tornar iluminados. Existem níveis mentais diferentes, sendo o mais sutil a profunda natureza do Buda, a semente do Estado de Buda. Todos os seres possuem dentro de si essa consciência sutil e, através da prática da meditação profunda e das ações virtuosas, ela pode, de modo progressivo, transformar-se no puro Estado de Buda. Nossa situação é muito esperançosa: a semente da liberação está dentro de nós.

Para sermos bons seguidores de Buda precisamos sobretudo praticar a compaixão e a honestidade. Ao sermos bondosos com o outro, podemos aprender a ser menos egoístas: ao compartilharmos o sofrimento alheio, desenvolveremos maior preocupação pelo bem-estar de todas as criaturas. Esse é o ensinamento básico. Para estabelecermos isso, precisamos praticar a meditação profunda e cultivar a sabedoria, e à medida que esta se desenvolver, nosso senso moral naturalmente se tornará mais forte.

Buda sempre salientou a importância do equilíbrio entre a sabedoria e a compaixão; um bom cérebro e um bom coração devem atuar juntos. Se colocarmos a atenção apenas no intelecto e ignorarmos o coração, poderemos criar mais problemas e maiores sofrimentos no mundo. Por outro lado, se enfatizarmos tão-somente, o coração e ignorarmos o cérebro, não haverá muita diferença entre os seres humanos e os animais. Os dois devem se desenvolver com eqüidade e, quando isso ocorrer, o resultado será o progresso material acompanhado de um bom desenvolvimento espiritual. O coração e a mente atuando em harmonia produzirão uma família humana verdadeiramente pacífica e cordial.

Pergunta — Qual é o significado de *dharma*?

Resposta — *Dharma* é uma palavra sânscrita que significa "conter". Em termos gerais, essa palavra pode referir-se a todos os fenômenos, pois cada fenômeno contém sua própria entidade. Contudo, no contexto do *dharma* e do mundo, *dharma* refere-se a qualquer prática por meio da qual uma pessoa que a tenha em seu *continuum* fica livre de determinados temores. Esse afastamento ou proteção pode ocorrer com relação aos sofrimentos, que são os efeitos, ou com relação às causas desses sofrimentos — as emoções perturbadoras. Estamos procurando controlar a mente, e as práticas com as quais a mente é controlada são chamadas de *dharma*. Através delas a pessoa é afastada, temporariamente, do medo, e com o correr do tempo é mantida também fora do alcance de situações más ou atemorizantes criadas pelo envolvimento com emoções perturbadoras.

O ALTRUÍSMO E AS SEIS PERFEIÇÕES

*T*rinity Church, Boston

O principal tema do budismo é o altruísmo, baseado na compaixão e no amor. O sentimento de compaixão é importante, sejamos ou não crentes, pois todas as pessoas compartilham ou sentem o valor do amor. Quando somos crianças, nós, seres humanos, dependemos muito da bondade dos nossos pais; sem sua afeição seria difícil sobreviver. Quando chegamos a uma idade avançada, necessitamos, mais uma vez, da bondade alheia — dependemos dela. Entre essas duas fases — a infância e a velhice — nos tornamos bastante independentes, e sentimos que por não depender dos outros, não necessitamos praticar a bondade. Isso é errado.

Aqueles que estão envolvidos na prática da compaixão se sentem muito mais felizes interiormente — mais calmos, mais tranqüilos — e as outras pessoas retribuem esse sentimento. A verdadeira paz, amizade e confiança são impossíveis de se obter por meio de um sentimento hostil; entretanto, por meio do amor podemos desenvolver a compreensão, a união, a amizade e a harmonia. Desse modo, a bondade e a compaixão são as coisas mais importantes, preciosas e valiosas.

Os seres humanos possuem um cérebro sofisticado e, como resultado, têm desenvolvido um grande progresso material. Contudo, se equilibrarmos o desenvolvimento externo com o interno, poderemos usar as coisas materiais de maneira correta. Ao mesmo tempo que aproveitamos o progresso material, não perderemos os valores humanos.

Como a compaixão e o altruísmo são tão importantes, darei algumas explicações do ensinamento budista a respeito de como praticá-los. A espécie de boa atitude à qual estou me referindo é um sentimento que temos quando, defrontados com a escolha entre nossa própria felicidade e a do outro, optamos pela felicidade alheia. Acalentar os interesses do próximo em detrimento dos nossos é algo que não pode ser desenvolvido imediatamente; é necessário um treinamento. No budismo, existem duas técnicas fundamentais para se alcançar essa atitude altruísta: uma é chamada de "estabilização e mudança do eu e do outro", a outra é chamada de "as sete instruções quintessenciais de causa e efeito". No que diz respeito à primeira, a teoria do renascimento não é necessária, ao passo que na última, o é. Como já expliquei anteriormente a primeira (veja págs. 11-12), falarei hoje sobre as sete instruções quintessenciais de causa e efeito.

Para desenvolver uma forte consideração pela felicidade e bem-estar alheios, é preciso adotarmos uma especial atitude altruísta, na qual assumimos a responsabilidade de ajudar aos outros. Para gerar uma atitude tão incomum, é necessário ter uma grande compaixão, preocupar-se com o sofrimento do próximo, e querer fazer alguma coisa a respeito. Para sentir uma tal compaixão devemos, em primeiro lugar, ter um vigoroso sentimento de amor que, ao perceber o sofrimento dos seres sencientes, venha a fazer com que almejemos sua felicidade — tal como uma mãe procede com seu único e amado filho. Para que possamos ter um sentimento de proximidade e de apreço pelos outros, devemos primeiramente nos acostumar a sentir-lhes a bondade, adotando como modelo uma pessoa que tenha sido muito bondosa conosco nesta vida, e depois estendendo essa sensação de gratidão a todas as criaturas. Como, em geral, nossa mãe é o ser mais próximo e aquele que mais nos auxiliou, o processo da meditação começa com o reconhecimento de todos os outros seres sencientes como se fossem nossa mãe.

Esse sistema de meditação, portanto, passa por sete etapas:

1. reconhecer todos os seres sencientes como mães;
2. ficar atentos à bondade deles;
3. desenvolver a intenção de retribuir essa bondade;
4. o amor;
5. a compaixão;
6. a atitude incomum;
7. a intenção altruísta de se tornar iluminado.

Para realizar esta meditação, é preciso conhecer o processo do renascimento. O motivo final que mostra a existência do renascimento é que a nossa consciência, por ser uma entidade de mera luminosidade e conhecimento, deve ser formada a partir de um momento de consciência anterior — de uma entidade luminosa e sábia previamente existente. Não é possível que a consciência seja produzida tendo a matéria como sua causa substancial. Uma vez que ela tem origem num momento anterior da consciência, não se pode estabelecer um começo para o seu *continuum*. Desse modo, o tipo mais geral e mais sutil de consciência não possui começo nem fim; com base nisso, fica demonstrado o renascimento.

Uma vez que os renascimentos são necessariamente infinitos, todas as pessoas já tiveram conosco um relacionamento como o da nossa mãe na vida presente. Para poder praticar esse reconhecimento, é preciso, antes de mais nada, ter uma mente equânime. Comecemos por perceber que em nossa mente classificamos as outras pessoas em três categorias básicas: amigos, inimigos e relacionamentos neutros. Assim sendo, adotamos três diferentes atitudes com relação a elas: desejo, ódio e uma indiferença indolente. Com essas atitudes, é impossível gerar uma conduta altruísta; conseqüentemente, torna-se importante neutralizar o desejo, o ódio e a indiferença.

Para isso, devemos refletir a respeito do renascimento. Como nossos nascimentos não têm início, seu número é ilimitado; assim, não podemos ter certeza de que aqueles que agora são nossos amigos sempre o foram no passado e, os que ora são nossos inimigos sempre o foram em outras épocas. Mesmo em termos de nossa vida atual, existem pessoas que em dado momento foram hostis a nós e mais tarde se transformaram em amigos, e vice-versa. Desse modo, não há sentido em considerarmos alguém unicamente como amigo e alguém mais apenas como inimigo.

Quando encaramos as coisas assim, a concepção de que algumas pessoas são amigas e outras inimigas — e o conseqüente surgimento do desejo e do ódio — começa a tornar-se mais débil. Imaginemos à nossa frente três pessoas: um amigo, um inimigo e uma relação neutra. Enquanto as observamos, consideremos que não há nenhuma certeza de que qualquer uma delas sempre nos ajudará ou, pelo contrário, sempre nos fará mal. É importante proceder a essa meditação visando pessoas específicas e não apenas seres sencientes em geral, pois a imagem destes últimos é por demais vaga para produzir a mudança de atitude aplicável a pessoas específicas. Gradativamente, uma sensação de equanimidade se desenvolverá com relação a essas três pessoas, e depois disso poderemos, devagar, estender esse sentimento para outras criaturas.

Depois de passarmos por essa mudança, temos de considerar que, como todos os nascimentos não tiveram um início e, portanto, são ilimitados em número, cada indivíduo já foi nosso melhor amigo, nosso pai, nossa mãe — ou tivemos com ele outros laços mais — no decorrer das nossas vidas. Tomando essa constatação como base, poderemos desenvolver uma conduta em que consideramos todos os seres sencientes como nossos amigos.

Vamos pensar, então, na bondade que cada um deles nos proporcionou quando foram nossos pais. Sendo nossa mãe ou nosso pai — em geral, nossos melhores amigos — protegeram-nos com zelo, exatamente como nossos pais nesta vida fizeram quando éramos pequenos. Uma vez que não há diferença entre o fato de as pessoas que foram bondosas terem expressado essa bondade há pouco ou muito tempo, todos os seres já foram bondosos conosco nesta existência ou em vidas passadas; são todos igualmente bondosos.

Além disso, mesmo que o próximo não tenha sido nosso pai, demonstrou muita bondade para conosco. Sim, porque devemos a maior parte das boas qualidades que possuímos a outras pessoas. Como explicarei a seguir, a prática das seis perfeições depende quase totalmente de outros seres sencientes. Da mesma forma, a prática inicial da ética, o abandono das dez não-virtudes — matar, roubar, o mau procedimento sexual, mentir, criar a discórdia por meio da palavra, dizer palavras rudes, tagarelar sem finalidade, cobiçar, ter intenções nocivas e opiniões falsas — se faz, em sua maior parte, na relação com outros sencientes. E ainda, em nossa vida atual, o conforto que temos — belos prédios, estradas, e tudo o mais — é produzido por outras pessoas. Para que nos tornemos iluminados, precisamos nos engajar na prática da paciência, e para desenvolver a paciência precisamos de um inimigo; assim sendo, os inimigos são muito valiosos.

Se examinarmos o assunto em profundidade e detalhadamente, mesmo os grandes inimigos que durante certo tempo apenas nos prejudicaram, terminaram por nos causar um grande bem. A razão disso é que, com um inimigo, podemos aprender a verdadeira tolerância e a paciência, ao passo que com um mestre religioso ou com nossos pais o poder da nossa tolerância não consegue ser testado. Apenas quando nos defrontamos com a atividade dos inimigos conseguimos aprender o que é a autêntica força interior. Sob este ponto de vista, os adversários são professores de força interior, coragem e determinação. Por possuirmos um inimigo, podemos também nos aproximar mais da realidade, ficando livres da vaidade.

Quando praticamos o altruísmo, os adversários não podem ser negligenciados; devemos tê-los em maior conta ainda. Assim, em vez de nos zangarmos com eles, devemos pensar em retribuir-lhes a bondade, pois é preciso recompensar todo o bem que nos tenha sido concedido. Não retribuí-lo seria ignóbil.

Depois de percebermos a bondade alheia, nasce um sentimento que faz com que queiramos retribuí-la. Como fazer para isso? O passo imediato é gerar uma atmosfera de amor, desejando que todos os seres sencientes sejam felizes, e que aqueles desprovidos de ventura venham a atingir um estado de felicidade junto às causas que o geram. Quanto mais contemplarmos tudo e todos com amor, descobrindo uma qualidade agradável em todas as pessoas que encontramos e tratando-as com carinho, mais desenvolveremos a próxima etapa, a compaixão, que é o desejo de que o outro se liberte do sofrimento e de todas as suas causas.

O crescimento progressivo do amor e da compaixão envolve nossa mudança de conduta, pois os seres que são objeto desses sentimentos continuam sofrendo. Assim, após gerar o amor e a compaixão, é preciso fazer com que tais atitudes se estendam para além do seguinte pensamento: "Como seria bom se eles se libertassem do sofrimento e de suas causas, e passassem a possuir a felicidade e o que a suscita." O próximo passo é desenvolver um pensamento mais resoluto: "Farei com que eles se libertem do sofrimento e de suas causas e passem a ser contemplados com a felicidade e o que a suscita." Desenvolvemos, pois, a forte determinação de não apenas gerar essas boas atitudes mentais mas de, efetivamente, libertar os seres sencientes da dor, firmando-os na felicidade através do nosso próprio esforço.

Tão elevada intenção nos dotará da coragem maior de assumir a grande responsabilidade de zelar pelo bem-estar de todas as criaturas sencientes. Ao dispormos dessa força mental, não importa quão grande sejam as adversidades, nosso senso de determinação e de coragem se tornará enorme. As adversidades darão força à nossa determinação.

A coragem é importante não apenas para os que praticam a religião, mas também para quaisquer outras pessoas. O ditado que diz que onde existe a vontade existe uma forma de se atingir o que se quer é realmente verdadeiro. Se, quando nos defrontarmos com uma situação difícil, nossa vontade ou nossa coragem minguarem e cairmos na indolência de nos sentirmos inferiores — pensando que não poderemos de modo algum levar a cabo uma tarefa tão difícil —, esse enfraquecimento da vontade será incapaz de nos proteger de qualquer sofrimento. É importante gerar uma coragem cujas dimensões correspondam às dificuldades.

Auxiliar o próximo não significa apenas dar-lhe alimento, abrigo ou coisa que o valha, mas também aliviá-lo das razões que fundamentam o sofrimento, proporcionando-lhe as causas básicas da felicidade. Por exemplo, via de regra, na sociedade não se oferece apenas comida e roupa às pessoas, mas tenta-se educá-las para que se desenvolvam até poderem cuidar de sua própria vida. Da mesma forma, nas práticas de Bodhisattva não damos ao outro somente bens materiais que mitiguem sua pobreza, mas também o instruímos, para que possa saber o que fazer na vida e o que deve eliminar do seu comportamento.

Para ensinar isso aos outros, é necessário, em primeiro lugar, conhecer-lhes as inclinações e os interesses, bem como as vias benéficas, exatamente como são, sem omissão ou erro. Para ajudá-los, devemos ter certas aptidões. Conseqüentemente, como uma ramificação do processo de auxiliar nossos semelhantes, é necessário que alcancemos a iluminação, na qual os obstáculos que impedem a percepção de todos os objetos de conhecimento são eliminados por completo.

Para um Bodhisattva que procura ajudar o próximo, os impedimentos à onisciência são piores do que os impedimentos à libertação, pois é dos primeiros que o Bodhisattva quer, com mais empenho, se livrar. Na verdade, existe até o caso de um Bodhisattva *usar* emoções perturbadoras, que são impedimentos à libertação, para oferecer conforto a outras criaturas. Entretanto, como os obstáculos à onisciência são predisposições estabelecidas pela concepção da existência inerente (o principal impedimento à libertação), é preciso suprimir, em primeira instância, a concepção de uma tal existência. Portanto, para que um Bodhisattva realize completamente o bem-estar alheio, deve eliminar os impedimentos à libertação e à onisciência.

A eliminação total dos obstáculos perturbadores é chamada de libertação; esse é o estado de um "Destruidor de Inimigos" (*Arhan, dGra bcom pa*). Quanto à eliminação dos impedimentos à onisciência, é chamada Estado de Buda, estado de onisciência; e o procuramos para sermos plenamente úteis aos outros. Uma mente que, para o bem dos seres sencientes, busca alcançar tal iluminação superior, é chamada "mente de iluminação" — a intenção altruísta de se tornar iluminada. A formação dessa atitude é a última das sete instruções quintessenciais de causa e efeito.

Dentro do budismo, essa é a melhor de todas as atitudes abnegadas. Quando tal altruísmo se transforma em ação, passamos a praticar as seis perfeições: generosidade ou doação, ética, paciência, esforço, concentração e sabedoria. A generosidade pode ser praticada de três maneiras: oferecendo-se recursos, doando-se o próprio corpo e dando-se as raízes da virtude. O mais difícil e importante é dar as próprias raízes da virtude. Quando possuímos um forte senso de generosidade e dedicamos aos outros nossas raízes virtuosas, não mais buscamos recompensas para nós. Embora o simples ato de doação possa ser realizado por aqueles que procuram o próprio benefício, a generosidade de um Bodhisattva não está absolutamente envolvida com o egoísmo.

Existem muitos tipos de ética. Com relação à do Bodhisattva, porém, a principal prática ética é renunciar ao egoísmo ou refreá-lo. Em sânscrito, a palavra "ética" é *shīla*, que etimologicamente significa "obtenção da serenidade". Quando as pessoas possuem ética, suas mentes desenvolvem uma tranqüilidade ou serenidade livre da aflição de lamentar o que fizeram.

Com relação à paciência, existe aquela de não nos preocuparmos com o dano que um inimigo possa nos causar, ou seja, que é a admissão voluntária do sofrimento, e a paciência de proporcionar bem-estar aos seres sencientes. A paciência como admissão voluntária do sofrimento é muito importante, porque se refere à questão de não esmorecer perante as dificuldades. Serve de base à intensificação do esforço com a finalidade de combater as raízes do sofrimento.

No início, o esforço é fundamental, pois através dele gera-se uma vontade firme. Todos possuímos a natureza de Buda, e assim sendo já estão em nós as substâncias que, quando nos deparamos com as condições adequadas, podem nos transformar num ser plenamente iluminado, dotado de todos os atributos benéficos e, portanto, sem máculas. A própria raiz do fracasso em nossa vida é pensar: "Oh, como sou inútil e incapaz!" É indispensável ter uma atitude mental vigorosa e pensarmos: "Posso fazê-lo", sem misclá-la ao orgulho ou a qualquer outra emoção perturbadora.

O esforço moderado durante um longo período de tempo é importante, independentemente do que estejamos tentando fazer. Fracassamos por trabalhar em excesso no início, ousar demais, e então desistir de tudo depois de algum tempo. É necessário um fluxo constante de esforço moderado. De modo semelhante, quando meditamos, precisamos ser inteligentes, realizando sessões curtas e freqüentes; é mais importante que a meditação seja de boa qualidade, do que longa.

Quando fazemos tal esforço, passamos a dispor das "substâncias" necessárias para desenvolver a concentração. Esta tem por objetivo canalizar a mente que, no momento, está fragmentada em muitas direções. Uma mente dispersa não tem grande poder. Quando canalizada, ela se torna vigorosa, não importa qual seja o objeto de observação.

Não existe uma maneira exterior de canalizar a mente — como, por exemplo, através de uma operação cirúrgica; isso deve ser feito por meio da concentração interior. O recolhimento mental também ocorre no sono profundo, quando o fator vigilância se torna indistinto; por conseguinte, nesse caso, o recolhimento deve ser acompanhado de uma atenção clara e vigilante. Em resumo, a mente precisa possuir *estabilidade*, mantendo-se firmemente em seu objeto, com grande *lucidez* com relação a ele, num agudo e nítido estado de alerta.

No que diz respeito à última perfeição, existem vários tipos de sabedoria. Os três principais são: a sabedoria convencional, que percebe os cinco campos do conhecimento; a sabedoria suprema ou final, que apreende o modo de subsistência dos fenômenos, e a sabedoria que conhece os meios de auxiliar os seres sencientes. A principal delas é a segunda, que percebe a ausência-do-eu ou não-eu.

Com relação à ausência-do-eu, é necessário saber qual é o "eu" que existe — para podermos identificar o eu que não existe. Assim, tem-se a possibilidade de compreender seu oposto, a ausência-do-eu. Esta não é algo que existiu no passado e que passou a não existir; trata-se, ao contrário, de algo que nunca existiu. Deve-se identificar como não existente alguma coisa que sempre o foi, pois, enquanto não fizermos esta identificação, seremos atraídos para as emoções perturbadoras do desejo e do ódio, bem como para todos os problemas que acarretam.

A que se refere este eu que não existe? No presente contexto, refere-se não apenas à pessoa ou ao eu, como normalmente designa, mas também à independência, a algo que existe de forma autônoma. Devemos examinar todos os tipos de fenômenos para determinar se existem de modo soberano, verificando se possuem ou não um modo de subsistência próprio e independente. Se, de fato, os fenômenos existem autonomamente, quando investigamos para descobrir um objeto determinado, este deverá tornar-se cada vez mais claro e evidente.

Por exemplo, consideremos nossa própria pessoa (o tipo usual de "eu") ou Eu. O eu surge de dentro do contexto da mente e do corpo; contudo, se pesquisarmos os lugares de onde ele aflora, não conseguiremos encontrá-lo. Da mesma forma, no que diz respeito àquilo que consideramos uma mesa, se, não satisfeitos com sua mera aparência, resolvermos analisar-lhe a natureza — procurando entre as várias partes, desmembrando todas as suas qualidades, e assim por diante — não subsistirá qualquer mesa para ser considerada como o substrato dessas partes e qualidades.

O fato de que as coisas não podem ser encontradas por meio da análise quando procuramos descobrir um objeto determinado, indica que os fenômenos não existem de forma autônoma. As coisas não são instituídas objetivamente nelas e a partir delas, mas existem de fato; mesmo se, com base na análise, eu tentar encontrar a mesa e não conseguir encontrá-la, ao atingi-la com meus punhos, minhas juntas ficarão doloridas. Sua existência, pois, é indicada pela minha própria experiência. Contudo, o fato de ela não poder ser encontrada por meio da análise indica-lhe a não-existência em seu próprio direito objetivo e, assim, uma vez que ela existe, considera-se que existe através do poder de uma consciência convencional subjetiva.

Dizer que os objetos existem em virtude de uma consciência designativa subjetiva é o mesmo que afirmar sua existência apenas nominalmente. Em conseqüência, com relação ao nosso eu ou pessoa, quando procuramos encontrá-lo entre suas bases de especificação — a mente e o corpo — ele não pode ser encontrado; dessa forma, há apenas o mero eu, que existe por meio da força da conceituação.

O modo como as coisas se apresentam e o modo como efetivamente existem diferem enormemente. Uma pessoa que estiver envolvida na prática da perfeição da sabedoria realiza esse tipo de análise e depois examina como as coisas se apresentam na experiência costumeira, alternando a análise e a comparação com o modo usual de apresentação, de forma a perceber a discrepância entre o modo real de subsistência dos fenômenos e sua manifestação.

Dessa forma, a existência inerente, que é o objeto da negação, se tornará cada vez mais clara. Quanto mais claro se torna o objeto de negação, mais profunda se torna nossa compreensão do vazio. Finalmente, deparamos com a mera vacuidade que é uma negação da existência inerente.

Como o vazio é um fenômeno negativo entre os fenômenos positivos e negativos, e é uma negativa não-afirmativa, entre as negativas e as não-afirmativas, quando ele aparece à mente, nada emergirá a não ser a ausência de tal existência inerente — uma mera eliminação do objeto da negação. Assim, para a mente de uma pessoa que percebe o vazio, não se verifica a sensação de "estou constatando o vazio", e não há o pensamento "isso é o vazio". Se tivéssemos tal sensação, o vazio se tornaria distante. Contudo, o vazio da existência inerente é constatado e percebido.

Depois de tal percepção, apesar de qualquer fenômeno parecer existir autonomamente, passamos a compreender que não é assim que eles existem. Passamos a compreender que são como o ilusionismo de um mágico em que as ilusões criadas, apesar de aparecerem de certa forma, na realidade existem de outra. A despeito de parecerem existir de forma inerente, entenderemos que eles não possuem uma existência inerente.

Quando os fenômenos são encarados dessa maneira, verifica-se uma diminuição das concepções que sobrepõem aos fenômenos uma bondade ou maldade além do que está realmente neles, dando margem, a partir disso, à formação do desejo. Deve-se isso ao fato de que tais concepções se fundamentam na compreensão errônea de que os fenômenos existem de forma soberana, por direito próprio. Por outro lado, as consciências que possuem um fundamento válido ficam mais fortes, porque o significado do vazio é o significado da manifestação dependente. Como os fenômenos são manifestações dependentes, sua dependência das condições em que ocorrem pode aumentar ou diminuir.

Desse modo, a causa e o efeito são viáveis, presumíveis, e uma vez que assim se revelam, podemos afirmar que os maus efeitos, como o sofrimento, podem ser evitados mediante o abandono das causas más e que os bons efeitos, como a felicidade, podem ser alcançados pela prática das boas causas. Se, por outro lado, os fenômenos existissem de forma autônoma, não dependeriam de outros, e se não dependessem de outros, causa e efeito seriam impossíveis. Uma vez que a dependência é possível, causas e efeitos podem ser estabelecidos; e se a dependência não fosse possível, as causas e os efeitos não poderiam existir.

O motivo final que prova que as coisas relativas são vazias de existência inerente é exatamente essa dependência com relação a causas e condições. Quando as pessoas não compreendem bem essa doutrina, pensam erroneamente que, como os fenômenos são vazios, não há nem bem nem mal, nem causa nem efeito. Isso indica uma total falta de compreensão.

É tão importante ter a capacidade e a convicção de afirmar a existência da causa e efeito que é comum dizer que entre deixar de acreditar na causalidade e no efeito das ações e deixar de acreditar no vazio, o melhor é abandonar a doutrina do vazio. Devido a isso, tanto a Escola Mādhyamica* quanto a Chittamātra** oferecem várias interpretações do vazio. Na maioria dos sistemas doutrinais aceita-se até que os fenômenos existam inerentemente, pois sem uma existência passível de verificação analítica não é possível, de momento, para muitos, aceitar causa e efeito.

O conhecimento do modo final de subsistência dos fenômenos deve ser inserido num contexto tal em que não se percam convencio-

---
* Escola do Caminho do Meio.
** Escola do Pensamento Único ou Escola do Mero Pensamento.

nalmente a causa e o efeito das ações; se, numa tentativa de compreender o modo final de subsistência, perdêssemos de vista a causa e o efeito convencionalmente existentes, o objetivo ficaria frustrado. Assim como as crianças devem freqüentar a escola primária, o ginásio e o colegial antes de ingressarem na universidade — avançando para os níveis superiores a partir dos inferiores — nossos alicerces consistem em termos aprendido os fundamentos da causa e efeito dos atos, e de mais tarde alcançarmos a percepção profunda do vazio da existência inerente, sem abandonar a convicção anterior de causalidade e efeito e das ações resultantes.

Se alguém acreditar que, a partir do fato de que os fenômenos são vazios, não pode haver nem o bem nem o mal, mesmo que essa pessoa repita a palavra "vacuidade" mil vezes, ela estará se afastando cada vez mais do real significado do vazio. Portanto, quem tiver grande interesse pelo vazio deverá ponderar detidamente acerca da causa e do efeito dos atos.

Assim é, em resumo, a prática da perfeição da sabedoria. Estas seis perfeições representam o coração da implementação do altruísmo por parte de um Bodhisattva.

A HARMONIA RELIGIOSA

*E*ncontros ecumênicos na América do Norte

É muito promissor estarmos aqui reunidos, nós, homens de diferentes credos. Existem muitas e diversas filosofias entre as crenças religiosas, e algumas são exatamente opostas a outras em certos pontos. Os budistas não aceitam um Criador; os cristãos baseiam sua filosofia nessa concepção. Existem grandes diferenças, mas eu respeito profundamente a fé dos cristãos, não apenas por motivos religiosos ou por polidez, mas de todo coração. Suas tradições vêm prestando um grande serviço à humanidade no decorrer dos muitos séculos.

Nós, tibetanos, fomos enormemente beneficiados pela ajuda das organizações assistenciais cristãs; por exemplo, pelo Conselho Mundial de Igrejas, e por outras que auxiliavam os refugiados tibetanos quando atravessamos nosso período mais difícil. Nossos amigos cristãos, em todo o mundo, demonstraram grande solidariedade para conosco, além de nos terem proporcionado uma ajuda material substancial. Gostaria de expressar meus mais profundos agradecimentos a todos eles.

Todas as diferentes comunidades religiosas aceitam a existência de uma outra força que está além do alcance dos nossos sentidos básicos. Quando rezamos juntos, sinto alguma coisa, não sei qual é a palavra exata — vocês a chamam, creio, de bênção ou graça — mas, de qualquer modo, podemos experimentar um certo sentimento. Se o dirigirmos adequadamente, esse sentimento revela-se muito útil para a força interior. Uma atmosfera como esta, aliada à experiência e ao sentimento, é muito proveitosa para um verdadeiro senso de fraternidade. Por isso, aprecio particularmente estes encontros ecumênicos.

As diversas crenças religiosas, apesar das suas diferenças filosóficas, têm um objetivo semelhante. Todas enfatizam o aperfeiçoamento humano, o amor, o respeito pelos outros, e nos exortam a participar do sofrimento alheio. Quanto a essa orientação, todas as religiões têm mais ou menos o mesmo ponto de vista e o mesmo objetivo.

As crenças que enfatizam o Todo-Poderoso, a fé e o amor a Deus têm por finalidade a realização das intenções divinas. Considerando a todos como criações e como seguidores de um único Deus, elas ensinam que devemos nos respeitar e nos ajudar mutuamente. A própria finalidade de termos fé em Deus é que Lhe realizemos os desejos, e a essência destes é tratar bem, respeitar, amar e servir os outros seres humanos.

Como um dos objetivos fundamentais de outras religiões e também promover tais sentimentos e ações benéficos, sinto intensamente que, sob este prisma, a meta principal das diferentes explicações filosóficas é a mesma. Os seguidores dos diversos sistemas religiosos vêm assumindo uma atitude salutar com relação a seus semelhantes — nossos irmãos e irmãs — ao implementar esta boa motivação a serviço da sociedade humana; o que foi demonstrado por inúmeros cristãos no decorrer da história. Muitos sacrificaram sua vida em benefício da humanidade, numa evidente demonstração da verdadeira prática da compaixão.

Quando nós, tibetanos, passamos por um período de dificuldades, as comunidades cristãs de todo o mundo decidiram assumir o nosso sofrimento e correram em nosso auxílio. Sem levar em consideração as diferenças raciais, culturais, religiosas ou filosóficas, elas nos olharam como seus semelhantes e nos acudiram. Isso nos proporcionou uma profunda inspiração permitindo-nos reconhecer o verdadeiro valor do amor.

O amor e a bondade representam a verdadeira base da vida social. Se tais sentimentos forem perdidos, a sociedade enfrentará tremendas dificuldades e a sobrevivência da humanidade correrá perigo. Paralelamente ao desenvolvimento material, necessitamos do progresso espiritual, para que a paz interior e a harmonia social possam ser vivenciadas. Sem a paz interior, sem a calma interna, é difícil haver uma paz duradoura. No campo do desenvolvimento interior, a religião pode realizar importantes contribuições.

Embora todas as crenças ponham em destaque a compaixão e o amor, sob o aspecto filosófico existem diferenças; isso, entretanto, não tem grande importância. Os ensinamentos filosóficos não são o fim nem a meta, nem aquilo a que servimos. O objetivo é ajudar e beneficiar o próximo; os ensinamentos filosóficos são valiosos quando apóiam essas idéias. É inútil irmos em busca das diferenças filosóficas e argumentar e criticar umas às outras. Isso conduziria a uma interminável discussão que acabaria por nos irritar mutuamente, o que não levaria a nada. É melhor contemplar a finalidade das filosofias e ver o que elas têm em comum: salientar o amor e a compaixão, e o respeito por uma força superior.

Basicamente, nenhuma religião acredita que o progresso material seja suficiente para a humanidade. Todas confiam em forças que transcendem esse progresso e concordam em que é fundamental e que vale a pena realizar um esforço vigoroso para servir à sociedade humana.

Para concretizá-lo, é importante compreendermos uns aos outros. No passado, devido à estreiteza de mentalidade e a outros fatores, houve atritos entre grupos religiosos. Isso não deve mais ocorrer. Se analisarmos com cuidado o valor da religião no contexto da situação mundial, poderemos facilmente transcender esses acontecimentos infelizes, pois existem muitas áreas comuns onde é possível haver harmonia. Devemos ficar uns ao lado dos outros — ajudando-nos, respeitando-nos e compreendendo-nos reciprocamente — num esforço conjunto de servir à humanidade. A meta da sociedade humana deve ser o aperfeiçoamento caridoso dos seres humanos.

Os políticos e líderes mundiais vêm tentando arduamente estabelecer um controle sobre os arsenais de armamentos, o que é muito útil. Ao mesmo tempo, nós, que acreditamos em nossos princípios religiosos, temos o dever e a responsabilidade de controlar os maus pensamentos. Esse é o verdadeiro desarmamento, o nosso próprio controle armamentista. Comparado à paz interior e ao completo domínio dos maus pensamentos, o controle externo não é particularmente significativo. Sem o controle interior, não importa que providências venham a ser tomadas, os esforços externos não terão grande influência. Conseqüentemente, nas atuais circunstâncias, nós, da comunidade religiosa, temos uma responsabilidade especial com relação a toda a humanidade — uma responsabilidade universal.

A situação mundial é tal que todos os continentes dependem estritamente uns dos outros e, na presente conjuntura, a verdadeira cooperação é essencial. Isso depende da boa motivação; eis a nossa responsabilidade universal.

Pergunta — Como líder religioso, o senhor está interessado em encorajar ativamente outras pessoas a se juntarem à sua fé? Ou o senhor prefere adotar a posição de se colocar à disposição de quem quer que procure conhecer sua crença?

Resposta — Essa é uma pergunta importante. Não estou interessado em converter outras pessoas ao budismo, e sim em saber como os budistas podem contribuir para a sociedade humana, de acordo com suas próprias idéias. Creio que outras crenças religiosas também pensam de modo semelhante, procurando cooperar no objetivo comum.

Como, eventualmente, as diferentes religiões já entraram em atrito umas com as outras em vez de se unirem a fim de contribuir para uma meta comum, nos últimos vinte anos — durante minha estada na Índia — aproveitei todas as oportunidades para me encontrar com monges cristãos — católicos e protestantes — com muçulmanos, judeus e, naturalmente, com muitos hindus. Em nossas reuniões, oramos e meditamos juntos e analisamos nossas idéias filosóficas, nossas abordagens e métodos. Tenho muito interesse nas práticas cristãs e no que podemos aprender e adotar do seu sistema. De modo semelhante, existem muitos pontos na teoria budista, como as técnicas de meditação, que podem ser praticados pela Igreja cristã.

Tanto Buda como Jesus Cristo foram exemplos de contentamento e tolerância, servindo ao próximo sem motivações egoísticas. Quase todos os grandes mestres tiveram uma vida santa — não viveram luxuosamente como reis ou imperadores, e sim como simples seres humanos. Sua força interior era tremenda, ilimitada, mas a aparência externa era de satisfação com um modo simples de vida.

Pergunta — Poderia haver uma síntese do budismo, do judaísmo, do cristianismo e de todas as religiões, que reúna o que há de melhor e crie uma religião mundial?

Resposta — Formar uma nova religião mundial é difícil e não particularmente desejável. Contudo, no sentido de que o amor é essencial a todas as religiões, poderíamos falar da religião universal do amor. No que diz respeito às técnicas e aos métodos para se desenvolver o amor, bem como para alcançar a salvação ou a libertação total, existem muitas diferenças entre as crenças. Desse modo, não creio que pudéssemos formar uma única filosofia ou uma única religião.

Além disso, acredito que as diferenças na fé são fecundas. Há uma riqueza no fato de existirem tantas manifestações diversas do caminho. Se levarmos em consideração que há inúmeros tipos de pessoas com várias predisposições e inclinações, vemos que isso tem uma função.

Ao mesmo tempo, a motivação de todas as práticas religiosas é semelhante — amor, sinceridade, honestidade. As pessoas religiosas, em geral, estão satisfeitas com aquilo que têm. Os sentimentos de tolerância, de amor e de compaixão são os mesmos. O benefício da humanidade é uma meta comum — cada tipo de sistema procura, a seu modo, aperfeiçoar os seres humanos. Se colocarmos demasiada ênfase em nossa própria filosofia, religião, ou teoria, se formos por demais apegados a ela e tentarmos impô-la a outras pessoas, teremos problemas. Os grandes mestres como Gautama Buda, Jesus Cristo ou Maomé, ofereceram seus ensinamentos com a única finalidade de ajudar os seres humanos. Não pretendiam conseguir nada para si próprios nem trazer mais problemas ou perturbações ao mundo.

O mais importante é que nos respeitemos mutuamente e aprendamos uns com os outros as coisas capazes de enriquecer nossa própria prática. Mesmo que se trate de sistemas divergentes, estudá-los reciprocamente é positivo, uma vez que possuem o mesmo objetivo.

Pergunta — Algumas vezes, quando comparamos as religiões orientais com a cultura ocidental, percebemos que o Ocidente é considerado mais materialista e menos iluminado do que o Oriente. O Senhor vê tal diferença?

Resposta — Existem dois tipos de alimento: um para a fome mental e outro para a fome física. Conseqüentemente, o que se deve fazer é uma combinação dos dois — do progresso material e do desenvolvimento espiritual. Creio que muitos americanos, particularmente os jovens, percebem que o progresso material não é a resposta completa para a vida humana. No momento, todas as nações orientais estão procurando copiar a tecnologia ocidental. Nós, os tibetanos, como orientais, observamos a tecnologia ocidental e achamos que, uma vez que tenhamos desenvolvido o progresso material, nosso povo deverá alcançar uma espécie de felicidade permanente. Porém, quando vou à Europa ou à América do Norte, percebo que sob a aprazível superfície ainda encontramos a infelicidade, a perturbação mental e a inquietação. Isso mostra que o progresso material, isolado, não é a resposta ideal e completa para os seres humanos.

OS TESOUROS DO BUDISMO TIBETANO

Ásia Society, Nova York

Sucintamente falando, acredito que no budismo tibetano podemos encontrar a prática completa do budismo. Como todos vocês sabem, existem no budismo as expressões do Pequeno Veículo (*Hīnāyana*) e do Grande Veículo (*Mahāyāna*), ou Veículo dos Ouvintes e Veículo dos Bodhisattvas. Neste último, há uma divisão entre o Veículo das Perfeições e o Veículo do Mantra Secreto, ou Tantra. No Ceilão, na Birmânia e na Tailândia, o tipo de budismo praticado é o Tharavāda, uma das quatro principais divisões da escola de dogmas da Grande Exposição do Pequeno Veículo (*Vaibhāṣhika*) — Mahāsaṃghika, Sarvāṣtivāda, Saṃmitīya, e Sthaviravāda ou Theravāda.

Entre os tibetanos, a transmissão dos votos dos monges origina-se de outra dessas divisões da Escola da Grande Exposição, a Sarvāṣtivāda. Como existem essas diferentes subescolas, os Theravādins seguem um sistema de disciplina onde se prescrevem duzentos e vinte e sete votos, ao passo que nós, que seguimos a disciplina Sarvāstivādin, temos duzentos e cinqüenta e três.

A não ser por essas pequenas diferenças, ambas são iguais por fazerem parte dos sistemas do Pequeno Veículo. Conseqüentemente, nós tibetanos, praticamos a forma de disciplina do Pequeno Veículo, que abrange toda a gama de atividades relacionadas com a disciplina, desde o momento em que se prestam os votos, passando pelos preceitos que são mantidos até os rituais observados na manutenção dos votos.

Também praticamos os métodos de gerar a estabilização meditativa da maneira como são apresentados no *Tesouro do Conhecimento* (*Abhidharmakosha*), um compêndio do Pequeno Veículo, bem como as trinta e sete harmonias da iluminação [uma parte central da estrutura do caminho do mesmo veículo]. Desse modo, no budismo tibetano, realizamos as práticas que estão em completa harmonia com os métodos da escola Theravāda.

As doutrinas do Grande Veículo se disseminaram amplamente em países como a China, o Japão, a Coréia e algumas partes da Indochina. Tais doutrinas, que encarnam o Veículo Bodhisattva, baseiam-se em sūtras específicos como o *Sūtra do Coração* ou o *Sūtra do Lótus*. Nas escrituras do Grande Veículo, o fundamento ou raiz é a criação da aspiração altruísta do Estado de Buda e as práticas concomitantes, que são as seis perfeições. Sob a perspectiva do vazio, dentro do Grande Veículo existem duas escolas de diferentes doutrinas: a Chittamātra e a Mādhyamika. Tais métodos de prática do Grande Veículo pertinentes à compaixão e à sabedoria também estão presentes em sua forma completa no budismo tibetano.

Com relação ao Mantra ou ao Veículo do Tantra, está bem claro que suas doutrinas se difundiram na China e no Japão. Contudo, dentro da divisão do Veículo Tantra nos quatro conjuntos de tantras — Ação, Desempenho, Ioga e o Tantra Ioga Superior — somente os três primeiros (Ação, Desempenho e Ioga) se propagaram naquelas terras. Parece que o Tantra Ioga Superior não alcançou a China e o Japão, embora possa ter havido casos em que foi praticado secretamente nesses países. Contudo, no que diz respeito aos tantras levados para o Tibete, além dos três sistemas tântricos menores, existem muitos outros da classe mais elevada da Ioga.

Assim, a prática do budismo no Tibete inclui uma forma completa de prática que abrange todos os sistemas dentro do budismo — o Pequeno Veículo, o Grande Veículo do Sūtra e o Grande Veículo do Mantra. O método de praticar a união do sūtra e do tantra de forma completa propagou-se do Tibete até as regiões da Mongólia — incluindo a Mongólia Interior, a República Popular da Mongólia, os povos calmucos, e assim por diante. Também chegou às regiões do Himalaia atingindo o Nepal, o Sikkim e o Butão.

Por isso, a forma tibetana do budismo é completa. Digo-o não para ostentar, mas com a esperança de que pesquisem a respeito e descubram por si mesmo.

Existem quatro escolas ou ordens no budismo tibetano; Nying-ma, Ga-gyu, Sa-gya e Ge-luk. Cada uma delas, por sua vez, apresenta nove veículos — três sistemas de sūtra e seis sistemas de tantra. Além disso, dentro da Nying-ma há sistemas derivados de textos descobertos com o passar do tempo. Apesar de podermos encontrar tantas diferenças mesmo entre as quatro escolas do budismo tibetano, cada uma é um sistema de prática completa de unificação do sūtra com o tantra. Isso ocorre porque, sob o prisma da análise acerca da realidade das coisas, cada um desses sistemas sustenta a posição da escola Prāsaṅgika-Mādhyamika. No que diz respeito à motivação e às ações altruístas, todos seguem o sistema da geração da intenção altruísta para alcançar a iluminação e da prática das seis perfeições.

Qual o método através do qual é possível alguém engajar-se simultaneamente na prática da união do sūtra e do tantra? Diz-se que externamente a pessoa deve sujeitar-se ao comportamento prescrito pela disciplina do Pequeno Veículo. Por exemplo, mesmo os iogues tibetanos que praticam o tantra como leigos, assumem os votos de um leigo do Pequeno Veículo e mantêm externamente um estilo de vida de acordo com essa disciplina. Interiormente, é necessário que a pessoa pratique e desenvolva a mente da ação altruísta para atingir a iluminação, cujas raízes são o amor e a compaixão. Secretamente, através da prática da ioga da divindade, ela se dedica à concentração nos canais de energia, nos fluidos essenciais e nos ventos ou correntes energéticas, para poder acelerar o progresso no caminho.

No Tibete, consideramos compatíveis todos esses aspectos da prática; não encaramos o sūtra e o tantra como opostos, como se fossem o quente e o frio; não achamos que a prática da visão do vazio e das ações altruístas sejam em absoluto mutuamente excludentes. Em conseqüência, podemos combinar todos os sistemas numa única prática sincrética.

Resumindo, a intenção altruísta de se tornar iluminado é a raiz, a base, da vasta série de práticas caridosas. A doutrina do vazio é a raiz das práticas da visão profunda. Para podermos desenvolver a mente que percebe a "qüididade"* dos fenômenos cada vez mais elevados, precisamos nos dedicar à meditação. Para alcançarmos a estabilização meditativa e levarmos uma grande força a essas práticas, existe a prática especial da ioga da divindade, pois com base nela pode-se alcançar firmeza na meditação — união da absorção na tranqüilidade com a visão intuitiva especial. O fundamento desta prática está no cumprimento dos princípios éticos. Assim, todo o sistema da prática no Tibete pode ser descrito, externamente, como a manutenção do sistema de ética do Pequeno Veículo; internamente, como a manutenção da geração do altruísmo, do amor e da compaixão do Sūtra do Grande Veículo; e, secretamente, como a manutenção da prática do Veículo do Mantra.

---

* A palavra *suchness* — aqui traduzida por qüididade — consegue expressar melhor do que qualquer palavra em português o conceito de *tathata*, um dos mais importantes do budismo Mahayana. Indica o estado do mundo tal como ele é na realidade: o estado pelo qual uma coisa é assim como é, a observação de que um fato acontece do modo como acontece. A tradução "qüididade", essência de uma coisa, deixa muito a desejar, mas optamos por ela a fim de evitar uma longa palavra composta (*O Tao da Física*, Editora Cultrix, nota à pág. 31).

Depois de explicar algumas coisas a respeito do panorama geral das classes de prática, falaremos agora sobre as práticas em si. A origem de todos os sistemas budistas e não-budistas que surgiram na Índia deve-se ao fato de as pessoas estarem buscando a felicidade. Dentro da divisão dos fenômenos do mundo em objetos que são usados e em usuários desses objetos, os indianos focalizam particularmente o eu que usa os objetos. A maior parte dos sistemas não-budistas, baseados no fato de que nossa mente considera com freqüência que o eu controla a mente e o corpo, ou que o eu sente um prazer e uma dor que, em certo sentido, parecem estar dissociados dele, chegou à conclusão de que existe um eu à parte, uma entidade separada da mente e do corpo, que é o agente que passa de vida para vida e que renasce.

Contudo os budistas não afirmam a existência de um eu completamente isolado, ou uma entidade separada da mente e do corpo. Não advogam um eu permanente, único e independente, pois há quatro princípios específicos que demonstram que uma doutrina é budista: (1) todos os resultados são impermanentes; (2) todas as coisas contaminadas são miseráveis; (3) todos os fenômenos são vazios de um si-próprio; e (4) o nirvana é a paz.

Uma vez que nos sistemas budistas não há um si-próprio ou um eu de todo separado da mente e do corpo, tais sistemas declaram coisas diferentes sobre a maneira como o eu é encontrado nos agregados mentais e físicos. Nos sistemas das escolas Svātantrika-Mādhyamika, Chittamātra, Sautrāntika e Vaibhāṣhika, o eu é considerado como sendo um fator interno dos agregados físicos e mentais. Contudo, no sistema mais elevado das doutrinas, a escola Prāsaṇgika-Mādhyamika, nenhum elemento interno dos agregados físicos e mentais é considerado como a explicação do que é o eu, ou como sendo ele.

Tanto nesse sistema, que é superior, como nos demais, existe a asserção de ausência-do-eu; isso, porém, não significa que não exista absolutamente um eu. Na escola Prāsaṇgika-Mādhyamika considera-se que quando procuramos encontrar a espécie de eu que se manifesta tão concretamente em nossa mente, não conseguimos encontrá-lo. Não podemos achar analiticamente esse eu. A possibilidade analítica de encontrá-lo é chamada de "existência inerente"; desse modo, quando esta escola fala em ausência-do-eu, ou ausência de um si-próprio, refere-se à falta de existência inerente. Contudo, ela afirma a existência de um ego, um Eu, ou pessoa, determinada em função da mente e do corpo.

Todos os sistemas budistas defendem o *pratītya-samutpāda*, a manifestação dependente. Um dos significados da doutrina da manifestação dependente é que todas as coisas impermanentes — os resultados, ou coisas que são feitas — surgem devido a um agregado de causas e condições; em conseqüência, elas se manifestam em relação de dependência. O segundo significado da manifestação dependente, contudo, é que os fenômenos são determinados, ou passam a existir, por causa da reunião das suas próprias partes. O fato de os cientistas decomporem os fenômenos em partículas muito pequenas serve como apoio à doutrina de que os fenômenos são qualificados com base na reunião das partes, sendo estas suas partículas diminutas. Um terceiro significado da manifestação dependente é que os fenômenos só existem nominalmente. Quer dizer que eles não existem de forma objetiva e autônoma, mas que dependem da designação subjetiva para existirem. Quando afirmamos que os fenômenos existem ou são determinados com base numa consciência conceitual — que os classifica como sendo isso ou aquilo — não estamos dizendo que não existam objetos externos à consciência que os percebe, como se afirma no sistema da escola Chittamātra. Segundo esse sistema, os fenômenos são apenas expressões mentais; ele, porém, não diz que as formas e outras coisas não existam, mas sim que não existem como objetos externos — objetos essencialmente externos à mente. Desse modo, o significado de manifestação dependente torna-se cada vez mais profundo nestas três interpretações.

Como o eu, que é o usuário ou aquele que usufrui dos objetos, existe em virtude de outros fatores, esse eu não é autônomo e sim dependente. Uma vez que lhe é impossível ser independente, ele é destituído de independência. Essa falta de independência do eu, submetido ao prazer e à dor, representa sua realidade, seu vazio de existência inerente. É a isso que o vazio quer se referir. Através da compreensão e do sentimento do significado desta doutrina podemos começar a obter o controle sobre nossas emoções na vida do dia-a-dia.

As emoções desfavoráveis surgem por sobrepormos aos objetos uma bondade ou uma maldade alheia àquela que realmente possuem. Estamos acrescentando alguma coisa, e, como resultado, surgem emoções desfavoráveis. Por exemplo, na ocasião em que geramos desejo ou ódio, vemos nitidamente à nossa frente algo muito atraente ou muito repulsivo. Porém, quando olhamos para a mesma coisa mais tarde, apenas rimos; não temos mais o mesmo sentimento. Em conseqüência, os objetos de desejo e de ódio envolvem uma sobreposição que extrapola o que realmente existe; alguma coisa a mais misturou-se no contexto. É dessa maneira que a compreensão do real modo de ser dos objetos, sem essa sobreposição, nos auxilia a controlar nossa mente.

Este é o fator da sabedoria; mas exige também um fator de método. Por que motivo lutamos para gerar a sabedoria? Se for por nossos objetivos egoístas, o sentimento conseqüente não se tornará muito poderoso. Por conseguinte, a sabedoria deve ser acompanhada de uma motivação amorosa, de compaixão, de misericórdia pelo outro, de forma a poder ser colocada a serviço do próximo. Ocorre, assim, uma união do método com a sabedoria. O amor, quando não está mesclado à falsa conceitualidade, é muito razoável, lógico e sensível.

A bondade extrema e a compaixão, sem sentimentos emocionais e com a percepção da realidade última, podem atingir até o nosso inimigo. Esse amor chega a ser mais forte para com os inimigos. O outro tipo de amor, que não tem a percepção da realidade, está muito próximo do apego: não alcança os inimigos — somente os amigos, a esposa, o marido, os filhos, os pais, e assim por diante. Esse amor e essa bondade estão deturpados. A percepção da natureza última ajuda a fazer com que o amor ou a bondade se tornem legítimos e puros.

A união da sabedoria com o método deve ser conduzida para a vida diária. Podemos adotar externamente o comportamento e a disciplina do Pequeno Veículo; podemos possuir as seis perfeições como são explicadas nos textos do Grande Veículo; se, além disso, realizarmos a prática tântrica da ioga da divindade, a estabilidade da meditação (*samādhi*) será rapidamente atingida e se consolidará. Como é dessa maneira que os tibetanos se exercitam na vida do dia-a-dia, chamo a essas práticas de "tesouros do budismo tibetano".

A COMPAIXÃO NA POLÍTICA GLOBAL

Los Angeles World Affairs Council

Vivemos num século muito sofisticado. Devido a vários fatores, principalmente materiais, o mundo vem se tornando cada vez menor, proporcionando a todos os povos boas oportunidades de se encontrar e de se intercomunicar. Esse contato nos oferece a valiosa oportunidade de aumentar nossa compreensão recíproca do modo de vida, da filosofia e das crenças, e essa maior compreensão leva naturalmente ao respeito mútuo. O fato de o mundo se tornar menor a cada dia me permitiu estar aqui hoje.

Sempre que nos encontramos, tenho em mente que somos iguais por sermos seres humanos. Se enfatizadas as diferenças superficiais, sou um oriental e, mais ainda, um tibetano de além das montanhas do Himalaia, de um meio ambiente e uma cultura diferentes. Contudo, examinando a situação com profundidade, tenho um válido sentimento do eu, mediante o qual desejo a felicidade e não quero o sofrimento. Todas as pessoas, não importa de onde venham, possuem, no mesmo nível convencional, este sentimento positivo do eu; nesse aspecto, somos todos iguais.

Baseando-me nesta compreensão, ao encontrar pessoas novas em lugares novos não há nenhuma barreira ou distância na minha mente. Posso falar-lhes como falaria com velhos amigos, apesar de ser esta a primeira vez que estamos juntos. Em minha mente, por serem seres humanos, vocês são meus irmãos e minhas irmãs; não existe qualquer diferença de substância. Posso expressar qualquer coisa que sinta, sem hesitação, exatamente como o faria a um velho amigo. Graças a este sentimento podemos nos comunicar sem qualquer dificuldade e entrar em contato não apenas mediante algumas palavras bonitas, mas de coração para coração.

Fundamentados, deste modo, numa relação genuína — na qual há sentimentos reais e compreensão recíproca — podemos desenvolver confiança e respeito mútuos. A partir daí, nos é possível participar do sofrimento das demais pessoas e criar harmonia na sociedade humana. Podemos construir uma família humana cordial.

Eis aí uma atitude muito útil. Se colocarmos demasiada ênfase nas diferenças superficiais — culturais, ideológicas, referentes à fé, raça, cor, riqueza e educação —, se fizermos pequenas discriminações rígidas, não conseguiremos deixar de causar um sofrimento adicional à sociedade dos homens. Essas diferenças exageradas, mas de fato irrelevantes, gerarão uma atmosfera penosa.

Além disso, na política mundial, tais discriminações, mesmo que pequenas, criam problemas incontroláveis. Por exemplo: na Ásia, no Oriente Médio, na África ou na América Latina, os conflitos se originam, muitas vezes, de sentimentos religiosos, outras de problemas raciais, e outras ainda de motivações ideológicas. Ocorre o mesmo em meu próprio país, o Tibete, por causa de algumas atitudes do nosso grande vizinho, a República Popular da China, acontecidas durante a Revolução Cultural. Assim sendo, o modo de pensar dos seres humanos cria problemas que se somam aos problemas básicos que precisamos enfrentar.

A respeito lembramos que, enquanto milhares e milhares de refugiados do Camboja e do Vietnã morriam, desenrolavam-se longas conversações a respeito da sua situação política. Nada era feito para se solucionar de uma maneira adequada o problema imediato. Isso é particularmente triste. O fato de pessoas necessitadas serem ignoradas por razões políticas revela o que está nos faltando; embora sejamos inteligentes, poderosos e suficientemente fortes para explorar povos ou destruir o mundo, não possuímos a bondade e o amor verdadeiros. Em primeiro lugar, é necessário perceber que, como seres humanos, não queremos morrer. Essas pessoas também são seres humanos, portanto tampouco desejam a morte. Elas têm o direito de viver. Elas precisam de ajuda.

A primeira coisa que devemos fazer é ajudar; mais tarde, poderemos falar a respeito das causas e dos problemas políticos que ocasionaram tamanha tragédia. Um ditado indiano diz que se você for atingido por uma flecha envenenada, o mais importante é extraí-la; não há tempo para perguntar quem a atirou, qual é o tipo de veneno e coisas do gênero. Primeiro deve-se cuidar do problema imediato; depois, efetuem-se as investigações necessárias. Da mesma forma, quando nos deparamos com pessoas sofrendo, o importante é agir com compaixão, e não questionar a ideologia política daqueles a quem estamos ajudando. Em vez de indagarmos se seu país é amigo ou inimigo, devemos ter em mente que são seres humanos, sofrem e têm o mesmo direito que nós de serem felizes.

Não carecemos de desenvolvimento científico e nem tecnológico; contudo, falta-nos algo no coração — um verdadeiro sentimento de calor interior. Precisamos de um coração bondoso.

Com a compreensão básica de que todos os seres humanos são irmãos e irmãs, podemos avaliar a utilidade de diferentes sistemas e ideologias que sejam capazes de acolher indivíduos distintos e grupos com inclinações e gostos diferentes. Certa ideologia ou herança cultural revela-se mais adequada a determinado tipo de pessoa, sob condições específicas. Cada indivíduo tem o direito de escolher o que lhe é mais apropriado. Esta é uma questão que diz respeito a cada um, tendo como base a compreensão profunda de que todas as outras pessoas são seus irmãos e suas irmãs.

Precisamos ter, lá no fundo do coração, uma recíproca afeição verdadeira, uma clara percepção ou um nítido reconhecimento do estado humano que compartilhamos. Ao mesmo tempo, devemos aceitar abertamente todas as ideologias e todos os sistemas como meios de solucionar os problemas da humanidade. Um país, uma nação, uma ideologia, um sistema não são suficientes. É necessária uma variedade de abordagens diferentes, baseadas num sentimento profundo da identidade fundamental da humanidade; isso é de extrema importância. Podemos então realizar um esforço conjunto para solucionar os problemas de toda a raça humana. As dificuldades que a sociedade vem enfrentando em termos de desenvolvimento econômico, crise energética, tensão entre nações pobres e ricas e muitos outros entraves geopolíticos podem ser resolvidos se entendermos nossa qualidade fundamental de seres humanos, se respeitarmos os direitos uns dos outros, se compartilharmos nossos problemas e sofrimentos, realizando, então, um esforço coletivo.

Mesmo não podendo solucionar determinadas situações, não deveríamos lamentá-las. Nós, seres humanos, temos de encarar a morte, a velhice e a doença, e também os desastres naturais como os furacões. Trata-se de eventos que estão fora do nosso controle e que temos de enfrentar; não é possível fugir deles. Porém, esses sofrimentos já são suficientes para nós. Por que, então, criar outros por causa de ideologias e de maneiras diferentes de pensar? É inútil! É triste... Milhares e milhares de pessoas sofrem em decorrência disso. Tal situação é verdadeiramente absurda, já que podemos evitá-la adotando uma atitude diferente. Valorizando a natureza humana básica a que as ideologias devem servir.

Há quatrocentos ou quinhentos anos, neste país, os índios viviam em pequenas comunidades, de forma mais ou menos independente. Mesmo a nível familiar, eram geralmente auto-suficientes. Entretanto, hoje em dia, não há dúvida de que, de nação para nação, de continente para continente dependemos intensamente uns dos outros. Por exemplo, milhares e milhares de carros enchem as ruas de Nova York, Washington, ou daqui de Los Angeles; mas, sem combustível, não poderiam movimentar-se. Apesar de, no momento, os seres humanos serem transportados por automóveis, se o combustível acabasse, eles precisariam empurrar seus grandes carros.

A prosperidade depende de diversos fatores, gerados por situações diversas. Quer gostemos quer não, isso mostra nossa interdependência. Não podemos mais viver em completo isolamento. A não ser que estabeleçamos uma cooperação, uma harmonia e um esforço comum verdadeiros, surgirão dificuldades. Desde que temos de viver juntos, por que não fazê-lo mantendo uma atitude positiva, uma mente aberta? Por que, em vez disso, sentimos ódio uns pelos outros e trazemos mais problemas para o mundo?

Sou uma pessoa religiosa, e, do meu ponto de vista, todas as coisas se originam em primeiro lugar na mente. As coisas e os eventos dependem fortemente da motivação. O importante é termos uma consideração verdadeira pelo gênero humano e sentirmos compaixão e amor. Se desenvolvermos um coração bondoso, haverá aperfeiçoamento em todos os campos, seja na ciência, na agricultura, ou na política. Um bom coração é, ao mesmo tempo, importante e eficiente também na vida diária. Se os integrantes de pequena família, mesmo que nela não existam crianças, tiverem bondade de coração um com o outro, isso criará uma atmosfera tranqüila. Entretanto, se uma única pessoa se sentir zangada, imediatamente a atmosfera da casa tornar-se-á tensa. Apesar da boa comida ou de um bonito aparelho de televisão, a paz e a calma desaparecerão. Desse modo, as coisas dependem mais da mente do que da matéria. A matéria é importante, precisamos dispor dela, devemos usá-la adequadamente, mas este século tem de combinar um bom cérebro — ou seja, a inteligência — com um bom coração.

Todo mundo gosta de falar sobre calma e paz, seja num contexto familiar, nacional ou internacional, mas sem a paz *interior* como podemos criar as condições de uma paz verdadeira? É importante conseguirmos a paz mundial através do ódio e da força. Mesmo em se tratando de indivíduos, não há a menor possibilidade de ocorrer o sentimento de felicidade através da raiva. Numa situação difícil, se ficarmos interiormente perturbados e oprimidos pelo desconforto mental, os fatores externos não poderão em absoluto servir de ajuda. Contudo, se apesar das dificuldades externas nossa atitude interna for de amor, calor e bondade, os problemas poderão ser enfrentados e aceitos com facilidade.

A essência humana, de bom senso, não tem lugar para a raiva. A raiva, o ciúme, a impaciência e o ódio são os verdadeiros causadores da discórdia; com eles os problemas não são resolvidos. Embora uma pessoa possa ser temporariamente bem-sucedida, no final, seu ódio ou sua raiva criarão dificuldades. Com a raiva, todas as ações são rápidas. Quando enfrentamos os problemas com compaixão, sinceridade e uma boa motivação, podemos levar mais tempo, mas no final a solução será melhor, já que existe uma possibilidade muito menor de que um novo problema seja criado através da "solução" temporária do problema vigente.

Algumas vezes desdenhamos a política, criticando-a como sendo corrupta. Contudo, se examinarmos o assunto adequadamente, veremos que política em si nada tem de errado. É um instrumento que serve à sociedade humana. Com uma boa motivação — sinceridade e honestidade — a política torna-se um instrumento a serviço da sociedade. Porém, quando motivada pelo egoísmo unido ao ódio, à raiva ou ao ciúme, torna-se desprezível.

Isso se aplica não apenas à política mas também à religião. Se eu falar a respeito de religião movido pelo egoísmo ou pelo ódio, então, apesar de estar falando sobre esse tema, nada do que eu disser será útil, uma vez que a motivação inicial é má. As coisas dependem de nossa própria motivação. Não podemos resolver todos os problemas por meio do dinheiro ou do poder. Temos de solucionar primeiro o problema do coração humano; as demais dificuldades criadas pelo homem resolver-se-ão naturalmente.

Minha opinião é que como todas as pessoas pertencem a este mundo, devemos adotar uma atitude positiva em âmbito mundial, e nutrir um bom sentimento por nossos irmãos do gênero humano. No meu caso específico, nós, tibetanos, lutamos por nossos direitos. Alguns dizem que a situação tibetana é apenas política, mas não acho que seja assim. Como ocorre também com o povo da China, nossa herança cultural é singular e bem definida. Não odiamos os chineses; respeitamos profundamente as riquezas de sua cultura que abarca tantos séculos. Apesar desse profundo respeito, e embora não sejamos antichineses, nós, seis milhões de tibetanos, temos o direito de manter nossa própria cultura, desde que com isso não prejudiquemos ninguém. No aspecto material estamos atrasados, mas, nos assuntos espirituais — em termos de desenvolvimento da mente — somos bastante ricos. Somos budistas e praticamos uma forma de budismo completa. Além disso, mantivemos nossa religião ativa e vigorosa.

No século passado, conservamos nossa pátria em paz, com nossas características culturais. Infelizmente, nas últimas décadas, nossa nação e nossa cultura vêm sendo deliberadamente destruídas. Amamos a ambas; temos o direito de preservá-las.

Além disso, nós, os seis milhões de tibetanos, somos seres humanos, não importa quanto o Tibete esteja materialmente atrasado. Somos seis milhões de pessoas, de almas, que têm o direito de viver como entes humanos. Essa é a questão.

Sirvo à nossa causa com a motivação de servir à espécie humana, não por razões de poder ou movido pelo ódio. Não só como tibetano, mas como integrante da humanidade, creio que vale a pena preservar essa cultura, essa nação, a fim de que ela contribua para a sociedade mundial. É por isso que persisto no nosso movimento; embora algumas pessoas considerem o assunto como sendo meramente político, sei que isso não é verdade.

Temos muita esperança de que a atitude geral da República Popular da China esteja mudando. Contudo, mantemos uma posição cautelosa devido à nossa experiência anterior. Minha intenção não é criticar; estou apenas apontando um fato. Através de análise e pesquisa será possível concluir se isso é real ou não; o tempo dirá.

Acredito que a determinação e a força de vontade humanas sejam suficientes para desafiar a pressão e a agressão externas. Não importa quão forte seja o poder do mal, a chama da verdade não diminuirá. É isso que acredito.

Como amigo, meu pedido e meu desejo é que, individual e institucionalmente, vocês procurem suscitar um sentimento de fraternidade. Precisamos desenvolver a compaixão e o amor; essa é a nossa verdadeira tarefa. Os governos estão muito ocupados para se dedicarem a essas coisas. Como indivíduos temos mais tempo para pensar a respeito. De que maneira contribuir efetivamente para a sociedade humana — estimulando o desenvolvimento da compaixão e um verdadeiro sentimento de comunidade.

É possível que julguem que estou falando de um sonho impraticável. Contudo, nós, seres humanos, temos um cérebro desenvolvido e um potencial ilimitado. A mente humana pode ser treinada gradativa e pacientemente, da mesma forma que qualquer animal selvagem. Se realizarem essas práticas com paciência, poderão descobrir isso através de suas próprias experiências. Se uma pessoa que se zanga com facilidade tentar controlar a raiva, poderá conseguí-lo com o tempo. O mesmo ocorre com uma pessoa muito egoísta; em primeiro lugar ela deve se conscientizar das falhas de uma motivação egoística e do benefício de se tornar menos egoísta. Depois disso, deverá implementar a nova atitude, tentando controlar o lado negativo e desenvolver o luminoso. À medida que o tempo passa, essa prática pode ser frutífera. É a única alternativa.

Sem amor, a sociedade humana se coloca em condições muito difíceis; sem amor, enfrentaremos tremendos problemas no futuro. O amor é o centro da vida humana.

MEDITAÇÃO

𝒲isdom's Goldenrod, Ithaca, Nova York

Sinto-me muito contente por estar aqui neste centro. Sei alguma coisa a respeito de suas atividades e admiro seus propósitos e objetivos de promover uma compreensão mais direta das muitas filosofias. Pretendo explicar, em primeiro lugar, algumas coisas de forma breve e sucinta, depois poderemos manter um debate informal.

Se perguntarem: Os seres humanos têm direitos?, responderei que sim, eles têm direitos. Como são os direitos dos seres humanos? Eles se baseiam na manifestação de um eu naturalmente válido para a nossa consciência, no fato de que queremos a felicidade e não desejamos o sofrimento, e que esse desejo de felicidade e esse não-desejo de sofrimento, tendo como base essa manifestação, é a própria razão da existência dos direitos dos homens.

Há muitos níveis de felicidade a serem alcançados e de sofrimentos a serem atenuados. Milhões e milhões de pessoas neste mundo estão à procura de um caminho através do qual possam obter a felicidade e eliminar o padecimento; e cada uma considera que o seu método é o melhor. Todos os grandes programas para o desenvolvimento mundial — os planos qüinqüenais e decenais — se originam no desejo de felicidade. Nós, que estamos aqui reunidos hoje, procuramos um método diferente do habitual para alcançar a ventura e eliminar o sofrimento. Estamos sobretudo interessados em técnicas baseadas não no dinheiro e sim na transformação interior do pensamento.

No passado, muitas pessoas sábias criaram técnicas para mudar, treinar e transformar a mente, e é muito importante que respeitemos todos esses sistemas, considerando-os movidos por uma orientação altruísta e por um objetivo comum. Nós os estudamos para descobrir-lhes as técnicas peculiares e verificar quais as mais proveitosas e adequadas para fazermos uso delas. Devemos implementá-las; tais ensinamentos quase não têm valor a não ser que os coloquemos em prática em nossa vida diária.

Os fundamentos dos sistemas filosóficos devem ser praticados com base num *continuum* mental disciplinado; conseqüentemente, a meditação é de um modo geral de extrema importância, sobretudo no princípio. Talvez hoje, enquanto explico este tema, possamos nos envolver numa experiência. Gostariam de participar? Em primeiro lugar observem suas posturas: deixem as pernas numa posição confortável; mantenham a coluna reta como uma flecha. Coloquem as mãos na postura meditativa de equilíbrio, quatro dedos abaixo do umbigo, a mão esquerda sob a direita e os polegares tocando-se de maneira a formar um triângulo. Essa posição das mãos se relaciona com o local onde, dentro do corpo, é gerado o calor interno.

Inclinem ligeiramente o pescoço para baixo, e deixem que a boca e os dentes fiquem na posição habitual, a ponta da língua tocando o céu da boca perto dos dentes superiores. Dirijam os olhos para baixo de modo relaxado — não é preciso focalizar a ponta do nariz; eles podem estar voltados para o chão à sua frente, se isso lhes parecer mais natural. Não abram muito e nem fechem com força os olhos; deixem-nos entreabertos. Algumas vezes eles se fecharão espontaneamente; isso não é problema. Mesmo que os olhos estejam abertos, quando sua consciência mental se firmar sobre o objeto de meditação as imagens que se mostram à consciência do olho não irá perturbá-los.

Aqueles dentre vocês que usam óculos, já perceberam que, ao tirá-los, devido à falta de clareza há menos perigo de ocorrer a excitação e maior risco de lassidão? Acreditam que existe alguma diferença entre ficar ou não de frente para a parede? Olhando para a parede, poderão achar que há menos risco de excitação ou dispersão. Esses fatores devem ser determinados com base na própria experiência.

Na meditação com um objeto de observação determinado, é comum haver dois tipos de objetos: o externo e o interno. Em vez de meditarmos sobre a mente em si, meditaremos sobre um objeto externo de observação, como, por exemplo, o corpo de um Buda — para aqueles que gostam de olhar para um Buda — uma cruz, para aqueles que assim o preferem, ou qualquer outro símbolo que lhes seja mais adequado. Visualizem mentalmente o objeto como estando a cerca de um metro e trinta centímetros à sua frente e à mesma altura das sobrancelhas. O objeto deve ter cerca de cinco centímetros de altura e irradiar luz. Tentem imaginar que ele é pesado, pois isso evita a excitação. Seu brilho impede a lassidão. Quando vocês se concentrarem, deverão buscar dois fatores; primeiro, tornar o objeto de observação nítido; segundo, torná-lo firme.

Alguma coisa apareceu em sua mente? Os objetos dos sentidos que estão à sua frente os incomodam? Se esse for o caso, fechem os olhos. Agora, com os olhos fechados, estão vendo uma mancha vermelha? Se com os olhos fechados vêem uma mancha vermelha e quando estão abertos sentem-se perturbados pelo que vêem, isso indica que estão por demais envolvidos com a consciência visual e, conseqüentemente, deveriam tentar deslocar a atenção da consciência visual e colocá-la na consciência mental.

O que interfere com a estabilidade do objeto de observação e faz com que ele flutue é a excitação ou, de um modo mais geral, a dispersão. Para eliminar isso, recolham sua mente mais firmemente para dentro de si mesmos, de forma que a intensidade do modo de percepção comece a diminuir. Pensar em alguma coisa que os torne mais sérios e um pouco tristes ajuda a recolher a mente. Tais pensamentos tendem a fazer com que o modo de percepção exagerado do objeto, que ocorre quando a mente está muito tensa, diminua ou se afrouxe um pouco e que, em decorrência, vocês consigam se fixar melhor no objeto de observação escolhido.

Não basta apenas ter estabilidade; também é preciso ter clareza. O que impede a clareza é a lassidão, e o que causa a lassidão é um excesso de retratação e de declínio da mente. Em primeiro lugar, a mente fica negligente; isso pode conduzir à apatia, na qual perdemos o objeto de observação e nos sentimos como se tivéssemos caído na escuridão, o que tende a levar, inclusive, ao sono. Quando isso ocorre, é necessário elevar o modo de percepção. Uma técnica para conseguir isso é pensar em alguma coisa de que gostamos, que nos faça ficar contentes, ou então ir para um lugar alto de onde admiramos uma bela paisagem. Essa técnica faz com que a mente que está definhada eleve seu modo de percepção.

É necessário reconhecermos, dentro de nossa própria experiência quando o modo de percepção se torna excitado em demasia ou negligente em excesso, e determinarmos a técnica mais adequada para diminuí-lo ou aumentá-lo.

O objeto de observação que visualizarmos deve ser mantido com atenção. Ao mesmo tempo, observaremos, como de um canto, verificando se o objeto está claro e estável; a faculdade envolvida nesse exame é chamada de introspecção. Quando alcançamos a atenção firme e poderosa, geramos a introspecção, cuja função singular é observar de tempos em tempos para verificar se a mente está sob a influência da excitação ou da lassidão. Ao desenvolvermos bem a atenção e a introspecção, nos tornamos capazes de perceber a lassidão e a excitação logo antes de elas surgirem. Conseguimos assim evitar que apareçam.

Resumidamente esse é o modo de realizar a meditação com um objeto externo de observação.

Outro tipo de meditação relaciona-se com a observação da mente em si. Procurem deixar a mente num estado vivamente natural, sem pensar no que aconteceu no passado ou no que estão planejando para o futuro, sem gerar qualquer conceito. Onde acham que está a consciência? Nos olhos? É bem provável ter a sensação de que ela está associada aos olhos, pois normalmente obtemos a maior parte do que entendemos como sendo o mundo através da visão. Isso ocorre pelo fato de termos nos apoiado excessivamente em nossa consciência sensorial. Contudo, é possível determinar a existência de uma consciência mental separada; por exemplo, ao termos a atenção desviada pelo som, o que aparece à consciência visual não é percebido. Isso indica que uma consciência mental separada está prestando mais atenção ao som, que é ouvido pela consciência auditiva, do que à percepção da consciência visual.

Através de prática persistente, a consciência poderá, afinal, ser percebida ou sentida como uma entidade de mera luminosidade e conhecimento, à qual qualquer coisa pode aparecer e que, quando ocorrem as condições adequadas, pode ser gerada na imagem de qualquer objeto. Enquanto a mente não encontrar a circunstância externa da conceituação, ela permanecerá vazia, como água cristalina, sem que qualquer coisa apareça. Sua essência é a mera experiência. Ao experimentarmos tal aspecto da natureza da mente teremos, pela primeira vez, localizado o objeto de observação desse tipo interno de meditação. A melhor hora para a prática dessa meditação é pela manhã, num lugar tranqüilo, enquanto a mente estiver bem límpida e alerta.

Existe ainda outro tipo de meditação que nos torna capazes de discernir a natureza última dos fenômenos. De um modo geral, os fenômenos dividem-se em duas classes: os agregados mentais e físicos

— ou fenômenos usados pelo eu —, e o eu que usa os fenômenos. Para determinar a natureza deste eu, daremos um exemplo. Quando digo que João está chegando, existe uma pessoa que é chamada pelo nome João. Esse nome caracteriza o seu corpo? Não. Caracteriza sua mente? Se lhe caracterizasse a mente, não teríamos como nos referir à mente de João. A mente e o corpo são coisas "usadas" pela pessoa. Ao que tudo indica, parece que existe um eu separado da mente e do corpo. Por exemplo, quando pensamos: "Oh, meu corpo desprezível!", ou "Minha mente desprezível!", para o nosso modo natural de apreciação, a mente em si não é o eu; correto? Ora, qual é o João que está ali e que não é a sua mente ou o seu corpo? Deveriam aplicar isso a vocês mesmos, ao seu próprio sentimento de eu: onde está esse eu, em termos da mente e do corpo?

Quando meu corpo está enfermo, embora ele não seja eu, uma vez que meu corpo está doente pode-se dizer que estou doente. Na verdade, para o interesse, o bem-estar e o prazer do eu, algumas vezes torna-se necessário até amputar uma parte do corpo. Embora o eu não seja o corpo, existe uma relação entre ambos; a dor corporal pode expressar-se como a dor do eu. De modo semelhante, quando a consciência visual vê alguma coisa, para a mente é como se o eu a percebesse.

Qual é a natureza do eu? Como ele se apresenta a nós? Quando não construímos ou criamos qualquer conceito artificial em nossa mente, parece que o nosso eu possui uma identidade separada da nossa mente e do nosso corpo? Por outro lado, se a procurarmos, conseguiremos encontrá-la? Por exemplo, se alguém nos acusar de ter roubado alguma coisa, ou de ter estragado algo e sentirmos que não fizemos nada daquilo de que somos acusados, como o eu se manifesta numa situação assim? Ele parece sólido? Algo sólido, firme e forte surge em nossa mente quando pensamos ou dizemos: "Eu não fiz isso!"

Esse eu aparentemente sólido, concreto, independente, auto-suficiente e autônomo que se manifesta numa situação como essa, na verdade não existe. Essa não-existência específica é representada como ausência-do-eu. Na falta de uma análise e de uma investigação, um mero eu, como em: "Eu quero tal e tal coisa", ou "Eu vou fazer isso e aquilo" é considerado válido, mas a não-existência de um eu independente ou possuidor de um poder autônomo constitui a ausência-do-eu da pessoa. Essa ausência-do-eu, ou ausência do si-próprio, é o que encontramos ao tentar descobrir o eu de forma analítica.

Essa existência não-inerente do eu é uma verdade final. O eu que se mostra a uma percepção convencional não-analítica é aquele que surge de forma dependente e que serve como base para o que se convenciona como ação, agente, e assim por diante; esta é uma verdade convencional. Ao analisarmos o modo de subsistência ou a condição do eu, fica claro que, embora ele pareça existir de forma inerente, isso não ocorre; o mesmo acontece quando analisamos uma ilusão.

A natureza final do eu, isto é, o vazio, é idêntica à dos fenômenos referentes ao próprio eu. Através da análise e da investigação, a existência inerente desses fenômenos não é constatada. Porém, sem a análise e a investigação, eles existem.

A existência convencional do eu, bem como a do prazer e da dor, torna necessária a geração da compaixão e do altruísmo; uma vez que a natureza última de todos os fenômenos é esse vazio de existência inerente, também é preciso cultivar a sabedoria. Quando esses dois aspectos — compaixão e sabedoria — são praticados ao mesmo tempo, a sabedoria se torna mais profunda e o senso de dualidade diminui. Como a mente habita no significado do vazio, a aparência dualista se torna mais leve e a mente mais sutil. À medida que a mente cada vez mais se apura e sutiliza, transforma-se por fim na mente básica, inata, fundamental, de clara luz, capaz de percepção imediata. No equilíbrio meditativo, é uma com o vazio sem que qualquer aparição dualista se mescle a esse vazio. Quando tudo possui esta mesma expressão, toda e qualquer coisa pode surgir, o que é conhecido como: "Tudo com uma inclinação, uma inclinação em tudo."

Agora talvez possamos manter um diálogo. Alguma pergunta?

Pergunta — Por que é melhor meditar pela manhã?

Resposta — Por duas razões principais. Fisicamente, de manhã cedo todos os centros nervosos estão descansados, o que é propício para a meditação. Além disso, há diferença apenas em termos de tempo. Se tivermos dormido bem, de manhã estamos mais descansados e alertas. Podemos verificar isso por nossa própria experiência: à noite atingimos um ponto em que não conseguimos mais pensar adequadamente. Contudo, depois de dormir, e quando acordamos no dia seguinte, percebemos com mais clareza coisas que não estávamos conseguindo perceber com a mesma clareza na véspera. Isso mostra que o poder mental é muito mais aguçado nas horas matutinas.

Pergunta — O senhor pode dizer alguma coisa, em termos de meditação, quanto ao mantra como som?

Resposta — Com relação aos mantras que podemos usar na meditação, existem sons exteriores, de repetição oral, e sons interiores, de repetição mental. Há também sons naturais que surgem espontaneamente, tais como os produzidos pelo inalar e exalar da respiração como os tons do mantra.

Podemos estabelecer a forma das letras do mantra colocando-as na borda de um disco lunar, ou no interior de uma luz localizada no coração. Se sentir vontade de fazê-lo, imagine estar dentro disso, como se estivesse no âmbito do seu corpo. Se tiver uma sensação de que a principal parte da consciência está em torno dos olhos, é possível imaginar a luz atrás dos olhos; então, sentindo-se intensamente nesse centro luminoso, transporte a luz e a consciência até o interior do círculo do mantra que está localizado no coração. Se fizer isso diversas vezes, terá gradualmente a sensação de estar de fato no coração. Então, ao se situar no centro do mantra, será como se estivesse lendo as letras do mantra à sua volta — não oralmente mas sim de forma mental — recitando-o, porém não com a boca. Existem muitas técnicas diferentes a respeito.

Pergunta — Qual é o método mais conveniente para superar a resistência à meditação?

Resposta — Existem cinco imperfeições consideradas obstáculos à meditação. A primeira é a preguiça; a segunda é esquecer o objeto assinalado, ou seja, esquecer o objeto; a seguir, estão a lassidão ou a excitação; depois encontramos o fracasso em conseguir aplicar um antídoto quando a lassidão ou a excitação se fazem presentes; e a última é continuar a aplicar os antídotos quando a lassidão ou a excitação já foram superadas. Essas são as cinco imperfeições. Temos oito antídotos para elas. O antídoto para a preguiça é, em primeiro lugar, a *fé* que percebe de modo inteligente o valor da estabilidade meditativa, sendo o aspecto principal o fato de que sem ela os caminhos superiores não poderem ser galgados. Ao serem determinadas as boas qualidades da estabilidade meditativa sobrevém a *aspiração* que procura alcançar tal qualidade. Através desta vem a *aplicação* por meio da qual finalmente alcançamos a *docilidade* que faz com que o corpo e a mente se libertem dos estados desfavoráveis, e se tornem aptos ao direcionamento virtuoso, de modo que qualquer virtude realizada seja poderosa. Esses são os quatro antídotos para a primeira imperfeição, a preguiça.

De início, aconselhamos que a prática não seja por demais prolongada: não se exceda. O período máximo situa-se em torno de quinze minutos. O importante não é a duração da sessão e sim a qualidade dela. Se meditar por um tempo excessivo, poderá ficar com sono, e nesse caso a meditação se tornará uma questão de se acostumar àquele estado. O que não é apenas perda de tempo mas também um hábito difícil de eliminar no futuro. No início, faça várias sessões curtas — oito ou mesmo dezesseis sessões por dia — e então, à medida que se familiarizar com o processo da meditação, a qualidade aumentará e a sessão se tornará naturalmente mais longa.

Um sinal de que se está progredindo na estabilidade da meditação é achar, mesmo que a sessão tenha sido longa, que o tempo decorrido foi curto. Se sentir que levou muito tempo meditando quando na realidade o fez apenas por um período curto, isso indica que deverá reduzir o tempo da sessão. Tal coisa poderá ser muito importante no início.

Pergunta — No sistema budista, fala-se de diferentes níveis de cognição para os quais existem objetos adequados. Quem conhece esses diferentes modos de cognição em cada nível?

Resposta — Existem muitos níveis de consciência e diferentes modos de perceber os objetos. Mas eles são todos a mesma coisa, por serem formados por um *continuum* de luminosidade e de conhecimento, e devido ao fato de que apenas o mero eu, determinado com base no *continuum* da consciência, os conhece. Isso responde à sua pergunta?

Entre os diversos sistemas budistas, alguns consideram tipos de consciência como sendo o próprio eu. Contudo, no sistema mais elevado e mais profundo, na escola *Prāsaṅgika-Mādhyamika*, o que é concebido como o eu é o mero eu, determinado em função do *continuum* da consciência.

Pergunta — Qual a diferença entre a consciência e o eu?

Resposta — Existem muitas formas diferentes sob as quais o eu aparece. Numa deles ele é considerado realmente diferente dos agregados da mente e do corpo e dá a impressão de ser permanente, unitário e auto-suficiente. Em outra, embora não pareça ser diferente dos agregados, é considerado como o que sustenta a carga destes, ou senhor deles — isto é, um eu com existência real e auto-suficiente. Em outra de suas formas, o eu parece não estar firmado através do fato de se apresentar a uma consciência, e sim por se estabelecer a partir do prisma de seu modo incomum de subsistência. Num outro modo, o eu parece ter existência inerente ou existir por si só, dando a impressão de não existir através da força da nominalidade ou conceitualidade. Há outra maneira, ainda: nesta, apesar de o eu *parecer* existir de forma autônoma, tudo que é concebido é um mero eu. Essa última concepção representa a única percepção válida entre elas.

O que é o eu? Quando procurado analiticamente não se consegue encontrá-lo. Nada entre os agregados físicos e mentais, nem o *continuum* deles, ou seu conjunto, pode ser considerado como sendo o eu. Quando você, no escuro, toma um pedaço de corda manchada como uma cobra, as partes individuais da corda, o conjunto delas, o *continuum* delas no tempo, nada disso pode ser tido como uma cobra. É uma serpente que existe apenas através da força da mente da pessoa que está com medo; a partir da cobra nada há que seja firmado como cobra.

Como nesse exemplo, nada entre os agregados mentais ou físicos que são a base da designação do eu, em separado, em conjunto, ou como seu *continuum* no tempo, pode ser pressuposto como algo que seja o eu. Além disso, é impossível encontrá-lo como uma realidade separada da mente e do corpo que são sua base designativa. Ora, se em virtude disso, começarmos a pensar que o eu absolutamente não existe, isso seria desmentido pela cognição convencional válida. O fato de que o eu existe é óbvio.

Sua existência é comprovada pela experiência, pela cognição válida, mas ele não é encontrável entre suas bases de designação. Assim, o eu apenas existe designativamente mediante a força da nominalidade ou da conceituação: através de uma força subjetiva. Esse eu depende nominalmente do quê? Sua mera existência nominal está postulada com base no seu princípio de designação.

Com relação aos agregados mentais e físicos que são sua base de designação e entre os quais existem muitos níveis grosseiros e sutis, o mais sutil de todos é a consciência, que não tem início e que continua por todas as vidas. Conseqüentemente, diz-se que o eu é determinado pelo poder da nominalidade com base no *continuum* de consciência que não tem início nem fim e que é o principal fundamento da designação. O eu existe apenas nominalmente; sua determinação baseia-se no seu *continuum* de consciência. A conclusão é que, a não ser para um eu que existe através do poder da nominalidade, não existe um eu que seja firmado por si mesmo. Essa falta de instituição do direito próprio do objeto é o significado da ausência-do-eu.

Poderemos ser levados a perguntar: "Se o eu e o resto existem através da força da conceitualidade, por meio de que conceitualidade eles são designados? Da minha, da sua, da de alguém do passado, do presente, ou de onde?" Mais uma vez, seria o caso de proceder a uma análise para tentar encontrar o objeto designado; não o encontraremos. Conseqüentemente, a existência através da força da conceituação em si existe apenas através da força da conceituação. Buda disse que todos os fenômenos são somente nominais e que a nominalidade é apenas nominal. O vazio em si é vazio. Mesmo Buda é vazio de existência inerente. Por meio do vazio, evita-se o extremo da reificação da existência, mas pelo fato de as coisas não serem inteiramente não-existentes, e sim manifestações dependentes, evita-se o extremo da total não-existência.

Pergunta — De onde surge a consciência?

Resposta — Dizemos que a consciência é formada a partir da consciência. Deve ser formada a partir de si mesma porque não pode ser criada tendo a matéria como sua causa verdadeira. As partículas não podem criar uma entidade de luminosidade e conhecimento. A matéria não pode ser a verdadeira causa da consciência, e a consciência não pode ser a verdadeira causa da matéria. Embora na escola Chittamātra se considere a matéria como sendo da mesma essência que a consciência — quase como se não houvesse nada a não ser a consciência — isso não é afirmado na escola Prāsaṅgika-Mādhyamika, pois tal coisa não resiste a uma análise reflexiva. Nessa escola, a consciência e a matéria são consideradas separadamente.

Não existe uma maneira de considerar a consciência a não ser como uma continuação de momentos anteriores de consciência; desse modo, ela não pode ter um começo, e por conseguinte os renascimentos não possuem um início. De um modo geral, a mente não tem um princípio; sua continuidade não tem começo nem fim. Mas existem mentes específicas que possuem um começo e não um fim, e outras que não têm começo mas têm fim.

Pergunta — Minha pergunta está relacionada com as duas verdades. As verdades convencionais pressupõem a existência inerente do sujeito e do objeto, e a verdade final significa a existência não-inerente do sujeito e do objeto. Isso parece claro, mas quando se diz que uma verdade convencional não é diferente da verdade final, acho muito difícil de entender.

Resposta — A escola Prāsaṅgika não aceita que o sujeito e o objeto existam inerentemente, mesmo de modo convencional. Devido a uma interpretação errônea do ponto de vista sustentado por essa escola, os sistemas inferiores dizem que integrantes dessa escola caíram no extremo do niilismo, o que indica que mesmo sob o ponto de vista deles, a escola Prāsaṅgika não afirma a existência inerente, nem mesmo de modo convencional.

Não dizemos que as duas verdades são uma só, e sim que têm uma única entidade. Elas são, na realidade, mutuamente excludentes. Por exemplo, o dorso e a palma da mão pertencem a uma única mão, mas as duas partes se excluem uma à outra. Da mesma forma, quando o eu convencionalmente existente é considerado como a base ou o substrato, e o seu vazio de existência inerente é estabelecido como seu modo de subsistência, esse vazio de existência inerente é a natureza, a disposição básica, ou um atributo do eu, e o eu seu substrato ou seu fundamento. Existe uma só entidade no mero eu e o seu vazio, mas o eu é encontrado pela cognição convencional válida, ao passo que encontramos o seu vazio pela cognição final válida; assim, o eu e o seu vazio são mutuamente excludentes — um não é o outro. Por conseguinte, as duas verdades são uma só entidade dentro do ser e, falando de forma técnica, os diferentes se isolam.

A principal razão pela qual o eu ou qualquer outro fenômeno é vazio é porque se trata de uma manifestação dependente. Essa dependência e a independência constituem uma dicotomia; quando uma é eliminada, a outra se estabelece. Por exemplo, observemos o que é e o que não é humano: quando se considera alguma coisa como pertencente a um desses grupos, a possibilidade dela pertencer ao outro é eliminada, e vice-versa. Quando queremos determinar se um fenômeno específico é dependente ou independente, se decidirmos que ele é dependente, existirá também a falta de independência nele: é a isso que chamamos de "vazio de existência inerente". Além do mais, quando demonstramos que alguma coisa está vazia por ser uma manifestação dependente, então ela é dependente pelo fato de existir. O que é não-existente não pode ser dependente.

Quando estivermos familiarizados com o raciocínio da manifestação dependente, o simples fato de algo existir é razão suficiente para que não tenha existência inerente. Contudo, como na maioria dos sistemas o fato de algo existir é considerado como indicação de que existe de forma autônoma e não destituída de existência inerente, usamos o raciocínio da manifestação dependente e refletimos sobre suas implicações.

Pergunta — O senhor poderia dizer alguma coisa a respeito dos Cinco Budas?

Resposta — Trata-se dos Budas das cinco linhagens. São explicados em função dos cinco componentes, dos cinco agregados, das cinco emoções perturbadoras e das cinco sabedorias do estado ordinário. Consideremos os cinco componentes que integram o *continuum* de uma pessoa: terra, água, fogo, vento e espaço. Esses cinco componentes são a base da depuração que deverá ser purificada nas cinco linhagens do Buda. Com relação ao agregado da forma, quando morremos, este corpo grosseiro não fica conosco, mas existe um agregado da forma mais sutil que permanece no estado intermediário e passa para a outra vida.

Assim, se considerarmos tal agregado sem fazermos uma distinção entre o grosseiro e o sutil, podemos falar de um *continuum* infinito do agregado da forma, cujo aspecto purificado é chamado de Vairochana.

A consciência divide-se em mentes e fatores mentais. Existem seis mentes e cinqüenta e um fatores mentais. Um grupo de fatores mentais é formado pelos cinco fatores onipresentes, entre os quais encontramos o sentimento. Esse é o agregado do sentimento. A forma purificada do agregado do sentimento é Ratnasambhava.

O aspecto purificado do agregado das discriminações é Amitābha; o agregado dos fatores de composição, em sua forma purificada, é Amoghasiddhi. Finalmente, o aspecto purificado do agregado da consciência principal é Akṣhobhya.

Enquanto os cinco agregados podem ser divididos em formas grosseiras e sutis, as cinco linhagens do Buda se aplicam aos agregados mais sutis que sempre existiram, sem início.

Pergunta — Os agregados mais sutis equivalem aos Budas das cinco linhagens?

Resposta — Os cinco agregados mais sutis serão finalmente transformados nos Budas das cinco linhagens. No momento, é como se estivessem acompanhados por poluições mentais. Quando as poluições são eliminadas, não mais se tornam grosseiros ou sutis; sua natureza permanece; assim, por terem se separado das imperfeições causadas pela poluição mental, eles se transformaram nos Budas das cinco linhagens. Desse modo, se você perguntar se os Budas das cinco linhagens estão presentes agora em nossos *continua* direi que esses fatores estão atualmente maculados e como não pode haver um Buda com máculas, eles não são Budas. Ainda não estamos completamente iluminados, mas aquilo que se transformará num Buda já está presente; em conseqüência, esses fatores atualmente presentes em nossos *continua* são sementes de Buda, chamados de natureza de Buda ou de embrião d'Aquele que chegou à Verdade (*Tathāgatagarbha*).

De modo mais específico, se for considerada apenas a mente mais sutil e o vento ou a energia que lhe serve de suporte, o mero fator de luminosidade e conhecimento da mente mais sutil, bem como a energia a ele associada, é que serão transformados na mente e no corpo de um Buda. Essa é a mente que se tornará uma consciência onisciente — uma mente de Buda; essa é a mente que será transformada, e não outra, proveniente de algum outro lugar. Em outras palavras, a natureza de Buda é inerente; não é originária de nenhum outro lugar.

Isso é verdadeiro porque a própria entidade da mente, sua natureza de pura luminosidade e conhecimento não está corrompida por máculas; elas não residem na entidade da mente. Mesmo quando geramos emoções perturbadoras, a própria essência ou natureza da mente *ainda* é de pura luminosidade e conhecimento; é por isso que somos capazes de eliminar as emoções perturbadoras.

Convém considerarmos que os Budas das cinco linhagens do *estado ordinário* existem em nós agora, do mesmo modo como consideramos que os três corpos de Buda do estado ordinário estão conosco neste momento. Porém, não seria uma afirmação adequadamente fiel dizer que os Budas, imaculados e iluminados, desembaraçados de todas as imperfeições e dotados de todas as boas qualidades, estão conosco agora. Agitando-se a água de uma lagoa, o lodo a tornará turva; contudo, a natureza da água em si não é suja. Quando retoma o seu estado de quietude, o lodo decanta, deixando a água límpida.

Como podemos eliminar as máculas? Não é possível eliminá-las nem mediante uma ação externa, nem deixando-se que fiquem como estão. São eliminadas pelo poder de antídotos, antídotos de meditação. Para que possamos compreender isso, vejamos o exemplo da raiva. Toda raiva é provocada e alimentada por uma conceitualidade inadequada. Quando estamos zangados com alguém, como nos parece essa pessoa? Como ela aparece à nossa mente? Como a percebemos? Ela parece existir autonomamente, e nós a percebemos como sendo realmente sólida e poderosa; além disso, e ao mesmo tempo, nossos próprios sentimentos parecem igualmente reais.

Tanto o objeto da nossa raiva como o sujeito — nossa própria pessoa — parecem existir de forma concreta, como se fossem determinados pelo seu próprio caráter. Ambos merecem ter uma existência de grande intensidade, mediante algum direito próprio. Porém, como dizíamos anteriormente, as coisas na verdade não existem dessa maneira concreta. Nossa concepção de existência inerente e o suporte que confere à raiva diminuirão na mesma proporção em que conseguirmos perceber a ausência de existência inerente.

O sinal de que as nossas percepções estão sobrepondo um bem ou um mal que ultrapassa aquilo que de fato está presente é que, enquanto desejamos alguma coisa ou estamos zangados, sentimos que o objeto do nosso sentimento é extremamente bom ou mau; mais tarde, pensando a respeito da experiência, rimos a constatar que encaramos o objeto de tal maneira: compreendemos que a nossa percepção não era verdadeira. Essas emoções perturbadoras não possuem qualquer apoio válido. A mente que busca analiticamente a existência inerente de um objeto constata-lhe a existência não-inerente através do raciocínio válido; assim, essa espécie de consciência tem um fundamento válido. Tal como nos juízos de um tribunal, uma das percepções baseia-se na razão e na verdade, a outra não. Quando a evidência é suficiente, o verdadeiro ponto de vista supera, afinal, o outro, na contenda, pois pode enfrentar a análise.

É impossível à mente perceber um objeto através de formas simultâneas, uma contradizendo a outra. Em conseqüência, enquanto nos habituamos a compreender a existência não-inerente de um objeto, não apenas é impossível gerar ao mesmo tempo uma concepção de existência inerente, como também, à medida que a percepção correta se torna mais forte, em geral, a concepção de seu oposto tem sua força diminuída.

Para que possamos criar essa sabedoria, devemos dedicar-nos à meditação, pois nossa mente não é, no momento, muito poderosa.

Por ora, a dispersão toma conta; as energias da mente precisam ser dirigidas à semelhança da água de uma usina hidrelétrica quando é canalizada para gerar uma grande força. Alcançamos isso através da meditação: canalizando a mente ela se torna vigorosa, e então, pode ser usada em proveito da sabedoria. Como todas as substâncias necessárias à iluminação existem dentro de nós, não deveríamos procurar o Estado de Buda em outro lugar.

No que diz respeito à purificação das emoções perturbadoras, é em termos dessa entidade básica de uma consciência encolerizada — de simples luminosidade e conhecimento — que elas se purificam em Akṣhobhya. Como já dissemos, mesmo quando geramos uma emoção perturbadora, ela não polui a natureza da mente: essa própria emoção está impregnada pelo fator de luminosidade e conhecimento. O ódio em si é uma consciência, possuindo por isso natureza de pura luminosidade e conhecimento, apesar de conceber seu objeto de maneira incorreta.

Assim, as substâncias que podem se transformar em Estado de Buda estão conosco agora, mas não o verdadeiro Estado de Buda. Se acreditarmos que o Estado de Buda deveria estar aqui agora, apenas porque suas causas estão, teremos incorrido no erro que foi demonstrado por Dharmakīrti quanto à afirmação de que em cima de uma única folha de grama onde se acha uma pequena minhoca encontram-se as centenas de elefantes com cuja forma essa minhoca renascerá no futuro, em virtude do karma, que já está em seu *continuum*. Contudo, existe uma diferença: as sementes para renascer como elefante são constantemente acumuladas através das ações do ser, ao passo que as sementes dos Budas das cinco linhagens subsistem dentro de nós de forma natural.

Pergunta — O senhor associa o Sol, ou uma divindade solar, a qualquer dos Budas das cinco linhagens?

Resposta — Embora sua pergunta seja breve, ela requer uma resposta detalhada. No budismo, as divindades do Sol e da Lua são, por assim dizer, divindades comuns. Para que possamos entender os níveis, é preciso efetuarmos uma divisão em três reinos: o do Desejo, o da Forma, e o do Reino sem Forma. Em cada um desses reinos existem diferentes comunidades de deuses. Há quatro grupos principais no Reino sem Forma e dezessete no Reino da Forma. Dentro do Reino do Desejo, encontramos dois tipos: as sociedades de deuses e as dos seres que não são deuses, como os seres humanos. Existem seis tipos de deuses no Reino do Desejo: os deuses das Quatro Grande Linhagens Reais, o Céu dos Trinta e Três, os Livres de Combate, os Jubilosos, os que gozam as Emanações, e os que Têm Controle Sobre as Emanações dos Outros. As divindades do Sol e da Lua estão provavelmente incluídas entre os deuses do Céu dos Trinta e Três. Todos eles ainda estão vinculados à existência cíclica.

Pergunta — O senhor poderia, por favor, dizer alguma coisa a respeito da natureza das mandalas?

Resposta — Mandala, em geral, significa aquilo que extrai a essência. Existem muitos usos do termo mandala que variam de acordo com o contexto. Um tipo de mandala é a oferenda de todo o sistema mundial com os continentes principais e secundários realizada mentalmente a seres superiores. Além desse, existem as mandalas pintadas, as mandalas de concentração, aquelas que são feitas de areia colorida, mandalas da mente de iluminação final, e assim por diante. Como de cada uma podemos extrair um significado através da prática, todas elas são chamadas de mandalas.

Embora possamos *denominar* essas gravuras e representações de mandalas, o principal significado consiste em que a pessoa penetre na mandala e extraia uma essência no sentido de receber uma bênção. É um espaço onde se recebe a glorificação. Como a pessoa está recebendo uma bênção e, em função disso, desenvolvendo a verdadeira compreensão, mandala significa a extração ou admissão de uma coisa essencial.

Pergunta — Como escolher um mestre ou como saber se um mestre é confiável?

Resposta — Isso deve ser feito de acordo com seu interesse e sua disposição, mas é preciso analisar bem. Deve-se investigar antes de aceitar um lama ou guru, para poder determinar se é uma pessoa realmente qualificada ou não. Fala-se na escritura da Disciplina (*Vinaya*) que, da mesma maneira que podemos ver um peixe escondido sob a água através das ondulações na superfície, as qualidades interiores de um mestre podem, com o tempo, ser vislumbradas através de seu comportamento.

Precisamos verificar qual a ilustração da pessoa — sua habilidade em tratar dos assuntos — e se aplica os ensinamentos em sua própria conduta e experiência. Um tantra diz que você deve investigar de forma bastante cuidadosa, mesmo que isso leve doze anos. É assim que escolhemos um mestre.

Aprecio muito o fato de que pensem seriamente a respeito destes assuntos e formulem perguntas tão importantes. Podemos agora ficar em silêncio e meditar.

O BUDISMO DO ORIENTE PARA O OCIDENTE

Centros budistas sediados na América do Norte

Encontramo-nos reunidos hoje aqui porque, de um modo geral, cada um de nós está procurando um significado mais profundo na vida. Nos últimos dias eu disse várias vezes que, paralelamente ao progresso material, o desenvolvimento interior é importante e útil. Vocês mesmos podem observar que quando as pessoas dotadas de força interior enfrentam problemas, elas estão mais bem capacitadas para enfrentá-los. No caso do Tibete e da minha própria experiência — embora ela possa ser muito limitada — descobri que isso é verdadeiro. Alguém na minha posição, que esteja numa situação complicada e que tenha grandes responsabilidades poderá, sob tais circunstâncias, vir a ter alguns problemas mentais. Contudo, como vocês podem ver pelo meu rosto, não estou perturbado. Nós, tibetanos, obviamente percebemos as grandes dificuldades, as tragédias; no entanto, aceitamos os fatos e tentamos fazer o melhor possível a respeito. Não há dúvida de que uma atitude de força interior pode ajudar; ela influencia o modo como abordamos e enfrentamos os problemas.

Como todas as pessoas possuem mais ou menos a mesma natureza, o exercício da religião, no caso do budismo, traz algo de profundo e útil à nossa vida. A finalidade disso não é, necessariamente, criar as condições para um bom renascimento; mesmo nesta vida, se adotarmos uma atitude correta para com nossos semelhantes, receberemos como retorno uma grande satisfação. Os princípios são compaixão e boa motivação.

Embora a compaixão seja explicada principalmente nas escrituras referentes aos Bodhisattvas — o Grande Veículo (*Mahāyāna*) — todas as idéias budistas estão fundamentadas na compaixão. Todos os ensinamentos de Buda podem ser expressos em duas frases. A primeira é: "Devemos ajudar ao próximo." Isso inclui todos os ensinamentos do Grande Veículo. "Se não o fizermos, não deveremos causar dano a ninguém." Esse é todo o ensinamento do Pequeno Veículo (*Hīnayāna*), ou Theravādayāna, e expressa a base de toda a ética, que é deixar de fazer mal aos outros. Ambos os ensinamentos fundamentam-se no princípio do amor e da compaixão. Um budista deve, se possível, auxiliar aos outros. Se não for possível que, ao menos, não prejudique ninguém.

Assim que começamos a praticar, devemos basicamente nos controlar, eliminando o mais que pudermos as más ações que magoam nossos semelhantes. Esta é uma atitude defensiva. Depois, quando desenvolvermos determinadas qualidades, devemos ter como meta ativa a ajuda ao próximo. Na primeira etapa, enquanto buscamos o nosso desenvolvimento interior, às vezes necessitamos de isolamento; contudo, após obtermos alguma confiança, alguma força, devemos nos integrar à sociedade, permanecer em contato com ela e servi-la em algum de seus campos — saúde, educação, política, ou qualquer outro.

Existem pessoas que julgam possuir uma mente religiosa e tentam mostrar isso vestindo-se de uma maneira peculiar, mantendo um modo de vida especial e isolando-se do resto da sociedade. É errado.

Uma escritura dedicada à purificação (treinamento) da mente afirma: "Transforme seu ponto de vista interior, mas deixe sua aparência exterior como está." Isso é importante. Como a própria finalidade da prática do Grande Veículo é servir ao outro, não devemos nos afastar da sociedade. Para podermos servir, para podermos ajudar, devemos permanecer na sociedade.

Esse é um dos pontos. O segundo é que, particularmente no budismo, quando praticamos, devemos usar ao mesmo tempo o cérebro e o coração. Sob o aspecto ético, é preciso desenvolver a qualidade de um coração bom e caloroso; além disso, como o budismo trabalha muito com o raciocínio e a lógica — o aspecto da sabedoria — a inteligência é importante. Desse modo, é necessária uma combinação da mente com o coração. Sem o conhecimento, sem usarmos totalmente a inteligência, não podemos alcançar a profundidade da doutrina budista; é muito difícil atingir a sabedoria real ou plenamente qualificada. Pode haver exceções, mas esta é a regra geral.

É preciso ouvirmos, pensarmos e meditarmos de forma combinada. O mestre Ga-dam-ba (*bka'-gdams-pa*) Drom-dön ('*Brom-ston*, 1004-1064) disse: "Quando estou ouvindo, também faço esforço para pensar e meditar. Quando penso, procuro ouvir mais e me envolvo na meditação. E quando medito, não deixo de ouvir e não deixo de pensar. Sou um Ga-dam-ba equilibrado." Com isso ele queria dizer que mantinha um equilíbrio entre o ouvir, o pensar e o meditar.

Quando estamos ouvindo, é importante inserirmos a mente, familiarizando-a com o que está sendo ouvido. Estudar religião não é como aprender história. É um estudo que deve ser integrado ao nosso *continuum* mental; nossa mente deve ser banhada por ele. Um sūtra diz que as práticas são como um espelho; as ações do corpo, da fala e da mente são como um rosto visto no espelho; através das práticas devemos reconhecer as falhas, livrando-nos gradualmente delas. Diz-se na transmissão oral: "Se existe espaço suficiente entre você e as práticas para que alguma coisa entre de permeio, então você não as está implementando de modo adequado." Nesse caso, as práticas transformam-se num objeto de diversão; e, se for assim, elas podem se transformar num objeto de discussão. Então, depois de muito discutir, podemos chegar até a brigar. Esse não é em absoluto o objetivo da religião.

Durante o aprendizado das práticas, devemos relacioná-las com nosso comportamento. A história de um Ga-dam-ba, um iogue erudito, conta que ele leu na Disciplina (*Vinaya*) que não era adequado usar como assento a pele de um animal; estando sentado sobre uma pele de urso, na mesma hora a retirou. Depois, continuando sua leitura, aprendeu que o uso da pele seria tolerável se estivesse muito frio ou se a pessoa estivesse doente; com alguma cerimônia ele colocou a pele de volta. Esta é a verdadeira prática — aplicar imediatamente aquilo que estivermos aprendendo.

Quando aprendemos religião como um assunto de informação geral ou abordamos o budismo através do estudo acadêmico, as coisas são diferentes desde o início. A motivação é apenas adquirir conhecimento relativo a um tópico de conhecimento. Entretanto, nós, que nos propomos a sermos budistas, que precisamos praticar, deveríamos tentar implementar os ensinamentos à medida que os estivéssemos adquirindo. Poderíamos então vivenciar seu verdadeiro significado.

O terceiro ponto que gostaria de frisar é que quando começamos a praticar, não deveríamos ter maiores expectativas. Vivemos numa época de computadores e automatismo, de forma que somos levados a pensar que o desenvolvimento interno também é uma coisa automática em que basta apertar um botão para tudo se transformar. Não é assim. O desenvolvimento interno não é fácil, e é demorado. O progresso externo, as últimas missões espaciais e tudo o mais, não alcançaram seu nível atual num curto período e sim em séculos, cada geração realizando avanços baseados nos da geração anterior. Contudo, o desenvolvimento interior é ainda mais complexo, pois o aperfeiçoamento interior não pode ser transmitido de uma geração para outra. A experiência da nossa vida passada influencia a nossa vida presente, e a experiência da nossa vida atual é a base do nosso próximo renascimento; entretanto, a transferência do aperfeiçoamento interior de uma pessoa para outra é impossível. Desse modo, tudo depende de nós, e requer tempo.

Já encontrei ocidentais que no início ficaram muito entusiasmados com as práticas, mas que depois de alguns anos as esqueceram por completo. Nem mesmo há vestígios de que eles as tenham praticado. Isso ocorreu porque sua expectativa inicial era grande demais. O *Engajamento nas Atividades dos Bodhisattvas*, de Shāntideva, salienta a importância da prática da paciência e da tolerância. A tolerância é uma atitude não apenas relacionada com nosso inimigo mas também uma atitude de sacrifício, de determinação, de modo a não cair na indolência do desencorajamento. Devemos praticar a paciência ou a tolerância com grande firmeza. Isso é importante.

Como exemplo, vou tomar a minha própria vida: nasci numa família budista, num país essencialmente budista, embora haja alguns cristãos e muçulmanos, bem como muitos seguidores da antiga religião tibetana, a Bön. Pude aprender o budismo na minha língua materna e tornei-me um monge ainda em tenra idade. Assim, do ponto de vista da prática da doutrina budista, tive muito mais facilidades do que vocês. Porém, no que diz respeito ao meu próprio desenvolvimento, foi por volta dos quinze ou dezesseis anos de idade que comecei a ter um entusiasmo real pela prática. Venho praticando desde então, e agora estou com quarenta e quatro anos. Ao olhar para trás, só é possível constatar a melhora depois de períodos de prática de, digamos, dois ou três anos. O prazo de algumas semanas é insuficiente para perceber-se algum avanço. Portanto, a determinação de praticar sem afrouxar o esforço é muito importante.

O desenvolvimento interno surge paulatinamente. Vocês podem pensar: "Hoje minha calma interior, minha paz mental, são muito pequenas." Porém, se compararem, se olharem para trás cinco, dez ou quinze anos, e indagarem: "Como é que eu pensava na época? Quanta paz interior eu possuía então e quanta possuo hoje?" — ao verificar o que existe hoje e o que havia naquela época, poderão notar que houve algum progresso, que existe algum valor. É assim que devemos comparar — não com o sentimento de hoje e o de ontem, ou da semana ou do mês passado, ou mesmo do ano passado, mas de cinco anos atrás. Aí é que estaremos em condições de ponderar acerca da melhora que ocorreu internamente. O progresso surge quando mantemos um esforço constante na prática diária.

As pessoas algumas vezes me perguntam se o budismo — um ensinamento antigo que vem do Oriente — é adequado ou não para os ocidentais. Minha resposta é que a essência de todas as religiões lida com problemas humanos básicos. Enquanto os seres humanos, ocidentais ou orientais — brancos, pretos, amarelos ou vermelhos — passarem pelos sofrimentos do nascimento, da doença, da velhice e da morte, todos serão iguais nesse aspecto. Enquanto esse padecimento estiver presente, e uma vez que o ensinamento básico se relaciona com tal sofrimento, não há muito dúvida quanto ao fato de ele ser ou não adequado.

Contudo, existe uma questão relativa à disposição mental de cada indivíduo. Algumas pessoas gostam mais de determinado alimento; outras, de outro. Assim, certos indivíduos recebem mais benefícios de determinada religião, e outros de outras. Em tais circunstâncias, a variedade de ensinamentos encontrados na sociedade humana é necessária e útil, e entre os ocidentais, certamente existem pessoas que acham o budismo adequado às suas exigências.

Falando a respeito da essência, não há qualquer dúvida quanto à adequabilidade e tampouco há necessidade de que as doutrinas básicas sejam alteradas. Contudo, no nível superficial, a mudança é possível. Um monge birmanês, de tradição Theravāda, que encontrei recentemente na Europa — e por quem desenvolvi um grande respeito — faz distinção entre a herança cultural e a religião em si. Eu chamo a isso, distinção entre a essência de uma religião e seu cerimonial circunstancial ou nível ritual. Na Índia, no Tibete, na China, no Japão, ou em qualquer outro lugar, o aspecto religioso do budismo é o mesmo, mas a herança cultural é diferente em cada país. Desse modo, na Índia, o budismo assimila a cultura indiana; no Tibete, a cultura tibetana, e assim por diante. Vendo sob este prisma, a incorporação do budismo à cultura ocidental também pode ser possível.

A essência dos ensinamentos budistas não muda; onde quer que a encontremos ela é sempre adequada; contudo, os aspectos superficiais — certos rituais e cerimônias — não são necessariamente apropriados a um novo ambiente; por isso vão se adaptando. Não podemos prever o aspecto que eles tomarão em determinado lugar; é algo que evolui com o tempo. Quando o budismo foi pela primeira vez da Índia para o Tibete, ninguém tinha autoridade para dizer: "Agora o budismo chegou a uma nova terra; de agora em diante vamos praticá-lo dessa ou daquela maneira." Não houve uma tal decisão. O budismo evoluiu de modo gradativo, e com o correr dos anos surgiu uma tradição única. Isso pode ocorrer também no Ocidente; de modo gradual, com o tempo, é possível que haja um budismo associado à cultura ocidental. De qualquer maneira, a atual geração — de vocês — que está lançando essa nova idéia nos novos países, tem a grande responsabilidade de tomar a essência e ajustá-la ao seu próprio ambiente.

Precisamos ser inteligentes para investigar isso. Não devemos chegar a extremos — o que é excessivamente conservador não é bom, o que é radical demais também não. É preciso seguir uma trilha intermediária tal como preconiza a escola do Caminho do Meio. É muito importante manter uma abordagem central em todos os campos. Mesmo na ingestão diária de alimentos, devemos ser moderados. Se comermos em excesso, teremos problemas; pouca comida não será suficiente. Assim, em nosso cotidiano — em todo o nosso modo de vida — é importante permanecermos no meio; ambos os extremos devem ser rejeitados. Nosso cérebro precisa conhecer totalmente o meio ambiente e a herança cultural, saber com precisão que tipo de coisas têm valor para a vida diária e quais as que, embora façam parte da herança cultural, podem não ser úteis na vida cotidiana.

No caso da cultura tibetana, por exemplo, algumas tradições passadas podem não ser favoráveis no futuro. Quando o sistema e o pensamento sociais mudam sob novas circunstâncias, determinados aspectos de uma cultura tendem a deixar de ser úteis. Do mesmo modo, se houver, nos Estados Unidos e no Canadá, aspectos da antiga cultura que não sejam proveitosos para a vida moderna, eles devem ser modificados; e outros aspectos que ainda não têm significado e utilidade devem ser abordados. É preciso tentar associar essa cultura ao budismo.

Se vocês realmente se interessam pelo budismo, a coisa mais importante que têm a fazer é implementá-lo, praticar. Estudar o budismo e depois empregá-lo como arma para criticar a teoria ou as ideologias das demais pessoas é errado. O verdadeiro objetivo da religião é o autocontrole e não a crítica dirigida aos outros. Em vez disso, devemos criticar a nós mesmos. O que estou fazendo a respeito da minha raiva, do meu apego, meu ódio, meu orgulho e meu ciúme? Essas são as coisas que com o conhecimento dos ensinamentos budistas devemos observar na vida diária. Ficou claro?

Como budistas, ao praticarmos o nosso ensinamento, precisamos respeitar outras crenças: o cristianismo, o judaísmo, e assim por diante. Devemos reconhecer e apreciar as contribuições que, durante séculos, elas vêm dando à sociedade humana, e lutar em nossa época para realizar um esforço comum a fim de servir ao gênero humano. É particularmente importante que os novos budistas tenham em mente a adoção de uma atitude correta com relação a outras crenças.

Entre os budistas existem também diferentes escolas e sistemas de prática, e não deveríamos achar que determinado ensinamento é melhor do que outro. O sentimento sectário e a crítica a outros ensinamentos e seitas são muito nocivos e perniciosos, e devem ser evitados.

A coisa mais importante é a prática na vida do dia-a-dia; aí então pode-se conhecer gradualmente o verdadeiro valor da religião. A doutrina não visa o mero conhecimento e sim o aperfeiçoamento da nossa mente. Para que o alcancemos, a doutrina religiosa deve fazer parte da nossa vida. Se a confinarem num edifício, igreja, mesquita, templo, sinagoga, ao saírem dele e abandonarem as práticas, não poderão desfrutar o seu valor.

Espero que se dediquem à prática com um bom coração, e que com essa motivação contribuam com algo positivo para a sociedade ocidental. Esse é o meu desejo e a minha prece.

Pergunta — Como podemos abordar mais efetivamente os temores profundos?

Resposta — Existem vários métodos. O primeiro é pensar a respeito das ações e de seus efeitos. Normalmente, quando alguma coisa ruim acontece, dizemos: "Que falta de sorte!" E quando uma coisa boa acontece, dizemos: "Que sorte!" Na verdade, essas duas expressões, "sorte" e "falta de sorte", não são suficientes. Deve existir uma razão. Por determinado motivo, certa situação passou a ser positiva ou não, mas via de regra não vamos além da sorte ou da falta dela. O motivo, de acordo com a explicação budista, é o nosso *karma* passado, as nossas ações.

Uma maneira de abordar os temores profundos é pensar que o medo surge como resultado das nossas próprias ações pretéritas. Além disso, se tivermos medo de alguma dor ou sofrimento, deveríamos examinar se algo pode ser feito a respeito. Se for possível, não há motivo para preocupações; por outro lado, se nada puder ser feito, tampouco é preciso ficar preocupado.

Outra técnica é investigar quem está com medo. Examine a natureza do seu eu. Onde está ele e quem é esse eu? Qual é a sua natureza? Existe um eu além do meu corpo físico e da minha consciência? Isso pode ajudar.

Além disso, uma pessoa que esteja ingressando nas práticas Bodhisáttvicas procura assumir o sofrimento alheio. Quando sentir medo, poderá pensar: "Outros possuem temores semelhantes a este; quero trazer para mim todos os seus temores." Apesar de, neste caso, a pessoa estar se abrindo para um padecimento maior, para receber mais sofrimento, seu medo diminui.

Outra maneira ainda é impedir que a mente fique presa ao pensamento do medo canalizando-o em outra direção e fazendo com que o medo se dilua. Trata-se apenas de um método temporário. Além disso, se houver uma sensação de medo gerado pela insegurança, que a pessoa se imagine, por exemplo, em posição deitada, com a cabeça no colo do Buda. Algumas vezes isso ajuda psicologicamente. Outro método é recitar um mantra.

Pergunta — Neste país homens e mulheres convivem muito livremente e, como os antigos valores já não são seguidos, há muita confusão com relação a qual seria a conduta correta. Como deve ser o relacionamento entre homens e mulheres dentro da prática budista?

Resposta — Existem vários níveis. Monges e monjas devem ser celibatários, e os que não estiverem capacitados para isso podem ser praticantes leigos. Um chefe de família não deve ter uma conduta adúltera. Além do mais, existem normas para os que são casados e para os que não o são.

Pergunta — Por favor, fale a respeito do amor e do casamento.

Resposta — Não tenho muito a dizer. Minha opinião pessoal é que não há problema no envolvimento amoroso; já com relação ao casamento as pessoas deveriam ser cautelosas e não se apressarem. Primeiro tenham certeza de que permanecerão juntos para sempre, pelo menos por toda esta vida. Isso é importante, pois se se casarem precipitadamente sem entender bem o que estão fazendo, depois de um mês ou um ano começarão os problemas e pensarão em divorciar-se. Do ponto de vista legal, o divórcio é possível, e sem filhos chega a ser aceitável; mas com filhos não é. Um casal não deve pensar apenas no seu relacionamento amoroso e no seu próprio prazer. O casal tem a responsabilidade moral de pensar nos filhos. Se os pais se divorciarem, a criança sofrerá, não apenas temporariamente, mas por toda a vida. O modelo da pessoa são os próprios pais. Se os pais estão sempre brigando e acabam por se divorciar, creio que inconscientemente, lá no fundo, a criança fica muito mal influenciada, marcada. Isso é uma tragédia. Assim, meu conselho é que não haja pressa para o verdadeiro casamento: prossigam com cautela, e casem-se somente depois de um bom entendimento; terão então um bom matrimônio. A felicidade no lar conduzirá à felicidade no mundo.

A compaixão e a bondade que as pessoas devotam umas às outras podem ser de dois tipos — uma está envolvida com as emoções perturbadoras e outra não. Quando investigamos ou examinamos a que não está ligada a tais emoções, percebemos que ela vai se tornando cada vez mais firme e clara. Não importa quanto tempo passa, mais firme ela se torna. Porém, quando se mescla a emoções perturbadoras, torna-se instável, esmorece e acaba por desaparecer.

Pergunta — Não me sinto uma pessoa digna de mérito. De que maneira posso trabalhar isso, considerando que sou um aluno iniciante de meditação?

Resposta — Você não deve se desencorajar. O potencial humano é o mesmo em todos. Seu sentimento de não ser uma pessoa digna de mérito, está errado. Totalmente errado. Você está se iludindo. Todos nós somos dotados do poder do pensamento — então, o que lhe falta? Se tiver força de vontade, você poderá fazer qualquer coisa. Se se desencorajar pensando: "Como alguém como eu pode fazer alguma coisa?", nesse caso não poderá ser bem-sucedido de modo algum. No budismo sempre se diz que o homem é seu próprio mestre. Por conseguinte, você pode fazer aquilo que quiser.

Pergunta — Qual o papel do mestre na prática? É necessário ter um mestre?

Resposta — Sim, mas depende do assunto. Assuntos amplos, idéias budistas em geral podem ser aprendidos nos livros, sem um mestre. Por outro lado, alguns assuntos mais complexos são difíceis de se compreender através da mera leitura, sem as instruções e explicações de uma pessoa experimentada. De um modo geral, um mestre é necessário.

Pergunta — Sua Santidade falou em serviço. Como podemos servir na sociedade ocidental?

Resposta — Se você ajudar, mesmo que a uma única pessoa, isso será ajudar. Há grande oportunidade de auxiliar outras pessoas no campo da educação, nas escolas, nas faculdades, e assim por diante. Muitos irmãos e irmãs cristãos fazem esse trabalho que eu admiro muito e que os budistas devem aprender. Assim, nas áreas da educação e da saúde, vocês podem prestar um serviço direto.

No entanto, se você trabalhar numa companhia ou numa fábrica, apesar de não estar ajudando diretamente a outras pessoas, estará servindo à sociedade. Embora o faça para receber o seu salário, por via indireta isso ajuda à comunidade, e o trabalho deveria obedecer a uma boa motivação. Procure pensar: "Meu trabalho tem a finalidade de ajudar às pessoas." Por outro lado, se você estivesse fabricando armas ou munições, obviamente seria difícil pensar desse modo. Se você fabricasse munições e pensasse o tempo todo: "Estou fazendo isso para ajudar aos outros", seria hipocrisia, não seria?

Pergunta — Uma pessoa pode atingir a iluminação sem se afastar do mundo?

Resposta — Certamente. Renunciar ao mundo significa abandonar o apego a ele. Não significa que você tenha de se separar dele. O verdadeiro objetivo da doutrina budista é servir aos outros. Para poder servir ao próximo é preciso permanecer na sociedade. Você não deve se isolar do resto da sociedade.

Pergunta — Até agora, em sua jornada através deste país, o senhor encontrou coisas que o tenham surpreendido ou que, de alguma maneira, lhe tenham despertado especialmente o interesse? Estou curioso a respeito de suas impressões sobre o nosso país.

Resposta — Não tive nenhuma surpresa especial. Sem dúvida, este é um grande país. Considero-o bastante liberal para com idéias e tradições diferentes, o que é bom. Acho as pessoas abertas e diretas. Gosto disso.

AS DIVINDADES

Newark Museum

Exposições como esta acerca do Tibete são muito proveitosas pois possibilitam o contato das pessoas com uma cultura. Nós, tibetanos, temos uma cultura característica. Materialmente, somos bastante pobres, mas no que diz respeito ao desenvolvimento espiritual e cultural somos ricos e temos muito a oferecer ao mundo. Por exemplo, com base na própria experiência sei que o sistema da medicina tibetana é particularmente valioso, em especial quanto a determinadas doenças crônicas. Na verdade, devido à sua eficácia, apesar de os chineses haverem deliberadamente destruído a cultura tibetana, deixaram intacto o sistema médico, preservando-o e até incentivando-o.

Os objetos de uma cultura a representam parcialmente, mas o principal dela não está em suas pinturas e coisas do gênero, e sim na mente de seu povo. Se essa cultura estiver ativa na vida diária das pessoas, poderemos perceber-lhe a utilidade. Por exemplo, por causa da cultura à qual pertencem, os tibetanos são em sua maioria pessoas joviais. Nós mesmos não o havíamos notado, mas muitos estrangeiros que visitaram a Índia* perceberam nossa jovialidade e perguntaram qual o nosso "segredo". Aos poucos, cheguei à conclusão de que isso ocorre devido à nossa tradição budista que focaliza de diversas maneiras o ideal Bodhisáttvico de compaixão. Nós, no Tibete, instruídos ou analfabetos, habituamo-nos a chamar e a ouvir chamar todos os seres sencientes de pais e mães. Mesmo alguém que pareça um criminoso tem nos lábios as palavras "todos os seres conscientes são nossas mães". Sinto que este ideal é o motivo de nossa felicidade, e que constitui um especial auxílio quando enfrentamos os difíceis problemas do cotidiano.

Entretanto, vocês devem estar se perguntando por que algumas de nossas divindades são tão violentas já que nós, tibetanos, falamos tanto sobre compaixão. Vou explicar.

De um modo geral, os deuses ou divindades do budismo dividem-se em dois tipos: o mundano e o supramundano. No primeiro, encontramos descrições de muitos gêneros de deuses e semideuses incluídos na categoria dos seis tipos de seres que transmigram — seres infernais, fantasmas ávidos, animais, seres humanos, semideuses e deuses. No Reino do Desejo há seis tipos de deuses; no Reino da Forma há quatro tipos, que correspondem às quatro concentrações, posteriormente divididas em dezessete; no Reino sem Forma encontramos outros quatro. Existem ainda espíritos maléficos contidos nos fantasmas ávidos, nos semideuses e nos animais. Há muitos tipos diferentes de espíritos que não descreverei aqui.

Como existem numerosas comunidades de deuses, é importante fazer uma distinção entre as divindades mundanas e as supramundanas; caso contrário, poder-se-ia confundir uma divindade local, mundana, com uma divindade supramundana do Tantra Ioga Superior, por exemplo. Há divindades mundanas que se apoderam das pessoas

---

* Em 1959, milhares de tibetanos, e o próprio Dalai Lama, refugiaram-se na Índia após a invasão do Tibete pela China.

e as usam como veículos; tais criaturas são como nós, isto é, possuem as emoções perturbadoras do desejo e do ódio. No decorrer das nossas vidas anteriores já nascemos como esses seres, e eles já nasceram como pessoas humanas. Do ponto de vista do budismo, os seres possuem um sem-fim de classes diferentes de karmas bons e maus e, por isso, aparecem ilimitadamente de modos diferentes.

Com relação às divindades supramundanas, existem dois grupos principais: Bodhisattvas, que alcançaram o caminho da visão da verdade, e Budas. Entre as que aparecem como Bodhisattvas, encontramos dois tipos: as que de fato são Budas, mas aparecem como Bodhisattvas, e as que são realmente Bodhisattvas. Entre as que pertencem ao primeiro tipo, existem muitas que aparecem como protetores, por exemplo, Mahākāla, Mahākālī e tantos outros.

As divindades que figuram nas mandalas são divindades supramundanas que atingiram a senda do término do aprendizado; são Budas. No Tantra Ioga, por exemplo, existem mandalas com até mil divindades que são manifestações de uma divindade central. Numa mandala do Guhyasamāja do Tantra Ioga Superior existem trinta e duas divindades que representam os fatores de purificação dos componentes de uma pessoa. Assim, embora a mandala contenha muitas divindades, trata-se de apenas um ser, na realidade.

A ioga da divindade é praticada com o principal objetivo de atingirmos o feito supremo do Estado de Buda para podermos servir totalmente a outros seres sencientes. Em geral, o caminho tântrico é composto pela ioga da não-dualidade do profundo e do manifestado. O profundo é a sabedoria que percebe o vazio da existência inerente, e o manifestado é a expressão simultânea dessa consciência de sabedoria como um círculo divino. O fator da manifestação da consciência apresenta-se como uma divindade, como a residência da mandala, e assim por diante; e o fator de determinação dessa mesma consciência percebe a ausência de existência inerente dos mesmos.

No Tantra Ioga Superior, a prática incomum e especial envolve o trato com níveis mais sutis de consciência. No contexto deste tópico, o *Tantra Guhyasamāja* fala dos três corpos do estado comum que são levados a se manifestarem como os três corpos do estado do caminho, e por isso os Três Corpos do Buda do estado de efeito tornam-se reais. Com relação aos três corpos do estado usual, nossa morte usual — a mente de clara luz que desponta na hora da morte — é o Corpo da Verdade do estado ordinário. De maneira semelhante, a não ser com relação ao renascimento do Reino sem Forma, existe um estado intermediário entre a morte e o renascimento, chamado Corpo de Regozijo Pleno do estado ordinário. O momento da concepção da nova vida denomina-se Corpo de Emanação do estado ordinário. Igualmente, decorrido um dia, coloca-se o sono profundo como o Verdadeiro Corpo do estado ordinário; coloca-se o sonho como o Corpo de Regozijo Pleno e o despertar como Corpo de Emanação, ambos do estado ordinário. Esses fatores da existência habitual são usados no caminho, de modo que os fatores correspondentes ao Estado de Buda sejam alcançados. A prática é realizada na ioga da divindade, mas também são usados níveis mentais mais apurados, e isso torna mais rápido o progresso no caminho para o Estado de Buda.

Na ioga da divindade, o praticante procura alcançar, no nível superior, o supremo feito do Estado de Buda; no nível intermediário, qualquer um dos oito grandes feitos; no nível inferior, uma atividade de pacificação, de crescimento, de sujeição, ou de ferocidade — todas visando ao bem-estar alheio. Entre as divindades às quais se recorre nesta meditação, há formas pacíficas e coléricas. A razão para existirem tantas formas é a seguinte: nas escrituras dedicadas aos Ouvintes (*Shravakas*), não há qualquer explicação com relação ao emprego das emoções perturbadoras no caminho; contudo, nas escrituras do Veículo da Perfeição, destinadas aos Bodhisattvas, há explicações com relação ao uso, durante o caminho, das emoções perturbadoras do desejo, no sentido de aproveitar o desejo como um subsídio para a realização do bem-estar de outras pessoas, como no caso de um rei Bodhisattva que adota muitas crianças com o intuito de auxiliar o reino. Contudo, no Veículo Mantra, até o ódio é descrito como sendo usado no caminho. Isso diz respeito à ocasião da implementação, e não à motivação que é apenas a compaixão. Tendo a compaixão como a causa motivadora, na época da verdadeira prática o aspirante usa o ódio ou a cólera para uma finalidade específica. Essa técnica baseia-se no fato de que quando ficamos zangados, geramos uma qualidade de mente muito ativa e poderosa. Quando o objetivo é alcançar uma atividade vigorosa, a energia e o poder fazem diferença. Ou seja, devido a esse emprego do ódio no caminho, existem divindades violentas.

Muitas divindades, pacíficas ou coléricas, têm nas mãos crânios e coisas do gênero. Por exemplo, Chakrasaṃvara segura um crânio que contém sangue; o crânio significa bem-aventurança, e o sangue simboliza a mente que percebe o vazio da existência inerente. A razão pela qual o crânio se associa à bem-aventurança é que se considera que o fundamento da bem-aventurança da fusão do componente básico [bem-aventurança sexual] está localizado no topo da cabeça. A esse respeito, um professor de Medicina da Universidade de Virgínia explicou que a origem suprema da produção do sêmen encontra-se na cabeça. Desse modo, o crânio cheio de sangue simboliza o vazio e a bem-aventurança.

Em outros contextos, um crânio simboliza a impermanência; um cadáver, a ausência-do-eu. Relacionados a uma divindade supramundana, cinco crânios secos representam as cinco sabedorias exaltadas e as cinco linhagens do Buda. Essas explicações são necessárias para que possamos compreender uma divindade colérica.

Nos louvores a divindades coléricas, sempre se menciona que elas não surgem do Corpo da Verdade ou do amor. Se um praticante do tantra, que não possuísse o pré-requisito do desenvolvimento da forte compaixão, tentasse uma tal prática colérica, isso seria mais prejudicial do que útil. Como disse o grande adepto tibetano de Hlo-drak, Nam-ka-gyel-tsen (*Lho-brag Nam-mkha'-rgyal-mtshan*), se praticarmos o tantra sem possuir um grande amor, compaixão e a compreensão do vazio, a repetição do mantra violento poderá levar ao renascimento como um espírito maléfico que procura causar dano às criaturas. É extremamente importante possuir os pré-requisitos e todas as qualificações para a prática do tantra.

Da mesma forma, praticar adequadamente a ioga do vento interior ou da respiração é difícil e pode até ser perigoso. Em conseqüência, diz-se que a prática do tantra deve ser realizada em segredo, às escondidas. É fácil olhar para as estátuas e para as gravuras num museu, mas é muito difícil realizar a verdadeira prática.

OITO VERSOS PARA O TREINAMENTO DA MENTE

Mosteiro budista lamaísta da América
Washington, New Jersey

Sinto-me muito feliz por visitar um dos mais antigos centros budistas tibetanos da América, e gostaria de cumprimentar calorosamente todos os que compareceram aqui, particularmente os calmuco-americanos que, comparados com os tibetanos, são refugiados ainda mais antigos. Houve durante muitos séculos um estreito relacionamento entre o povo mongol e o tibetano, através do qual o budismo tibetano tornou-se o budismo da Mongólia. Até o momento atual, os mongóis estudaram a religião budista principalmente na língua tibetana e fizeram suas preces também em tibetano; meu próprio nome, "Dalai", foi outorgado por um chefe de clã mongol. Vê-se, portanto, que o Dalai Lama tem uma ligação especial com o povo mongol.

Sob o sol brilhante neste agradável parque encontram-se reunidas muitas pessoas que falam diversas línguas, vestem-se de maneiras diferentes e, seguramente, professam diferentes credos. Contudo, somos todos iguais por sermos humanos. Nós todos temos, congenitamente, a percepção de um "eu" e todos desejamos a felicidade e não queremos o sofrimento. Aqueles que trouxeram suas câmeras e estão tirando fotografias, os monges sentados à minha frente, todos os que estão me ouvindo, compartilham do pensamento: "Quero ser feliz e quero evitar o sofrimento." Essa aspiração é inata e surge em nossa mente no decorrer da vida.

Além disso, todos temos igualmente o direito de alcançar a felicidade e evitar o sofrimento. Entre as inúmeras técnicas existentes para tal propósito, cada um de nós faz sua própria estimativa do que é o melhor, e conduz sua vida de acordo com ela. Quando tentamos determinar a natureza da felicidade que estamos procurando e do sofrimento que queremos evitar, descobrimos a existência de muitas categorias diferentes; contudo, em linhas gerais, podemos dizer que há dois tipos básicos: prazer e sofrimento físico, prazer e sofrimento mental.

O progresso material está voltado para a obtenção da felicidade e do alívio do sofrimento relacionado com o corpo. Por outro lado, é realmente difícil eliminar *todo* o sofrimento através de métodos externos e assim alcançar satisfação completa. Existe, assim, uma grande diferença entre procurar a felicidade baseados em fatores externos e procurá-la apoiados no nosso desenvolvimento espiritual interior. Além do mais, ainda que o sofrimento básico seja o mesmo, uma coisa é a maneira como o vivenciamos e outra a perturbação mental que ele cria, dependendo esta última da atitude mental com relação a ele. Ou seja, a atitude de nossa mente tem muita influência no modo como vivemos nossa vida.

Há em muitas religiões preceitos e conselhos sobre como ajustarmos nossa atitude mental, e todas, sem exceção, visam tornar a mente mais calma, mais disciplinada, dotada de maior força moral e senso ético. A essência de todas as religiões é a mesma, embora existam diferenças em termos filosóficos. Na verdade haveria uma discussão sem fim se nos concentrássemos nas diferenças filosóficas, o que resultaria num trabalho desnecessário para nós. É bem mais útil e significativo tentarmos implementar na vida diária os preceitos de bondade presentes em todos os credos.

Em certo sentido, um praticante religioso é, na verdade, um soldado empenhado num combate. Com que inimigos ele ou ela está lutando? Com inimigos internos. A ignorância, a raiva, o apego e o orgulho são os principais antagonistas; eles não vêm de fora e sim de dentro, e devem ser combatidos com as armas da sabedoria e da concentração. A sabedoria é a bala, a munição; a concentração — a absorção da mente na tranqüilidade — é a arma que lança a munição. Quando lutamos com um inimigo externo, ocorrem ferimentos e o sofrimento; quando lutamos internamente, surgem a dor e a aflição interna. O que significa que a religião é um assunto interno, e os preceitos religiosos se relacionam com o desenvolvimento interior.

Vamos abordar isso de outra maneira: estamos penetrando cada vez mais no espaço exterior com o auxílio da ciência e da tecnologia modernas que se desenvolveram através do pensamento humano; contudo, existem ainda muitas coisas a serem examinadas e ponderadas sobre a natureza da mente — se ela tem ou não uma causa, e se tiver, qual é sua causa substancial, quais suas condições de colaboração, quais seus efeitos, e assim por diante. Existem muitos ensinamentos para o desenvolvimento mental, e os principais são o amor e a compaixão. A doutrina budista tem inúmeras técnicas minuciosamente desenvolvidas e poderosas, capazes de expandir a mente com relação ao amor e à compaixão. O mais importante é possuirmos uma mente bondosa, um bom coração e um sentimento caloroso. Tendo uma mente boa, nos sentiremos bem, e nossa família, nosso cônjuge, nossos filhos, nossos pais, nossos vizinhos e todos quantos nos rodeiam também serão felizes. Sem uma mente bondosa ocorrerá exatamente o oposto. É esse o motivo pelo qual as pessoas são infelizes, em qualquer nação ou continente. Assim sendo, na sociedade humana, a boa vontade e a bondade são as coisas mais importantes. Trata-se de sentimentos muito preciosos e necessários à vida das pessoas, e vale a pena fazer um esforço para desenvolver a bondade de coração.

Sob todos os pontos de vista, somos iguais no aspecto de querermos ser felizes e não desejarmos sofrer. Contudo, individualmente, somos apenas um, ao passo que existe um número infinito de outros. Em conseqüência, levando-se em conta a grande diferença entre a quantidade de satisfação necessária para que apenas um ser seja feliz e a quantidade de satisfação indispensável para que um número infinito de seres sejam felizes, os outros são mais importantes do que cada um isoladamente. Se nós, uma só pessoa, não podemos suportar o sofrimento, como pode qualquer ser senciente suportá-lo? Portanto, é correto colocar a si mesmo a serviço do bem-estar alheio, e errado usar o outro para atender às nossas finalidades.

Para poder usar quaisquer aptidões do corpo, da fala e da mente em benefício do próximo, é necessário gerarmos uma mente de altruísmo com o propósito de eliminar o sofrimento alheio e de tornar os outros felizes. Professemos ou não uma religião, acreditemos ou não na existência de vidas passadas e futuras, não há ninguém que não aprecie a compaixão. Quando nascemos, ficamos sob os cuidados e a bondade dos nossos pais. Mais tarde, no final da vida, quando passamos pelo sofrimento da velhice, contamos mais uma vez com o bom coração e a compaixão alheia. Já que no início e no fim da nossa vida dependemos da bondade do próximo, seria ao menos justo que entre esses dois períodos cultivássemos um sentimento de bondade com relação às demais pessoas.

Não importa quem encontre ou onde vá, sempre aconselho às pessoas serem altruístas e cultivarem um bom coração. Estou agora com quarenta e quatro anos de idade, e desde a época em que comecei a pensar até o momento presente, venho cultivando essa atitude de altruísmo. Esta é a essência da religião e do ensinamento budista.

É preciso fazer desse bom coração, desse altruísmo, a verdadeira base e a estrutura interna da nossa prática, e devemos orientar qualquer uma de nossas atividades virtuosas para que se desenvolvam cada vez mais. Temos de saturar nossa mente com ele e, para lembrarmos sempre dessa prática, devemos usar palavras ou sentenças. Como exemplo, podemos tomar os *Oito Versos para o Treinamento da Mente* escritos pelo Ga-dam-ba Ge-shay Lang-ri-tang-ba (gLang-ri-thang-pa, 1054-1123); eles são muito poderosos, mesmo quando praticados apenas no nível de um entusiasmo ditado pelo interesse.

1 *Se eu me determinar a propiciar aos seres sencientes*
   A felicidade suprema, a eles, que são muito, muito mais
   Que a jóia-talismã que me realiza os desejos,
   Aprenderei a vê-los como meus imensamente amados.

Não *negligencie* outros seres sencientes, pois eles são como um tesouro através do qual metas temporárias e finais podem ser alcançadas, e é com carinho que devemos tratá-los, sob todos os aspectos. Nossos semelhantes precisam ser vistos mais carinhosamente, como mais importantes do que nós mesmos. No início, é a partir do outro, dos seres sencientes que geramos a aspiração altruísta para a suprema iluminação. Na fase intermediária, é com relação aos seres sencientes que aperfeiçoamos cada vez mais essa atitude caridosa a fim de alcançar a iluminação. Por último é pelo bem dos seres sencientes que atingimos o Estado de Buda. O fundamento e o alvo de todo esse crescimento maravilhoso são as criatura sencientes, por isso são mais importantes do que uma jóia-talismã que concede desejos, e merecem todo o nosso respeito, bondade e amor.

Vocês podem pensar: "Minha mente está tão cheia de emoções perturbadoras! Que condições teria eu para fazer isso?" Contudo, a mente faz aquilo a que está acostumada. Achamos difícil fazer aquilo a que não estamos acostumados, mas com o hábito, as coisas difíceis se tornam fáceis. Assim, no *Engajamento nas Atividades dos Bodhisattvas*, de Shāntideva, diz-se: "Não há nada a que, com o tempo, não consigamos nos habituar."

2   *Aprenderei a, sempre que me juntar a outros,*
    Ver-me como o menor entre todos.
    E, nas verdadeiras profundezas do meu coração
    Eu os considerarei respeitosamente como supremos.

Se cultivarem o amor, a compaixão e os sentimentos afins, visando seu bem-estar e felicidade, ficarão presos ao egoísmo, o que não levará a bons resultados. Em vez disso, deve-se adotar uma atitude altruísta, procurando-se o bem-estar alheio, de todo o coração.

O orgulho, a partir do qual a auto-imagem cresce e você se julga superior aos outros, é um obstáculo decisivo para o desenvolvimento de uma atitude altruísta de respeito e consideração pelos semelhantes. Conseqüentemente, é importante confiar no antídoto do orgulho e, não interessa com quem se esteja, deveremos considerar-nos menos importante que os outros. Se adotarem uma atitude humilde, suas boas qualidades aumentarão; se cheia de orgulho, não conseguirão atingir a felicidade. Ficarão com ciúmes, zangados com o próximo e menosprezando-o, o que gerará uma atmosfera desagradável; em conseqüência, a infelicidade na sociedade aumentará.

É devido aos falsos conceitos que nos tornamos orgulhosos e nos sentimos superiores aos outros. Inversamente, podemos combater o orgulho meditando a respeito das boas qualidades alheias e das más qualidades em nós. Considerem, por exemplo, esta mosca que está voando à minha volta. Sob certo ponto de vista, sou um ser humano, um monge e, naturalmente, muito mais importante do que esta pequena mosca. Contudo, olhando sob outro ângulo, não é de espantar que esta frágil mosca, continuamente dominada pelo ofuscamento, não se dedique à prática religiosa; além disso, este pequeno inseto não realiza más ações, através de técnicas sofisticadas. Eu, por outro lado, como ser humano, dotado de um completo potencial humano e uma mente complexa, posso empregar mal minhas capacidades. Se eu — um pretenso praticante, um pretenso monge, um pretenso ser humano, um pretenso cultivador da aspiração altruísta — usar minhas capacidades de modo errado, serei, então, pior do que uma mosca. Esta forma de pensar é bastante proveitosa.

Entretanto, o fato de mantermos uma opinião humilde a nosso respeito para combater o orgulho não significa que devamos nos submeter àqueles que estão envolvidos com a prática errada. É preciso parar e refutar essas pessoas; contudo, embora possa ser necessário reagir fortemente a alguém, isso terá de ser feito com uma atitude respeitosa.

3   *Que eu aprenda, em todas as ações, a perscrutar a mente,*
    Para que, tão logo surja uma emoção perturbadora
    Que traga, a mim e ao outro, algum perigo,
    Eu a enfrente com firmeza, afastando-a.

Se, praticando uma boa atitude altruísta, deixarem suas emoções perturbadoras à solta, elas causarão problemas, pois a raiva, o orgulho e emoções semelhantes são obstáculos ao desenvolvimento do altruísmo. Permitir que continuem indefinidamente é uma imprudência; assim, deverão bloqueá-las de imediato, usando seus antídotos. Como dissemos anteriormente, a raiva, o orgulho, a competição e seus afins são os nossos verdadeiros inimigos. Nosso campo de batalha não está fora de nós, e sim dentro de nós.

Como não existe ninguém que não tenha ficado zangado em alguma ocasião, podemos compreender, com base em nossa própria experiência, que a raiva não leva à felicidade. Quem poderia ser feliz tomado por uma atitude de raiva? Qual o médico que prescreve a raiva como tratamento? Quem diz que ficando zangados poderemos ser mais felizes? Conseqüentemente, não deveríamos permitir que tais emoções perturbadoras fossem geradas. Apesar de não haver ninguém que não valorize a própria vida, sob a influência da raiva poderemos atingir o ponto de desejar cometer suicídio.

Depois de identificarem os diversos tipos de emoções perturbadoras, mesmo quando a forma mais sutil de uma delas começar a surgir, não se deve pensar: "Ainda é tão pouco... ora!... tudo bem!", pois tornar-se-á cada vez mais forte, como um pequeno incêndio que está começando numa casa. Um ditado tibetano diz: "É perigoso acolher o 'ora!... Tudo bem!'"

Assim que começarem a gerar uma emoção perturbadora, pensem na qualidade oposta usando a razão para produzir uma atitude contrária. Por exemplo, se começarem a gerar desejo, meditem a respeito da feiúra ou fixem a mente atentamente no corpo ou no sentimento. Quando zangados, cultivem o amor; quando gerarem o orgulho, pensem a respeito dos doze elos da manifestação dependente ou das divisões dos vários componentes. O antídoto básico para todos esses estados imperfeitos é a sabedoria em compreender o vazio, que veremos no último verso.

O mais importante quando geramos uma emoção perturbadora é empregar imediatamente o antídoto adequado e interrompê-la antes que crie raízes e se desenvolva. Contudo, se não puderem fazer isso, procurem pelo menos afastar a mente dessa emoção aflitiva — dêem uma volta, ou contemplem a inalação e a exalação respiratória.

Por que é errado gerarmos uma emoção perturbadora? Quando a mente fica sob a influência de uma emoção desse tipo, não apenas nos sentimos logo desconfortáveis, como também executamos más ações físicas e verbais que causarão futuros sofrimentos. Por exemplo, a raiva pode trazer palavras violentas e posteriores atos físicos violentos com os quais ferimos outrem. Tais ações criam na mente predisposições que acarretam sofrimento no futuro.

Um ditado diz: "Se quiser saber o que fez no passado, examine seu corpo agora; se quiser saber o que vai lhe acontecer no futuro, observe o que sua mente está fazendo agora." A teoria budista das ações e seus efeitos significa que o nosso corpo atual e a nossa situação geral foram criados pelas ações que praticamos no passado e que nossa felicidade ou sofrimento futuros estão, desde agora, nas nossas mãos. Como queremos ser felizes e não desejamos sofrer, e como as ações virtuosas conduzem à felicidade e as não-virtuosas ao sofrimento, devemos abandonar a não-virtude e nos dedicarmos à virtude. Embora não seja possível adotar em poucos dias a prática completa de abandonar a não-virtude e adotar a virtude, é possível habituarmo-nos gradualmente a esta última e desenvolver-lhe a prática em níveis cada vez mais elevados.

> 4   *Aprenderei a ter carinho por aqueles de má índole,*
> *Pelos atormentados por grandes pecados e dores:*
> *Será como se tivesse encontrado*
> *O mais raro e precioso dos tesouros.*

Quando nos defrontamos com pessoas de mau caráter ou que têm alguma doença particularmente grave ou outros problemas, não devemos desprezá-las nem nos afastar delas, considerando-as como de outra espécie; em vez disso, é preciso gerar uma atitude especialmente poderosa no sentido de apreciá-las e amá-las. Outrora, no Tibete, as pessoas que se dedicavam a esse tipo de treinamento da mente assumiam o encargo de servir a pessoas leprosas, do mesmo modo que os monges cristãos e outros fazem nos dias de hoje. O fato de se relacionarem com essas pessoas permite-lhes cultivar a intenção altruísta de se tornarem iluminados, bem como desenvolver a paciência e a assunção voluntária do sofrimento; assim, o contato com elas deve ser considerado como a descoberta de um tesouro precioso.

> 5   *Se alguém a quem o ciúme transtorna*
> *Mal me tratar, com injúria e calúnia,*
> *Que eu aprenda a tomar sobre mim*
> *Toda a perda e lhe oferte a vitória.*

Embora na vida mundana seja comum responder de maneira violenta a alguém que nos tenha acusado injustificadamente e sem razão, isso não se adequa à prática da aspiração altruísta à iluminação. Não é correto reagir com violência a não ser por motivo extremo. Se alguém, por ciúme ou antipatia, nos tratar mal e de forma abusiva, ou mesmo nos agredir fisicamente, em vez de respondermos da mesma maneira, devemos sofrer a derrota e permitir que ele obtenha a vitória. Isso parece utópico, não é mesmo? Essa prática é de fato muito difícil, mas deve ser adotada por aqueles que procuram desenvolver sob todos os aspectos uma mente altruísta.

Não significa que na religião budista procuremos perder durante todo o tempo, buscando deliberadamente uma má situação de vida. O objetivo dessa prática é alcançar um alvo superior através da aceitação de pequenas perdas. Se as circunstâncias forem tais que não haja um grande proveito a ser obtido através de uma pequena perda, pode-se, sem ódio e com uma motivação de grande compaixão, reagir de maneira violenta.

Por exemplo, um dos quarenta e seis preceitos secundários do voto do Bodhisattva é contestar adequadamente e impedir quem esteja praticando uma atividade incorreta. É necessário interromper uma má ação que esteja sendo realizada por outra pessoa. Num dos seus nascimentos anteriores, o Buda Shākyamuni nasceu como um capitão, apelidado o "Piedoso". Havia quinhentos mercadores em seu navio; entre eles um pretendia matar os outros quatrocentos e noventa e nove e tomar-lhes todos os bens. O capitão tentou diversas vezes aconselhá-lo a não praticar essa má ação, mas ele manteve seu plano. O capitão tinha compaixão pelas quatrocentas e noventa e nove pessoas que corriam o perigo de serem mortas e desejava salvar-lhes a vida; também se compadecia do homem que planejava matá-las e que ao fazê-lo acumularia um tremendo karma negativo. Desse modo, decidiu que, não havendo outra maneira de detê-lo, melhor seria assumir a responsabilidade kármica de matar uma pessoa para poupar-lhe o karma de matar quatrocentas e noventa e nove: ele matou o futuro assassino. Este é um exemplo do tipo de atividade que um Bodhisattva deve empreender visando realizar a ação adequada de impedir a alguém a prática de uma ação perniciosa.

6   *Quando aquele a quem, cheio de esperança,*
    Eu fiz o bem, me retribuir com o mal,
    Sem razão me ferindo, aprenderei a ver nele
    Meu excelente guia espiritual.

Quando tivermos sido gentis com alguém, auxiliando-o muito, essa pessoa deveria realmente nos retribuir com bondade. Se, contudo, em vez disso ela se mostrar ingrata e conduzir-se mal conosco, embora essa seja uma circunstância muito triste, deveria gerar em nós, no contexto da prática do altruísmo, um sentimento de bondade ainda maior para com ela. No *Engajamento nas Atividades dos Bodhisattvas*, Shāntideva diz que alguém que age conosco como inimigo é o melhor dos mestres. Com um mestre espiritual podemos elaborar a compreensão da paciência, mas não temos a oportunidade de praticá-la; a verdadeira prática da sua implementação ocorre quando encontramos um inimigo.

Para desenvolver um amor e uma compaixão desinteressados devemos consolidar a paciência, o que exige prática. Conseqüentemente, alguém que professe o altruísmo deve ver num inimigo o melhor dos mestres espirituais, considerando-o, sob este aspecto, muito gentil, e encarando-o com respeito.

Não é necessário que alguém ou alguma coisa tenha para conosco uma boa motivação para sentirmos respeito e consideração. Por exemplo, as doutrinas que procuramos alcançar, as verdadeiras cessações do sofrimento e assim por diante, não têm motivações; entretanto, nós as consideramos, valorizamos e respeitamos muito. A presença ou ausência de motivação não é importante quanto a algo poder ser útil ao incremento das boas qualidades e à acumulação de mérito.

Ainda assim, uma motivação — no caso, o desejo de fazer mal — é básica para determinar se alguém é ou não inimigo. Um médico, por exemplo, pode provocar dor, com uma cirurgia, mas por ter como motivação básica a vontade de nos auxiliar, não o consideramos um inimigo. Apenas com aqueles que desejam nos fazer mal — inimigos — podemos verdadeiramente cultivar a paciência; sendo assim, um inimigo é absolutamente necessário. A paciência não pode ser cultivada com nosso mestre ou lama.

Uma história tibetana conta que um homem, ao caminhar ao redor de um templo, viu uma pessoa sentada na postura de meditação. Aproximando-se perguntou-lhe o que estava fazendo, e recebeu como resposta: "Estou cultivando a paciência." O homem então disse algo muito rude àquele que meditava, cuja reação foi imediata e cheia de raiva. Isso acontece porque, embora estivesse cultivando a paciência, não havia encontrado ninguém que o destratasse, lhe fizesse mal ou que o tratasse rudemente; não tivera oportunidade de *praticar* a paciência. O que mostra que a situação mais favorável à prática da paciência é a que se nos apresenta quando encontramos um inimigo; por esse motivo, alguém que esteja envolvido com as práticas Bodhisáttvicas deve tratar um inimigo com enorme respeito.

Sem tolerância, sem paciência, não é possível desenvolver a verdadeira compaixão. Via de regra, a compaixão mistura-se ao apego; em conseqüência, é muito difícil sentirmos compaixão por nossos inimigos. É preciso esforçarmo-nos para desenvolver o verdadeiro amor e a verdadeira compaixão que alcançam até os inimigos — aqueles cuja motivação é nos causar dano — e para isso torna-se necessário passar pela experiência de tratar com esses antagonistas. O período mais difícil de nossa vida é a melhor oportunidade para obtermos experiência verdadeira e força interior. Se transcorrerem em meio a muita felicidade, nos tornaremos fracos; ao passar pelas mais trágicas circunstâncias, podemos desenvolver a força interior e a coragem para enfrentá-las, sem sentimentalismos. Quem nos ensina isso? Não é o nosso amigo nem o nosso guru, e sim o nosso inimigo.

7   *Resumindo: aprenderei a ofertar a todos,*
    Sem exceção, direta e indiretamente, a mais completa
    Solidariedade e felicidade, respeitosamente assumindo
    Todos os males e sofrimentos de minhas mães.

Este verso refere-se à prática de dar e tomar — por amor damos ao próximo a nossa felicidade e as causas dela, e por compaixão assumimos o sofrimento e as causas que fariam sofrer o outro. Estas são as duas principais atitudes de um Bodhisattva: a compaixão que é a preocupação com o sofrimento alheio e o amor que quer que os outros sejam felizes. Quando praticarmos essas duas atitudes e nos depararmos com pessoas que estiverem sofrendo, devemos praticar o dar e o tomar, pensando:

"Esta pessoa está sofrendo muito e, embora deseje ser feliz e libertar-se do sofrimento, não sabe como abandonar as não-virtudes e adotar as práticas virtuosas; conseqüentemente, está privada da felicidade. Tomarei o seu sofrimento e darei a ela toda a minha felicidade."

Embora possa haver pessoas excepcionais que conseguem fazer isso concretamente, o processo é muito difícil; a maioria de nós só consegue imaginar que o faz. Entretanto, o fato de, mentalmente, realizarmos a prática de retirar o sofrimento alheio e tomá-lo sobre nós é muito benéfico internamente e tem o efeito de aumentar nossa determinação de praticar tal coisa no âmbito concreto. Essa prática é realizada em conjunto com a inalação e a exalação respiratória — inalamos a dor alheia e exalamos nossa felicidade para eles.

8   *Aprenderei a conservar essas práticas todas*
    Intocadas pelas máculas das oito concepções mundanas.
    Compreendendo que todos os fenômenos são ilusórios
    Ficarei livre dos grilhões do apego.

No que diz respeito ao método, tais práticas devem ser realizadas, sob qualquer aspecto, procurando de forma bem altruísta o benefício do próximo; não devemos nos deixar influenciar pelos oito tipos mundanos de comportamento — gostar e não gostar, ganhar e perder, louvor e culpa, fama e infâmia. Se estas práticas forem adotadas com a motivação do orgulho, para fazer com que outras pessoas pensem que somos piedosos, para obter fama, e assim por diante, nesse caso a prática não é pura e torna-se poluída por preocupações vulgares. Em vez disso, a virtude deve visar completamente o bem-estar do próximo.

A última parte do verso refere-se àquele que pratica a sabedoria: é preciso dedicar-se a essa prática sabendo que desde a compaixão em si até seus objetos e a pessoa que a pratica são como as ilusões de um mágico, no sentido de que todos parecem ter existência inerente mas na realidade não existem. Para que possamos entender que esses três fatores são ilusórios, precisamos saber que embora pareçam possuir tal condição de existência, na realidade não a têm.

Por exemplo: se alguém que se dedica à intenção altruísta de alcançar a condição de iluminado se considerasse possuidor de existência autônoma, ou encarasse as pessoas, para o bem das quais busca a iluminação, como detentoras de existência inerente, tal concepção de existência lhe impediria de atingir a iluminação. Em vez disso, é necessário que vocês, que cultivam a intenção altruísta, encarem a si próprios, à iluminação que estão buscando e a todos os outros seres sencientes — aqueles em prol dos quais buscam a iluminação — como seres que não possuem existência inerente, e sim como ilusões, que existem de uma maneira mas que se manifestam de outra. Encarando a uns e outros como ilusões, refutamos que existam de maneira autônoma.

A contestação de tal existência não equivale a eliminar algo que exista anteriormente. Em vez disso, consideramos que o que nunca existiu, simplesmente não existe. Por causa da nossa ignorância, os fenômenos parecem existir de modo inerente embora isso não aconteça; devido a essa aparência de autonomia de sua existência julgamos que as coisas existam do modo como aparecem; por isso, somos envolvidos por emoções perturbadoras e em conseqüência nos arruinamos. Por exemplo, alguém olha para mim e pensa: "Ali está o Dalai Lama." De repente, sem qualquer elaboração, a mente acredita que há um Dalai Lama separado do seu corpo e independente até de sua mente. Mas não é assim; procurem analisar. Se um de vocês se chamar David, por exemplo, nós diremos: "O corpo de David, a mente de David", e vocês acreditarão existir um David que possui uma mente e um corpo; uma mente e um corpo que David possui não é mesmo? Dizemos que o Dalai Lama é um monge, um ser humano, um tibetano. Não parece que, além de se referirem ao corpo e à mente dele, estão também falando de alguma coisa independente?

As pessoas existem, mas apenas nominalmente, através da designação. Contudo, quando nos surgem à mente, não parecem existir pelo fato de serem designadas por nomes e por uma terminologia, mas sim como se existissem de uma forma autônoma e fossem capazes de se estruturar e se estabelecer por si próprias. Apesar de os fenômenos não existirem em si e por si, e de dependerem de algo mais para sua existência, para nós, eles parecem ser independentes.

Se as coisas existissem na realidade da maneira como parecem ser — se existissem de modo concreto — quando alguém as analisasse, essa existência inerente se tornaria cada vez mais clara, mais evidente. Contudo, quando procuramos o objeto determinado, não conseguimos encontrá-lo por meio da análise. Por exemplo, convencionalmente existe um eu que vivencia o prazer e a dor, que acumula karma, e assim por diante; mas, quando o procuramos analiticamente, não conseguimos encontrá-lo. Não importa de que fenômeno se trata, se é interno ou externo, se é o próprio corpo da pessoa ou qualquer outro tipo de fenômeno, quando procuramos descobrir qual é esse fenômeno designado, não conseguimos encontrá-lo.

A mente e o corpo propiciam o surgimento do eu, mas quando os separamos e procuramos pelo eu, não conseguimos encontrá-lo. O todo do corpo também é determinado em função da reunião de suas partes; se o segmentarmos em partes e depois procurarmos o corpo, tampouco o encontraremos.

Até as partículas corporais mais sutis têm faces e, conseqüentemente, partes. Se houvesse algo que não tivesse partes, esse algo poderia ser independente; mas não há nada que careça de partes. Ou seja, tudo existe em função das suas partes, e somente é definido quando condicionado a elas — sua base de designação — através da força da conceitualidade; nada existe que através da análise, possa ser encontrado. Não existe nenhum todo separado das suas partes.

Todavia, para nós, as coisas parecem existir de maneira objetiva e por direito próprio; há assim uma diferença entre o modo como as coisas se mostram à nossa mente e o modo como na verdade existem, ou o modo como percebemos que existem quando as analisamos. Se existissem em conformidade com a maneira pela qual parecem estar constituídas, ou seja, autonomamente, esse modo de existir deveria se tornar cada vez mais claro à medida que investigássemos. Contudo, com base em nossa experiência, podemos chegar à conclusão de que quando procuramos tais coisas através da análise não podemos encontrá-las. Portanto, são consideradas ilusões.

O fato de os fenômenos nos aparecerem de um modo diferente daquele que observamos quando os analisamos; prova que sua aparência concreta se deve a uma distorção de nossa mente. Depois de compreendermos que esses fenômenos que parecem existir de forma autônoma não existem da maneira como aparecem, perceberemos os fenômenos como ilusões; ou seja, o conhecimento da manifestação fenomênica e a compreensão de que eles não existem do modo como aparecem ocorrem simultaneamente.

O que ganhamos com essa compreensão? As emoções perturbadoras do desejo, do ódio, e outras semelhantes se verificam porque sobrepomos aos fenômenos um bem e um mal além daquele que efetivamente possuem. Por exemplo, durante o tempo em que algo nos provoca extrema raiva ou desejo, experimentamos uma forte sensação do bem ou do mal partindo desse objeto; mais tarde, porém, quando a intensidade das emoções diminui, ao olhar para o mesmo objeto, consideramos nossa percepção anterior ridícula. A sabedoria nos traz um grande benefício, pois evita que efetuemos, sobre os objetos, a sobreposição de um bem ou um mal além daqueles realmente presentes nele; desse modo, somos capazes de eliminar o desejo e o ódio.

Assim, as duas partes dessa prática unificada são o método e a sabedoria — sendo o método o cultivo das atitudes altruístas do amor e da compaixão, e a sabedoria a percepção compreensiva da existência não-inerente de todos os fenômenos. É preciso que essas duas partes estejam unidas.

Repito esses versos todos os dias e, quando me deparo com circunstâncias difíceis, reflito a respeito do seu significado. Isso me ajuda. Por acreditar que possam também auxiliar a outras pessoas, detalhei-os aqui. Se julgarem que ajudarão sua mente, pratiquem-nos. Caso contrário, sem discussão, abandonem a prática. O dharma, ou doutrina, não visa ao debate. São ensinamentos transmitidos pelos grandes mestres com a finalidade de ajudar, e não para que as pessoas polemizem umas com as outras. Se eu, budista, começasse a discutir com uma pessoa de outra religião, estou certo de que Buda me repreenderia, se estivesse presente. A doutrina deve ser trazida ao nosso *continuum* mental a fim de que o dominemos.

Para concluir, meu pedido e meu apelo é que tentem desenvolver ao máximo a compaixão, o amor e o respeito pelos outros, compartilhando-lhes o sofrimento, intensificando a preocupação pelo bem-estar alheio, e reduzindo o egoísmo. Não importa que acreditem em Deus ou em Buda. O importante é que tenham um coração bom e caloroso na vida do dia-a-dia. Essa é a razão da vida.

OṂ MAṆI PADME HŪṂ

*C*entros Budistas Calmuco-Mongóis, *New Jersey*

É muito bom repetir o mantra Oṃ maṇi padme hūṃ, mas enquanto o estiver fazendo, devem pensar sobre sua significação, pois o significado dessas seis sílabas é grande e profundo. A primeira *Oṃ*, compõe-se de três letras, A, U e M, que simbolizam o corpo, a palavra e a mente puros e sublimes de um Buda.

Podem o corpo, a palavra e a mente impuros ser transformados em corpo, palavra e mente puros, ou são inteiramente separados? Todos os Budas eram seres como nós que, após trilharem o caminho, tornaram-se iluminados; o budismo não afirma que haja uma pessoa que desde sua origem esteja livre de falhas e possua todas as boas qualidades. A condição pura de corpo, palavra e mente surge ao abandonarmos gradualmente os estados impuros e, em conseqüência, nos tornarmos puros.

Como se processa isso? O caminho é indicado pelas quatro sílabas seguintes: *Maṇi*, que significa "jóia", simboliza os fatores do método — a intenção altruísta de alcançar a iluminação, a compaixão e o amor. Assim como uma jóia é capaz de eliminar a pobreza, a mente altruísta da iluminação é capaz de afastar a pobreza — ou as dificuldades — da existência cíclica e da paz solitária. Do mesmo modo como uma jóia satisfaz os desejos dos seres sencientes, a intenção altruísta de alcançar a iluminação satisfaz as aspirações dos seres sencientes.

As duas sílabas, *padme*, que significam "lótus", simbolizam a sabedoria. Assim como um lótus nasce da lama mas não se contamina com ela, a sabedoria é capaz de nos colocar numa situação de não-contradição, ao passo que haveria contradição se não tivéssemos sabedoria. Existe a sabedoria que percebe a impermanência; a sabedoria que percebe que as pessoas não são auto-suficientes ou substancialmente existentes; a sabedoria que percebe o vazio da dualidade — ou seja, a diferença de entidade entre sujeito e objeto — e a sabedoria que percebe o vazio da existência inerente. Embora existam muitos tipos diferentes de sabedoria, a mais importante é aquela que percebe o vazio.

A pureza deve ser alcançada através da unidade indivisível do método e da sabedoria, representada pela sílaba final hūṃ, que indica essa indivisibilidade. De acordo com o sistema sūtra, a indivisibilidade de método e sabedoria refere-se à sabedoria influenciada pelo método e a este influenciado por aquela. No mantra, ou veículo tântrico, faz-se referência a uma consciência na qual existem de forma completa tanto a sabedoria quanto o método como uma entidade indiferenciável. Em termos das sílabas-sementes dos cinco Budas Vitoriosos, hūṃ, é a sílaba-semente de Akṣhobhya — o inalterável, o que não se agita, o que nada pode perturbar.

Desse modo, as seis sílabas, *oṃ maṇi padme hūṃ*, significam que, em função da prática de um caminho que é uma união indivisível de método e sabedoria, podemos transformar nosso corpo, palavra e mente impuros, no corpo, palavra e mente sublimes de um Buda.

Diz-se que não devemos procurar o Estado de Buda fora de nós mesmos; as substâncias para que alcancemos o Estado de Buda estão dentro de nós. Como Maitreya declara no seu *Sublime Continuum do Grande Veículo (Uttaratantra)*, todos os seres possuem a natureza de Buda no seu próprio *continuum*. Temos dentro de nós a semente da pureza, a essência d'Aquele que chegou à Verdade, *Tathāgatagarbha*, a qual deve se desenvolver completamente e se transformar no puro Estado de Buda.

O CAMINHO PARA A ILUMINAÇÃO

Comunidade budista, Toronto

Estou muito feliz por ter a oportunidade de dar uma palestra aqui em Toronto, no Canadá, para esta congregação de budistas e de pessoas interessadas no budismo. Quero agradecer aos mestres zen deste templo e aos inúmeros tibetanos que me ajudaram nos preparativos. Falarei hoje a respeito das etapas do caminho para a iluminação, usando como base os *Three Principal Aspects of the Path to Supreme Enlightenment* (Três Principais Aspectos do Caminho para a Suprema Iluminação) de Dzong-ka-ba.

Para nos libertarmos da existência cíclica, é necessário gerarmos a intenção de abandoná-la; essa intenção é o primeiro dos três principais aspectos do caminho para a iluminação. Precisamos também ter uma concepção correta do vazio. E ainda, se desejamos alcançar a liberação máxima — o estado de onisciência do Veículo Maior — devemos cultivar a intenção altruísta de nos tornarmos iluminados, denominada mente de iluminação. A determinação de nos libertarmos da existência cíclica, a concepção correta do vazio e a mente altruísta de iluminação são os três principais aspectos do caminho.

Antes de proferirmos uma palestra, costumamos, primeiro, eliminar os obstáculos. No Japão e no Tibete, fazemos isso repetindo o Sūtra do Coração, que está relacionado com os ensinamentos sobre o vazio da existência inerente. Depois, para podermos dominar elementos nocivos e remover obstáculos, recitamos o mantra de uma manifestação colérica, na forma feminina, da perfeição da sabedoria. Normalmente, quando recitamos um mantra vamos contando sua repetição num rosário, movendo as contas para dentro, como símbolo da entrada das bênçãos da recitação; contudo, quando o objetivo desta for a eliminação de obstáculos, as contas devem ser giradas para a direção oposta, para fora, o que simboliza a remoção desses obstáculos.

A seguir, fazemos a oferenda da mandala. O significado desse oferecimento se origina nas ações do Buda, que, em vidas anteriores, enquanto trilhava o caminho, passou por muitas dificuldades para poder ouvir e praticar os ensinamentos, abandonando, com esse propósito, qualquer preocupação com seu corpo, sua família ou seus recursos materiais. Para simbolizar essa dedicação e esse desapego, antes de ouvir os ensinamentos budistas, fazemos a oferenda mental do nosso corpo, dos nossos recursos e da raiz das nossas virtudes. Todo o sistema mundial que se formou por causa do nosso karma coletivo é ofertado, visualizado num aspecto de exaltação, repleto de maravilhas e excelsitude.

Quer estejamos proferindo ou ouvindo uma palestra sobre a doutrina, nossa atitude deve estar associada a uma mente de refúgio e de altruísmo que procura ajudar ao próximo. Para alcançar isso, recitamos três vezes um verso de refúgio e de geração desse altruísmo, acompanhado de reflexão mental e meditação.

> Até alcançar a iluminação buscarei refúgio em Buda,
> E na doutrina, e na comunidade entre todas suprema.
> Através do mérito de ouvir a doutrina
> Possa eu alcançar o Estado de Buda para auxiliar os
>   seres transmigrantes.

Como os bons ou maus efeitos ocorrem devido à boa ou má motivação, o cultivo de uma motivação altruísta é muito importante. Portanto, à medida que o verso é repetido, seu significado deve ser cultivado através da meditação.

Finalmente, no início de uma palestra sobre a doutrina, há o costume de repetir um verso de louvor à bondade de Buda, verso extraído do *Treatise on the Middle Way* (Tratado sobre o Caminho do Meio) (*Madhyamakashāstra, dbU ma'i bstan bcos*) de Nāgārjuna[1]. Sua recitação foi instituída por um dos meus mestres, Ku-nu Lama Den-dzin-gyel-tsen (*bsTan-'dzin-rgyal-mtshan*):

> Rendo homenagem a Gautama
> Que, movido pela compaixão,
> Ensinou a excelente doutrina
> Para a eliminação de todas as concepções [errôneas].

Generalizando, diria que estamos aqui reunidos porque compartilhamos um interesse pela doutrina budista; esperamos conseguir com nossos esforços uma paz maior em nossa vida e vir a diminuir tanto quanto possível o sofrimento. Visto que possuímos corpo, precisamos de alimento, roupas, abrigo, e assim por diante; mas isso tudo não é suficiente, pois o cumprimento de tais necessidades não pode satisfazer os anseios dos seres humanos. Não importa quão agradável seja o nosso ambiente físico; se não houver felicidade em nossa mente, a inquietude, a depressão e seus afins não permitirão que tenhamos paz. Precisamos ser capazes de procurar e alcançar a felicidade *mental*, e sabendo como fazer isso, saberemos também como subjugar os sofrimentos físicos. Conseqüentemente, é essencial combinarmos o esforço de atingir o aperfeiçoamento externo com aquele que se concentra nas questões interiores.

A civilização ocidental já conseguiu e continua desenvolvendo um grande progresso material; mas se, além disso, fossem criadas técnicas para a obtenção da felicidade interior, a sociedade moderna tornar-se-ia bem mais adiantada. Sem um crescimento interno, convertemo-nos em escravos das coisas externas, e embora sejamos chamados humanos nos transformamos em componentes de uma máquina. Nosso debate hoje girará em torno de como alcançar a felicidade mental e o progresso.

No decorrer da história, muitos mestres transmitiram suas experiências, aconselhando e orientando outras pessoas quanto a modos produtivos de existência. Dentre esses diversos sistemas, falarei a respeito do que foi oferecido à humanidade pelo bondoso mestre Buda Shākyamuni. Em seus ensinamentos, delinearam-se níveis de prática de acordo com a capacidade dos seus seguidores. Esses níveis distribuem-se em duas divisões ou veículos principais: o Pequeno Veículo (*Hīnayāna, Theg dman*) e o Grande Veículo (*Mahāyāna, Theg chen*). Com este último, Buda apresentou um sistema de sūtra e um de mantra, caracterizados por diferentes elementos na parte principal do caminho que visa a obtenção dos Corpos de Buda.

Além disso, Buda definiu ainda quatro diferentes escolas de ensinamentos: a Escola da Grande Exposição (*Vaibhāṣhika, Bye brag smra ba*), a Escola de Sūtra (*Sautrāntika, mDo sde pa*), a Escola do Pensamento Único (*Chittamātra, Sems tsam pa*) e a Escola do Caminho do Meio (*Mādhyamika, dbU ma pa*). Os ensinamentos dos dois veículos e da doutrina das quatro escolas, bem como os sistemas do sūtra e do tantra, estão contidos em aproximadamente cem volumes de textos traduzidos, em sua maior parte, do sânscrito para o tibetano. Quase duzentos volumes de comentários sobre essas escrituras foram redigidos por eruditos indianos e posteriormente traduzidos para o tibetano.

As escrituras dividem-se em quatro grupos principais: textos sobre disciplina, relacionados sobretudo com práticas comuns ao Pequeno Veículo, uma seção da Perfeição da Sabedoria, uma coleção de vários sūtras e uma seção tântrica. De acordo com o *Vajrapañjara Tan-*

tra, um tantra explanatório, existem dentro do sistema tântrico quatro conjuntos de tantras: Ação, Desempenho, Ioga e o Tantra da Ioga Superior[2].

Os sistemas do sūtra, do tantra, o Pequeno Veículo e o Grande Veículo se espalharam pelo Tibete. Com o tempo, devido aos diversos métodos de transmissão de determinados mestres e ao emprego característico de certos termos filosóficos, surgiram pequenas diferenças em sua interpretação e uso. Muitas outras escolas se desenvolveram no Tibete; em breve síntese, podem ser condensadas em quatro escolas principais que levam avante a linhagem do ensinamento de Buda até a época atual: Nying-ma, Sa-gya, Ga-gyu e Ge-luk. Apesar de diferenças circunstanciais, todas elas referem-se ao mesmo pensamento fundamental.

O texto de hoje, os *Três Principais Aspectos do Caminho*, é uma condensação das diversas etapas do caminho em três rotas principais, como foi descrito por Dzong-ka-ba (1357-1419). Embora esse texto tenha relação com a totalidade da escritura, sua principal fonte são os Sūtras da Perfeição da Sabedoria.

De que maneira tais ensinamentos derivam dos Sūtras da Perfeição da Sabedoria? Nestes está contido o ensinamento explícito acerca do vazio e o ensinamento oculto das etapas do caminho. Dentre os três aspectos principais do caminho, aquele que está relacionado com a percepção correta da realidade deriva dos ensinamentos explícitos do vazio. As apresentações da visão correta no Grande Veículo são feitas em concordância com as escolas Chittamātra e a Mādhyamika. O texto de Dzong-ka-ba baseia-se exclusivamente no sistema da Mādyamika e, dentro das subdivisões dessa escola, ele está mais diretamente relacionado com a Escola da Conclusão Lógica (*Prāsaṅgika, Thal 'gyur pa*) do que com a Escola da Autonomia (*Svātantrika, Rang rgyud pa*). Ele apresenta exatamente a opinião da Escola da Conclusão Lógica sobre o vazio. Os demais aspectos do caminho — a determinação de se livrar da existência cíclica e o modo de gerar a mente altruísta de iluminação — derivam dos ensinamentos ocultos dos Sūtras da Perfeição da Sabedoria sobre os caminhos e etapas para que a perfeita realização seja alcançada.

Foram desenvolvidos dois tipos de comentários sobre os Sūtras da Perfeição da Sabedoria: o sistema de interpretação transmitido de Mañjushrīa Nāgārjuna, que se relaciona com os ensinamentos explícitos sobre o vazio, e aquele que foi transmitido de Maitreya a Asaṇga, e que versa sobre os ensinamentos ocultos das etapas do caminho. O *Ornamento para a Realização Luminosa (Abhisamayālaṃkāra, mNgon rtogs rgyan)*, de Maitreya, é o texto fundamental, que apresenta o ensinamento oculto das etapas do caminho. Contém oito capítulos: os três primeiros relatam os três conhecimentos sublimes; os quatro seguintes descrevem as práticas dos quatro treinamentos; e o oitavo capítulo as do Efeito do Corpo da Verdade. Uma comparação entre o texto de Maitreya e os Sūtras da Perfeição da Sabedoria mostra que esses sūtras são, no *Ornamento para a Realização Luminosa*, efetivamente a fonte de instrução dos ensinamentos ocultos sobre as etapas do caminho.

A motivação para ouvirmos esse ensinamento sobre os três principais aspectos do caminho não deve ser a de obter benefício pessoal, mas sim a de levar saúde e felicidade a todos os seres sencientes de todos os quadrantes, já que todos querem ser felizes e não desejam sofrer.

Agora, vamos abordar o texto em si: ao começar a escrever um texto, é comum o autor prestar homenagem a um ente elevado, que pode ser escolhido entre qualquer dos objetos de reverência. Neste caso, Dzong-ka-ba presta homenagem aos "melhores lamas sagrados", pois é em função de um lama qualificado que os três aspectos mais importantes do caminho são percebidos.

O elevado título de "lama", por si só, não qualifica alguém como tal; as boas qualidades associadas ao título também devem estar presentes. As três palavras — o melhor (*rje*), sagrado (*btsun*) e lama (*bla ma*) — descrevem as três qualificações de um lama. O "melhor" descreve uma pessoa que não tem raízes apenas nesta vida e que está basicamente preocupada com vidas futuras e realidades mais profundas. Essa pessoa possui uma perspectiva mais ampla do que aquela de visão estreita, interessada sobretudo nos assuntos desta existência; portanto, se comparada aos seres humanos comuns, cuja ênfase está depositada só nesta existência, essa pessoa é a melhor, ou um líder. "Sagrado" refere-se a alguém que, como resultado de ter desenvolvido a renúncia a todas as formas de existência cíclica, não está apegado a qualquer das suas maravilhas e procura a libertação. Uma pessoa santa é aquela que desviou sua mente do apego às coisas da existência cíclica e concentrou-a no interior. Na palavra "lama", "la" significa elevado, e "ma" é uma negativa, o que significa que não há ninguém mais elevado. É alguém que parou de se preocupar consigo mesmo para se interessar pelos outros, que se afastou da apreensão inferior relacionada com o benefício pessoal e passou a ter a meta mais elevada de alcançar o benefício alheio.

Ao aplicar essas três palavras aos ensinamentos da *Grande Exposição das Etapas do Caminho (Lam rim chen mo)*, a palavra "melhor" se relaciona com os caminhos de um ser de pequena capacidade; a palavra "sagrado" relaciona-se com os caminhos de um ser de capacidade média; e a palavra "lama" tem ligação com os caminhos de um ser de grande capacidade. Alguém que possua os três níveis é "o melhor lado sagrado". Um lama antigo do Tibete fez com que a ligação entre essas três palavras e os três níveis do caminho fossem as qualificações de um lama, mas de modo algum é necessário usar essas três palavras exatamente desta maneira em todas as ocasiões. É muito importante distinguir o contexto da terminologia usada nas escrituras budistas; a aplicação de um único significado de um termo aos diferentes contextos pode levar à confusão na compreensão do significado real de um texto.

Dzong-ka-ba presta homenagem aos melhores lamas sagrados que detêm essas qualificações, para expressar seu respeito por eles. Mantém essa atitude respeitosa para com os lamas com o objetivo de gerar as três realizações em nosso próprio *continuum*. O significado da palavra tibetana para "homenagem", quando a dividimos nas sílabas que a compõem, é desejar um estado imutável ou indesviável. Ao prestar essa homenagem, Dzong-ka-ba manifesta o desejo de que ocorra uma compreensão permanente e invariável desses três tópicos.

Dzong-ka-ba estudou com muitos lamas das ordens Nying-ma, Sa-gya e Ga-gyu; em especial, encontrou-se pessoalmente com Mañjushrī; devido à sua bondade gerou a visão não-errônea da percepção do profundo vazio. Além disso, a instrução quintessencial de Mañjushrī foi a condensação de todos os ensinamentos do caminho nesses três aspectos principais. Assim, Dzong-ka-ba presta, no início do texto, homenagem a esses lamas sagrados[3].

Homenagem aos principais lamas sagrados

A promessa de que escreverá o texto está contida na primeira estrofe:

> *Explicarei o melhor que puder*
> *O significado essencial de todas as escrituras do*
>   *Conquistador,*
> *O caminho louvado pelas eminentes Crianças*
>   *Conquistadoras.*
> *Porto para os afortunados que desejam a libertação.*

Convém interpretar as três últimas linhas dessa estrofe como estando relacionadas com uma única coisa. Neste caso, elas ficariam assim: "... o significado essencial de todas as escrituras do Conquistador, *que é* o caminho louvado pelas eminentes Crianças Conquistadoras *e que é* o porto para os afortunados que desejam a libertação." Contudo, também podemos atribuir individualmente esses versos aos três aspectos principais do caminho. O primeiro, "o significado essencial de todas as escrituras do Conquistador", representa a determinação de ser libertado da existência cíclica. "O caminho louvado pelas eminentes Crianças Conquistadoras", refere-se à intenção altruísta de alcançar a iluminação, e "o porto para os afortunados que desejam a libertação", indica a percepção correta do vazio.

Como é que "o significado essencial de todas as escrituras do Conquistador" alude à determinação de se livrar da existência cíclica? Dzong-ka-ba diz no seu *Praise of Dependent-Arising* (Exaltação da Manifestação-Dependente, *rTen'brel stod pa*)[4]:

Vossos muitos ensinamentos, todos eles,
Firmam-se tão-só na manifestação dependente,
E livrar-nos da dor é o seu propósito.
Nada há neles que não se incline para a paz.

Todos os ensinamentos de Buda visam fazer com que os praticantes se libertem da existência cíclica; Buda não ensinou nada que não visasse a paz. Visto que a determinação de libertar-se da existência cíclica constitui a raiz do caminho que representa o método indiscutível de conseguir a libertação, ela expressa o significado essencial de todas as escrituras do Conquistador.

No verso seguinte, "o caminho louvado pelas eminentes Crianças Conquistadoras", a designação "Crianças Conquistadoras" (*Finaputra, rGyal sras*) refere-se aos Bodhisattvas, seres que nascem da palavra do Buda Conquistador. O caminho que louvam faz alusão à intenção altruísta de atingir a iluminação. Ao gerar a mente altruísta da iluminação, a pessoa se torna um Bodhisattva e, através disso, desenvolve a capacidade de ajudar aos outros.

"Porto para os afortunados que desejam a libertação" refere-se à correta visão do vazio, pois, é através dela que podemos nos libertar da existência cíclica. Dela afirma o *Four Hundred* (*Chatuḥsataka, bZhi brgya pa*) de Āryadeva[5], trata-se de "... a porta da paz que não tem semelhante".

A libertação só é alcançada depois de eliminadas as emoções perturbadoras e seus afins, o que conseguimos gerando em nosso *continuum* seu verdadeiro antídoto, isto é, a percepção correta que capta o vazio da existência inerente, e a familiarização progressiva com ela. Sem a percepção correta do vazio, nunca poderemos nos libertar da existência cíclica, apesar das outras boas qualidades que possamos ter.

No primeiro verso, Dzong-ka-ba diz que explicará esses três tópicos *tão bem quanto possa*. Isso quer dizer que, antes de escrever o texto, assume uma atitude humilde, ou que ele fará tudo quanto estiver ao seu alcance para explicar os três assuntos de forma *sucinta*. Na verdade, quando Dzong-ka-ba escreveu os *Três Principais Aspectos do Caminho*, já havia, há muito tempo, gerado a determinação de se libertar da existência cíclica, criando a intenção altruísta de se tornar iluminado, e produzindo a percepção do vazio de acordo com a interpretação incomum adotada na escola Prāsaṅgika. Já havia chegado também à etapa de conclusão do Tantra da Ioga Superior; alcançara o primeiro nível, o isolamento verbal, ou o segundo nível, o isolamento mental, entre os cinco níveis da etapa de conclusão desse Tantra, de acordo com o *Guhyasamāja Tantra*[6].

Na estrofe seguinte, Dzong-ka-ba exorta aqueles que são suficientemente aptos na doutrina a ouvirem este ensinamento:

> *Aqueles desapegados dos prazeres mundanos, a lutar*
> *Para que lazer e fortuna signifiquem dignidade, inclinados*
> *Que são para a senda que deleita ao Buda Conquistador,*
> *Esses afortunados devem ouvir com mente límpida.*

Os três tópicos mencionados nessa estrofe também podem ser aplicados aos três principais aspectos do caminho. Não apegar-se aos prazeres da existência mundana liga-se à determinação de nos livrarmos da existência cíclica. Tornar o lazer e a aventura proveitosos sugere que, se gerarmos a intenção altruísta de nos tornarmos ilumi-

Cercado por grande número de fotógrafos quando chegou ao Aeroporto Kennedy, Nova York. Foto: N. Vreeland

Uma das primeiras ocasiões em que apareceu na rede de televisão foi nesta entrevista com Tom Snyder, tarde da noite. Foto: N. Vreeland

Sua Santidade descansando na suíte em que ficou no Waldorf-Astoria. Foto: N. Vreeland

Apresentado por Witney North Seymour, da Freedom House, na primeira entrevista coletiva feita nos Estados Unidos. Foto: N. Vreeland

Almoço com representantes da Newsweek, *do* The New York Times *e de outras publicações. Foto: N. Vreeland*

Cumprimento a uma senhora mongol descendente dos calmucos no Mosteiro Budista de Washington. Foto: A. Djambinov

Geshe Wangyal do Mosteiro Budista de Washington, New Jersey. Foto: A. Djambinov

O Cardeal Cooke e o prefeito Ed Koch segurando as tradicionais estolas brancas que receberam na Catedral de St. Patrick.
Foto: A. Djambinov

Um encontro com Sua Santidade Dudjom Rinpoche, Orgyen Chö Dzong, Nova York. Foto: J. Andersson

Transmissão de ensinamentos a um grupo budista na Califórnia. Foto: J. Andersson

Nas escadas do Monumento a Lincoln, Washington, DC.
Foto: N. Vreeland

Uma reunião do Conselho sobre Assuntos Religiosos e Internacionais, Merril House, Nova York. Foto: N. Vreeland

Com Anthony Damiani, diretor da Wisdom's Goldenrod, Centro de Estudos Filosóficos, Ithaca, Nova York. Foto: M. Loveland

Uma das inúmeras reuniões com diversos membros do Congresso americano, Washington, DC. Foto: J. Andersson

Visita ao Monumento a Jefferson, Washington, DC. Foto: N. Vreeland

Numa recepção do Congresso americano, Washington, DC.
Foto: A. Djambinov

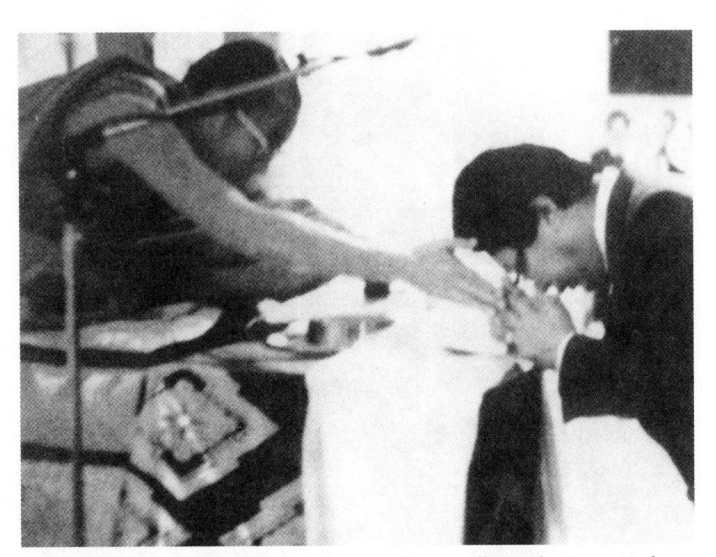

Com Chögyam Trungpa Rinpoche, no Dharmadhatu de Nova York.
Foto: J. Andersson

Palestra na Asia Society, na Igreja Presbiteriana Central, Nova York.
Foto: N. Vreeland

Conversa informal com estudantes em Washington, New Jersey.
Foto: A. Djambinov

Sua Santidade, o Décimo Quarto Dalai Lama, Charlottesville, Virgínia. Foto: N. Vreeland

nados, o lazer e a ventura que nós, humanos, desfrutamos, serão empregados de modo significativo e digno. Inclinar-se ao caminho que apraz ao Buda Conquistador refere-se à pessoa interessada e fiel que gera a percepção correta do vazio através da meditação; ao adotarmos um caminho correto para a libertação, cumprimos o propósito alimentado por Buda ao ensinar o caminho. Uma pessoa que ouça adequadamente esse texto deverá possuir um profundo interesse, vindo das profundezas do seu coração, pelos três principais aspectos do caminho para a iluminação; assim, Dzong-ka-ba declara: "Esses afortunados devem ouvir."

Dzong-ka-ba refere-se ao propósito de gerarmos a determinação de nos libertarmos da existência cíclica:

Sem a profunda convicção de abandonar a existência cíclica
Impossível deixar de perseguir os frutos do prazer no oceano
  da vida.
E mais: o anseio pela existência cíclica agrilhoa por completo o
  encarnado.
Que se busque, pois, de início, a determinação de abandoná-la.

Sem essa total determinação, não há modo de cessarmos a procura de experiências prazerosas no oceano da existência, e é esse anseio pela existência cíclica que acorrenta as criaturas — aqui chamadas de "encarnados". Em conseqüência, ao começarmos a percorrer o caminho para a iluminação, é importante desenvolvermos a determinação firme de abandonarmos definitivamente a existência cíclica. Como diz Āryadeva[7]:

Como poderia alguém a quem isso não interessa
Preocupar-se com a pacificação?

Uma pessoa que não consegue gerar um sentimento de desinteresse quando observa os artifícios da existência cíclica é incapaz de criar a atitude de procurar a libertação e a paz.

Para gerarmos esse pensamento é necessário em primeiro lugar compreendermos as vantagens da libertação e as deficiências da existência cíclica. A esta, Dharmakīrti descreve como a carga dos agregados físicos e mentais adotados sob a influência de ações contaminadas e de emoções perturbadoras[8]. Conseqüentemente, a existência cíclica não é um lugar ou uma região, mas, pelo contrário, algo que se encontra dentro de nós. Como os nossos agregados — nossa mente e corpo — são conseqüência de ações contaminadas e emoções perturbadoras anteriores, eles não estão sob o nosso controle. Isso significa que, embora desejemos a felicidade e queiramos evitar o sofrimento, por estarem nossa mente e corpo submetidos a ações e perturbações pretéritas, somos assediados por sofrimentos indesejados e não temos a felicidade que almejamos. Uma vez que adquirimos esses agregados contaminados, eles se tornaram a base do sofrimento que vivenciamos no presente e também induzirão o sofrimento no futuro.

Damos muito valor àquilo que consideramos nosso; dizemos "meu corpo" ou "meus agregados físicos e mentais", e temos imenso apreço por eles. Entretanto, isso tudo que temos em tão alta estima possui na verdade uma natureza de sofrimento. Embora não desejemos o nascimento, a velhice, a doença ou a morte, esses sofrimentos não-desejados ocorrem em função daqueles agregados físicos e mentais contaminados que tanto valorizamos. Para podermos aliviar esse penar, devemos indagar se existe uma técnica capaz de eliminar os agregados físicos e mentais. São eles formados em função de causas, ou se produzem sem elas? Se independessem de causas, não poderiam ser modificados, mas sabemos que se modificam, o que indica que dependem de causas; cada um dos agregados físicos e mentais possui suas respectivas causas substanciais e condições cooperantes. Como nossa mente ficou à mercê das emoções perturbadoras, praticamos ações que estabelecem nela predisposições capazes de induzir existências cíclicas futuras. Esse é o processo contaminado que faz com que a natureza de nossos agregados físicos e mentais seja de sofrimento.

Temos no momento agregados físicos e mentais, e ainda os possuímos quando alcançamos o Estado de Buda, mas a causalidade desses agregados da *existência cíclica* tem raízes no processo contaminado que se origina de uma mente não-controlada e nas ações que dela procedem. Conseqüentemente, é possível separar os agregados físicos e mentais do processo de causação contaminada e, por decorrência, de uma natureza de sofrimento; seu *continuum*, entretanto, permanece numa forma pura.

Para eliminar os agregados que se encontram sob a influência de ações contaminadas e emoções perturbadoras e que, assim, possuem uma natureza de sofrimento, é preciso interromper o novo acúmulo de ações semelhantes. (*karma, las*), bem como deixar de alimentar karmas contaminados previamente acumulados. Para tanto, deve-se eliminar as emoções perturbadoras.

Existem muitos tipos diferentes dessas emoções. Como afirma o *Treasury of Knowledge* (Tesouro do conhecimento) (*Abhidharmakosha, Chos mngon pa'i mdzod*) de Vasubandhu[9]: "As raízes da existência cíclica são os seis intensificadores sutis [da contaminação]." Esse texto fala das cinco visões e das cinco não-visões; as cinco visões são, então, condensadas numa só que, combinada com as cinco perturbações da não-visão, compreendem as seis raízes básicas das aflições, isto é: o desejo, a raiva, o orgulho, a dúvida, a visão perturbadora e o ofuscamento ou estupidez. A raiz de todas essas aflições é a ignorância.

A ignorância pode ser identificada de muitas maneiras. Do ponto de vista do sistema superior, da escola Prāsaṅgika-Mādhyamika, a ignorância concebe os objetos como possuidores de existência inerente quando, na verdade, eles não a possuem. Através da força dessa ignorância, geram-se então, as demais emoções perturbadoras. Quando analisamos se essa ignorância é intrínseca à própria natureza da mente, descobrimos que, como declara Dharmakīrti[10] : "A natureza da mente é clara luz. As contaminações são fortuitas." Uma vez que as contaminações não pertencem à natureza da mente, pode-se eliminá-las gerando um antídoto.

Estamos completamente habituados à concepção equivocada de que os objetos têm existência real, mas ela não conta com uma fundamentação sólida. Seu oposto é a percepção de que os fenômenos não existem de forma inerente, e embora não estejamos familiarizados com essa perspectiva, há razões através das quais fica estabelecida a existência não-inerente deles; desse modo, tal concepção tem fundamentação válida e, ao nos familiarizarmos com as razões que a estabelecem, é possível gerarmos a sabedoria, o oposto da ignorância.

Apesar de a ignorância e a sabedoria, que percebe a existência não-inerente, possuírem o mesmo objeto de observação — qualquer fenômeno —, suas maneiras de perceber esse objeto são exatamente opostas. A sabedoria tem fundamento válido e é bem ponderada, ao passo que a ignorância não possui fundamentação análoga e equivoca-se com relação àquilo que concebe. Assim, a partir da nossa experiência podemos compreender que, aumentando a força da sabedoria, a ignorância enfraquecerá. As qualidades da mente são estáveis no sentido de que, enquanto seu funcionamento não se deteriora, não é necessário confiar num novo desempenho para que elas continuem a existir. Conseqüentemente, é possível determinar que a sabedoria que percebe a ausência do ser pode ser gerada e — à medida que tomamos contato mais próximo com ela — pode, afinal, progredir de modo ilimitado. Quando chegar ao seu ponto máximo, a sabedoria fará com que a ignorância — a mente que apreende o oposto, a existência inerente — decresça gradualmente até desaparecer por completo.

As perturbações e contaminações extinguem-se, então, na esfera da realidade. Com a eliminação das contaminações fortuitas pelo poder de seu antídoto, a essa esfera purificada de realidade chamamos libertação. O fato de a mente possuir natureza de luminosidade e de conhecimento é a base determinante que permite que a libertação possa ser alcançada.

De outro ponto de vista, atinge-se a libertação através do conhecimento da natureza final da própria mente; ela não é concebida de uma fonte exterior; não é outorgada por outra pessoa. Ao alcançarmos a libertação, as emoções perturbadoras são todas extintas. Por isso, independentemente da natureza das condições externas que encontrarmos, não mais geraremos quaisquer emoções perturbadoras ou acumularemos qualquer novo karma. O processo de libertação depende da erradicação das emoções perturbadoras, das quais a principal é a ignorância; isso, por sua vez, depende da criação de seu antídoto: a sabedoria. Como a sabedoria depende da determinação de nos libertarmos da existência cíclica, sem essa determinação a libertação é impossível. Em conseqüência disso, é muito importante desenvolvermos primeiro a intenção de abandonar a existência cíclica. Se percebermos as desvantagens da existência cíclica, perderemos a atração por ela, gerando assim uma aspiração no sentido de nos libertarmos. Ao desenvolver essa aspiração, nos dedicaremos à prática das técnicas que conduzem ao abandono da existência cíclica.

A estrofe seguinte descreve o modo de incrementar essa atitude:

Lazer e fortuna são difíceis de encontrar
E a vida se esvai: esse conhecimento
Converterá em seu oposto a importância dada
Às exterioridades da existência.

Através do conhecimento de que "lazer e fortuna são difíceis de encontrar e a vida se esvai", nossa ênfase costumeira nas exterioridades desta vida muda de pólo. Nesse texto, a determinação de abandonar a existência cíclica é gerada através da reflexão, em duas etapas: primeiro eliminar a relevância outorgada às circunstâncias externas e, depois, extinguir a ênfase nas condições externas das vidas futuras. No *Great*

Exposition of the Stages of the Path (A grande exposição das etapas do caminho) de Dzong-ka-ba, as práticas para seres de pequena e média capacidade, bem como os frutos temporários a serem obtidos com tais práticas, são descritos separadamente. Contudo, aqui nos *Três Aspectos Principais* essas práticas estão englobadas dentro de um único pensamento: desenvolver a intenção de abandonar a existência cíclica.

Não há sentido em nos apegarmos a esta vida. Não importa qual seja sua duração — poderá estender-se no máximo até uns cem anos. Nós morreremos, afinal, e perderemos esta valiosa existência humana; além disso, não sabemos quando isso ocorrerá — poderá ser a qualquer momento. Esta vida se desintegrará e de nada valerá a prosperidade que tivermos. Nenhuma quantidade de riqueza poderá comprar uma vida mais longa, e não importa quanto dinheiro tenhamos guardado no banco. Mesmo milionários, no dia de nossa morte deveremos deixar tudo. Nesse aspecto, a morte de um milionário e a morte de um animal selvagem são idênticas. Embora tenhamos necessidade de recursos, eles certamente não representam um objetivo. Além disso, apesar da riqueza e do progresso material, muitos tipos de sofrimento persistem apenas pelo fato de que possuímos uma vida humana, o que traz vários tipos de infelicidade, um após outro.

É próprio da natureza da vida humana ser miserável? Isso é inalterável? Nas atuais circunstâncias, influenciado pelo processo de condicionamento ora vivenciado, a natureza da vida em si é realmente miserável. Contudo, tendo em mente o raciocínio acima apresentado, que estabelece a possibilidade de a libertação ser alcançada, vimos que é possível sobrepujar as causas da miséria se separarmos a mente das emoções perturbadoras. Desse modo, está claro que a miséria não é necessariamente inerente à existência humana. Se formos capazes de usar de forma adequada o pensamento humano, poderemos conseguir algo verdadeiramente excelente, ao passo que se nos preocuparmos apenas com os assuntos corriqueiros desta vida, perderemos a oportunidade de usar o poderoso cérebro humano que já possuímos.

Assim como é lastimável investir uma fortuna para obter algo insignificante, utilizar o cérebro humano para alcançar uma coisa de pequena importância é, de fato, muito triste. Ao percebermos a desinteligência dessa ação, precisamos gerar a compreensão de que a relevância dada a assuntos transitórios desta vida é algo tolo e absurdo. Se cultivarmos essa atitude, ou seja, a determinação de abandonar a existência cíclica, aquela ênfase diluir-se-á gradativamente.

Ao renunciarmos a esta vida, não desprezamos as necessidades essenciais, como a fome, por exemplo, mas nos esforçamos por reduzir o nosso apego às circunstâncias que se limitam a esta existência. Além disso, não apenas nossa vida atual mas toda a prosperidade maravilhosa e os recursos ilimitados da existência cíclica também possuem uma natureza de sofrimento, já que um dia se deteriorarão. Embora possamos obter uma boa vida futura, haverá outra depois dela, e outra, e outra, e não temos certeza de que serão sempre venturosas. Desse modo, é necessário não apenas reduzir nossa ênfase nos aspectos externos desta vida mas também eliminar o apego a vidas futuras. Precisamos gerar o pensamento de que qualquer vida que esteja sob a influência de ações contaminadas e perturbações não possui essencialidade, não tem energia.

Dzong-ka-ba diz:

Se pensarmos sempre e sempre nas ações,
Em seus efeitos, que são inevitáveis,
E nos sofrimentos da existência cíclica
Converter-se-á em seu oposto a importância dada
Às circunstâncias exteriores das vidas futuras.

Temos pela frente incontáveis renascimentos, bons e maus. Os efeitos do karma (ações) são inevitáveis, e em vidas anteriores acumulamos karma negativo que inexoravelmente dará frutos nesta vida ou em vidas futuras. Assim como alguém que for visto pela polícia praticando um ato criminoso um dia será apanhado e punido, nós também devemos enfrentar as conseqüências de ações censuráveis que tenhamos cometido no passado. Uma vez que acumulamos predisposições para sofrer devido a ações não-virtuosas praticadas no passado, não há como ficarmos tranqüilos; essas ações são irreversíveis. Devemos eventualmente sofrer os efeitos delas decorrentes.

Se formos incapazes de eliminar o karma negativo acumulado como conseqüência de faltas passadas, cuja semente já está em nossa mente, não há muita esperança de obtermos renascimentos totalmente bons ou de escaparmos ao inevitável sofrimento da existência cíclica. Não apenas isso, mas também quando examinamos o lado melhor desta existência, descobrimos que ele não consegue ultrapassar uma natureza de sofrimento, que, afinal, se deteriora. A vida é afligida por três tipos de sofrimento: o sofrimento do sofrimento, o sofrimento da impermanência e o sofrimento todo-penetrante de condicionamento.

Através da reflexão sobre as conseqüências inevitáveis das faltas passadas, bem como da natureza do sofrimento, inclusive das maravilhas da existência cíclica, podemos abrandar o apego a esta vida e às futuras, desenvolvendo o sentimento de que a libertação deve ser alcançada. Através da combinação desses dois pensamentos — superar a ênfase nos aspectos externos desta vida e nas maravilhas da existência cíclica em geral — geramos a determinação de nos libertarmos da existência cíclica.

O que nos arrasta para o sofrimento — uma mente rebelde — não está ao nosso redor e sim no interior do nosso *continuum* mental, pois é através do surgimento de emoções perturbadoras na mente que somos levados a ações faltosas. Tais concepções nascem na esfera da mente — cuja natureza original é pura — e através de sua força executamos ações faltosas que levam ao sofrimento. Precisamos, com grande percepção e cuidado, fazer com que essas concepções desapareçam na esfera da natureza da mente, como nuvens que se juntam no céu e depois se dissolvem na abóbada celeste. Desse modo, as ações faltosas que delas surgem também cessarão. Como Mi-la-re-ba (*Mi-la-ras-pa*) diz: "... quer brotando, brotando, no interior do próprio espaço, ou dissolvendo-se, dissolvendo-se outra vez no espaço." Precisamos conhecer bem o estado das coisas, compreender o que é errado e o que não é, tornando-nos capazes de dissolver essas concepções na esfera da realidade.

A felicidade origina-se do domínio da mente; sem que o dominemos não há meio de sermos felizes. A base para isso é a ponderada determinação de nos livrarmos da existência cíclica. Nas escrituras budistas explica-se que a mente não tem início e, conseqüentemente, que os renascimentos das pessoas não têm começo. Em termos de raciocínio, não existe maneira pela qual a consciência possa ser causa substancial da matéria, e nenhum modo pelo qual a matéria possa ser causa substancial da consciência. A única coisa que pode ser causa substancial da consciência é uma consciência anterior. Por meio desse raciocínio, determinam-se as vidas anteriores e futuras.

Uma vez que existam vidas futuras, pode dar-se como estabelecido que, independentemente da prosperidade e coisas do gênero que tenhamos nesta vida — mesmo que sejamos muito ricos —, no último dia, quando estivermos morrendo, não poderemos levar nem um centavo conosco. Não importa quantos bons amigos tenhamos; no fim, não poderemos levar nenhum deles conosco. O que vai conosco, que é útil, é a força do nosso próprio mérito, nossas boas ações. De onde é muito perigoso ficarmos totalmente envolvidos em assuntos que se limitem apenas a esta vida. Embora não seja prático dedicarmos todo o nosso tempo a assuntos profundos, que ajudarão nas vidas futuras, é uma boa idéia colocarmos cinqüenta por cento das nossas energias em preocupações com esta vida e cinqüenta por cento em questões mais essenciais. Precisamos viver, temos um estômago a ser nutrido, mas esta vida pode ter no máximo cerca de cem anos, o que é muito pouco em comparação com as vidas futuras. Vale a pena pensarmos também nelas e para elas nos prepararmos, diminuindo o envolvimento da mente com os assuntos da atual existência.

Não é verdade que o exame das maravilhas da existência cíclica revela que, na realidade, sua natureza é de sofrimento? Sua natureza não é tal que lhes permita serem sempre prazerosas, quer as usufruamos quer não. Por exemplo, alguém que tenha muitas casas: por ser uma única pessoa, quando utilizar uma determinada residência, as demais permanecerão vazias. Então, quando for para outra casa, a anterior não será muito útil. Da mesma forma, mesmo que tenhamos muito dinheiro e uma grande quantidade de comida estocada, temos apenas uma boca e um estômago. Não podemos comer, individualmente, mais do que a quantidade razoável para uma pessoa; se comermos a quantidade de duas pessoas, passaremos mal. Assim sendo, é melhor estabelecermos limites desde o começo e contentarmo-nos com isso.

Se nossa cobiça não tiver limites e desejarmos isso e aquilo, não existirá maneira de satisfazer todos os desejos. Mesmo que pudéssemos controlar o mundo inteiro, ainda não seria suficiente. O desejo não pode ser satisfeito. Além disso, quando desejamos e desejamos e desejamos, nos deparamos com muitos obstáculos, desapontamentos, dificuldades e a infelicidade. O grande desejo não apenas é interminável como também cria problemas.

O prazer e a dor são efeitos. O fato de o prazer e a dor se modificarem indica que eles dependem de causas. Uma vez que estas existem, conseguiremos a felicidade que queremos através da geração das suas causas, e o sofrimento que não desejamos será eliminado quando nos livrarmos das causas deles. Se temos em nosso *continuum* uma causa de sofrimento, mesmo não o desejando, passaremos por ele.

Como o prazer e a dor estão compreendidos por um processo de causa e efeito, podemos saber o que acontecerá no futuro, pois as ocorrências futuras dependem das atividades e pensamentos com que estamos envolvidos agora. Quando as coisas são encaradas dessa maneira, verificamos que a cada minuto acumulamos muitos karmas —

ações — responsáveis por influências em nossos nascimentos futuros. Assim, podemos concluir que se não usarmos um método capaz de acarretar o fim das *causas* que induzem o processo da existência cíclica, não há qualquer maneira de extinguirmos o sofrimento.

Quando analisamos com cuidado, percebemos que os nossos agregados físicos e mentais, diretamente influenciados por ações contaminadas e perturbações, são fenômenos que possuem uma natureza de sofrimento. As causas *passadas* dos nossos agregados são impuras; em termos de suas *presentes* manifestações, mente e corpo, servem como base do sofrimento; e em termos de *futuro*, elas induzem o sofrimento a ser experimentado mais tarde.

No início, experimentamos o sofrimento durante o nascimento e depois, na infância. No final da vida, há a velhice — nos tornamos fisicamente decrépitos, não conseguimos enxergar, ouvir bem e nem nos mover com facilidade; temos muito desconforto e dores, e passamos, afinal, pelo sofrimento da morte. No intervalo entre as penas do nascimento e da morte, suportamos outras de vários tipos: a doença, não conseguir o que queremos, suportar o que não desejamos. Desse modo, os agregados da mente e do corpo servem de base para o sofrimento.

Este ensinamento é pessimista? Em absoluto. Quanto mais reconhecemos o sofrimento, mais nos esforçamos para alcançar a vitória sobre ele. Por exemplo, quem trabalha arduamente cinco dias na semana para receber um salário o faz para ter mais conforto, lazer, e assim por diante; além disso, fazemos um grande esforço no início da vida para poder viver tranqüilamente mais tarde. Todos se esforçam para ter maiores comodidades.

Quanto mais identificamos o sofrimento, mais nos aproximamos da libertação dele. Conseqüentemente, não podemos nos deleitar com a possibilidade de assumir em vidas futuras corpos e mentes influenciados por ações contaminadas e emoções perturbadoras. Em vez disso, devemos buscar um estado no qual os agregados nos quais se baseia o sofrimento venham a se extinguir por completo. A expansão da realidade na qual as contaminações que induzem o sofrimento foram extintas é chamada de libertação.

Temos de nos afastar não apenas da atração pelos aspectos externos desta vida mas também das maravilhas da existência cíclica de vidas futuras, pois enquanto possuirmos esses agregados contaminados, não há qualquer esperança de obtermos a verdadeira paz. Toda vez que pensarmos assim sobre as desvantagens da existência cíclica, poderemos desenvolver a aspiração de escapar dela e ingressar num estado de libertação.

Quando fazemos esse tipo de investigação, precisamos prosseguir através da união da meditação analítica com a meditação estabilizadora. Em primeiro lugar, investiguem analiticamente os motivos que estão por trás da decisão de abandonar a existência cíclica, e depois, quando se desenvolver alguma convicção, fixem-se — sem analisar — no que compreenderam. Quando a compreensão começar a enfraquecer, voltem à meditação analítica, retornando então à estabilizadora, e assim por diante.

Como podemos avaliar se geramos uma determinação totalmente qualificada de abandonar a existência cíclica depois de termos realizado esta prática?

> *Se, tendo assim meditado, não geramos, por um instante sequer,*
> *Admiração pelo florescimento da existência cíclica, mas se,*
>   *dia e noite,*
> *Se faz presente a atitude de busca da libertação,*
> *O pensamento de abandonar para sempre esta existência*
>   *foi gerado.*

Se, depois de havermos superado a ênfase outorgada aos aspectos externos desta vida, bem como às maravilhas da existência cíclica em geral, espontânea e continuamente, procuramos livrar-nos da existência cíclica, sem cair por um só momento em divagações de apego, pensando no íntimo: "Isso é maravilhoso", "Tenho que ter isso", "Oh, se ao menos eu pudesse ter aquilo", e assim por diante, nesse caso teremos gerado uma determinação completamente capaz de nos libertar da existência cíclica.

Esta atitude, para ser realmente eficaz, deve ser colocada em prática e não apenas verbalizada. Como diz Shāntideva[11]:

Poderíamos ajudar uma pessoa doente
Apenas lendo para ela um texto médico?

Não é suficiente lermos sobre medicina; precisamos tomar remédios para ficarmos curados.

É fácil falar sobre a doutrina, ou escutá-la, mas é muito difícil colocá-la em prática. Sem praticarmos efetivamente os ensinamentos, não há como obtermos bons resultados. Se a causa for apenas uma explicação verbal, o efeito não poderá ser de outra natureza. Quando estamos com fome, precisamos de comida concreta; descrições de saborosos pratos franceses ou chineses não poderão nos alimentar. Como disse Buda: "Eu lhes mostro o caminho da libertação. Saibam que a libertação em si depende de vocês."

Pode parecer a princípio que as idéias budistas aqui apresentadas sejam muito fora do comum e talvez impossíveis de serem realizadas. Contudo, como afirma Shāntideva[12]:

Não há coisa alguma que não fique mais fácil
Depois que com ela nos familiarizamos.

Não existe coisa alguma que não possamos alcançar eventualmente quando com ela nos familiarizamos. Todos esses estados tendem a ser gerados de modo gradativo ao nos habituarmos com eles. A prova para tais ensinamentos está em nos dedicarmos à sua prática por um longo período. Como Buda diz num tantra [parafraseando]:

"Se colocarem em prática o que eu disse e não conseguirem alcançá-lo, então o que eu disse é mentira." Portanto, é necessário primeiro praticar e ganhar experiência; desse modo compreenderemos a verdade dos ensinamentos de Buda.

Isso conclui o assunto da geração da determinação de nos libertarmos da existência cíclica; suas causas, os métodos para gerarmos essa determinação e as conseqüências de ela ter sido gerada.

O segundo dos três aspectos principais do caminho é a intenção altruísta de nos tornarmos iluminados. Como diz Dzong-ka-ba, a determinação de abandonar a existência cíclica deve estar unida à intenção altruísta de nos tornarmos iluminados. Sem a união desses dois aspectos, sua prática não resultará na causa de nos tornarmos um Buda. Assim, a estrofe seguinte apresenta a razão para cultivarmos uma tal atitude:

> *E mais, se o pensamento de abandonar de vez a existência cíclica*
> *Não estiver enlaçado à geração da total aspiração pela iluminação suprema,*
> *Não será ele causa da bênção esplêndida da iluminação excelsa.*
> *Sim: que os inteligentes gerem a tão alta e altruísta intenção de se converter em iluminados.*

A intenção altruísta de tornar-se iluminado — ou mente de iluminação — é a atitude especial de buscarmos nossa completa iluminação, e atingirmos a condição de Buda para o bem dos seres scientes, sendo a felicidade deles o nosso principal objetivo. Para gerarmos essa atitude, é preciso desenvolver a grande compaixão pelos seres scientes e querer que eles fiquem livres do sofrimento e das causas que o provocam. Para esse fim, precisamos refletir sobre as maneiras como esses seres sofrem. Fazemos isso estendendo aos outros a percepção de sofrimento que desenvolvemos com relação a nós mesmos quando cultivamos a determinação de nos livrarmos da existência cíclica.

As duas estrofes seguintes expõem os meios para o cultivo da intenção altruísta de atingir a iluminação, descrevendo em primeiro lugar os sofrimentos característicos da existência cíclica:

> [*Todos os seres comuns*] *são arrastados pelo* continuum *de quatro torrentes poderosas*
> *E atados pelos liames de ações muito duras de combater.*
> *Na jaula de ferro da autopercepção* [*existência inerente*], *lá estão eles,*
> *Atu̇rdidos pela densa escuridão da ignorância.*
>
> *Vezes sem conta já nasceram, e cada nascimento*
> *Traz a tortura incessante dos três sofrimentos.*
> *Ao pensar nas mães que caíram nessa rede,*
> *Geram eles então a intenção altruísta de converter-se em iluminados.*

Esses pensamentos são muito poderosos e, se corretamente aplicados à nossa condição, poderão intensificar a aspiração de abandonarmos a existência cíclica. Aplicando tais percepções, posteriormente, às experiências de outros seres sencientes, podemos gerar a compaixão.

O que significa sermos carregados pelo *continuum* das quatro poderosas correntes? Há várias interpretações. Aqui, porém, o significado essencial é que todos os seres estão dominados pelos quatro poderosos fluxos do nascimento, da velhice, da doença e da morte. Embora não desejemos esses sofrimentos, temos de suportá-los; sua força nos subjuga como se estivéssemos sendo carregados por um grande rio. Somos irremediavelmente levados por essas quatro poderosas correntes porque estamos atados com os fortes liames das nossas ações prévias e das suas predisposições, difíceis de serem combatidas; e estamos atados com esses fortes grilhões por estarmos sob a influência de emoções perturbadoras como o desejo e o ódio. Tais emoções são geradas por termos penetrado nessa jaula tão dura, obstrutiva, onde é tão difícil entrar, da percepção inata de um "eu" e de um "meu" como existentes de forma inerente.

Ao observarmos o nosso eu, ou si-próprio, formamos o conceito errôneo de que o eu e o meu existem de forma inerente; em conseqüência disso, geram-se as emoções perturbadoras do desejo, do ódio e outras do gênero, fazendo com que nos envolvamos em ações contaminadas e acumulemos os karmas que nos prendem tão fortemente.

Através desse processo causal, os seres passam a ser acorrentados por esses agregados físicos e mentais que têm a natureza dos sofrimentos do nascimento, da velhice, da doença e da morte. Devido a essa seqüência causal, atravessamos três tipos de sofrimento: a dor física e mental, aquela ligada à impermanência e o sofrimento todo-penetrante do condicionamento; o que quer dizer apenas que estamos sob a influência de um processo de causação contaminado. A análise de tal situação de sofrimento e de suas fontes em nós mesmos ajuda a gerar a determinação de nos livrarmos da existência cíclica, ao passo que a reflexão sobre os inumeráveis seres, que foram nossas mães em vidas anteriores e que são torturados sem cessar por essa dor, evoca a geração de amor, de compaixão e a intenção altruísta de nos tornarmos Buda para podermos servi-los. Queremos a felicidade e desejamos evitar as penas; o mesmo acontece com todos os outros seres sencientes oprimidos pela miséria da existência cíclica. Esses sofredores ignoram o que adotar e o que descartar para alcançar a felicidade e evitar a dor. Como afirma Shāntideva em *Engaging in the Bodhisattva Deeds* (Engajamento nas atividades dos Bodhisattvas)[13]:

Embora [os seres sencientes] queiram livrar-se do sofrimento,
É de ver-se como se atiram para ele...
Querem a felicidade: mas, por confusão,
A destroem, como a um inimigo.

Embora as pessoas não desejem o sofrimento, elas correm nessa direção: embora queiram a felicidade, por causa da própria confusão, alcançam o oposto.

Para auxiliar os seres sencientes a atingirem a libertação, precisamos ajudá-los a compreender as técnicas necessárias à obtenção da felicidade e à eliminação do sofrimento através do reconhecimento isento de equívocos do que deve ser adotado e do que deve ser descartado. O *Commentary on (Dignāga's) "Compendium of Valid Cognition"* (Comentário sobre "O compêndio de cognição válida" [de Dignāga]) (*Pramāṇavarttika, Tshad ma rnam 'grel*) de Dharmakīrti diz[14]:

Para que [outrem] vença o sofrimento
Os compassivos nos métodos se empenham.
Aflorando dos métodos causas [que são para ele]
   obscuras,
Difícil se torna [para outrem] aclará-las.

Se vocês mesmos não conhecerem os assuntos necessários que poderiam ser de auxílio aos outros, não há nada que possam fazer. Para que seja possível gerar o total bem-estar aos demais seres sencientes, é necessário conhecer, a partir de um nível sutil, as coisas que lhes serão úteis, os pontos essenciais do que deve ser adotado ou descartado. Além disso, precisamos também conhecer as inclinações, os interesses, e assim por diante, daqueles que estamos procurando ajudar. É preciso remover os obstáculos à compreensão de todos os objetos do conhecimento, pois, quando tiverem sido eliminados, teremos alcançado uma onisciência de Buda, isto é, a percepção elevada que identifica todos os objetos do conhecimento.

Uma vez que os Bodhisattvas procuram auxiliar os seres sencientes, eles tomam como seu principal objeto de renúncia os obstáculos à onisciência e desenvolvem o antídoto desses empecilhos. Pois, sem saber tudo, é possível ajudar a um pequeno número de seres, mas é impossível oferecer esse auxílio, completa e efetivamente, a um grande número. Por isso é necessário alcançar o Estado de Buda para prestar ajuda efetiva aos seres sencientes.

Por sermos incapazes de suportar o sofrimento desses seres sem fazer alguma coisa a respeito, geramos uma forte compaixão e um poderoso amor, e desejamos que eles se libertem de suas penas e sejam felizes. Depois, ao percebermos que a única maneira de atingirmos esse objetivo é alcançando o Estado de Buda, geramos a intenção altruísta de realizar a iluminação. Esse intento de obter a onisciência de um Buda para poder servir ao próximo é chamado de mente altruísta de iluminação (*bodhichitta*). Ela envolve duas aspirações — buscar a felicidade alheia, o que se consegue através da busca da nossa própria iluminação.

Com base na descrição anterior, acerca das implicações que a determinação de nos livrarmos da existência cíclica gera, podemos entender as conseqüências de alcançarmos a mente altruísta de iluminação; por esse motivo, Dzong-ka-ba não mencionou isso de forma explícita. Se, independentemente do que estivermos fazendo, em alguma parte da mente permanecer a aspiração intensa e constante de que os seres sencientes sejam felizes e a busca da iluminação em benefício deles, teremos, então, gerado uma mente altruísta de iluminação, de todo qualificada.

É importante destacar que nossa personalidade não é transformada repentina e completamente quando tentamos desenvolver esses pensamentos. Nossa natureza e inclinações características só se transformam pouco a pouco. As diferenças não são percebidas de imediato, e sim com o passar do tempo. Se cultivarmos com vagar e constância a intenção altruísta de nos tornarmos iluminados e, depois de cinco ou dez anos, observarmos as mudanças ocorridas em nossa maneira de pensar e em nossas ações, a melhora proveniente do resultado dos nossos esforços será claramente perceptível.

De acordo com a tradição, o Buda Shākyamuni passou seis anos praticando a austeridade e levando uma vida ascética. Renunciou aos prazeres do lar, tornou-se monge e abandonou o bem-estar material; passou a viver em retiro ascético e atravessou outras provações indicando, com isso, as dificuldades do caminho às quais seus seguidores deveriam se submeter. Como seria possível que Buda tivesse de passar por esse tremendo esforço para alcançar a realização e que nós pudéssemos obter essa mesma realização com rapidez e sem muito empenho? Não é admissível!

Depois de atingir um ponto onde uma parte da mente está firmemente engajada no propósito de alcançar o Estado de Buda para o bem de todos os seres, é importante combinar isso com o ritual de geração da mente de aspiração, a fim de torná-la mais estável. Além disso, é necessário exercitar as causas que impedirão a possível deterioração dessa mente de aspiração nesta vida ou nas futuras.

Assim sendo, não basta apenas gerar a forma de aspiração da mente de iluminação; a mente prática de iluminação também deve ser gerada, pois a simples intenção não é suficiente. Precisamos entender que é necessário um treinamento posterior — a prática das seis perfeições: a generosidade ou doação, a ética, a paciência, o esforço, a concentração e a sabedoria. Depois de exercitarem a inclinação de se dedicarem a essas práticas, vocês tomarão os votos Bodhisáttvicos de, efetivamente, executá-las.

Se esses votos forem tomados e a prática das seis perfeições tiver sido bem realizada será possível receberem a iniciação e se dedicarem à prática do mantra [tantra]. Esse é o procedimento totalmente qualificado prescrito nos grandes livros e adotado quando há tempo e oportunidade para assim procedermos. De outra maneira, como é agora o costume habitual, quando chegamos a entender algo dos três principais aspectos do caminho — a determinação de libertarmo-nos da existência cíclica, a intenção altruísta de nos tornarmos iluminados e a percepção correta do vazio — e fazemos um grande esforço para desenvolver essas atitudes, torna-se possível iniciar a prática do mantra. Contudo, sem a compreensão dos três principais aspectos do caminho e se não tivermos, no fundo do coração, fé nas Três Jóias (Buda, sua doutrina, e a comunidade espiritual), e assim por diante, será muito difícil afirmar que alcançamos efetivamente a iniciação mântrica, mesmo que tenhamos participado de uma cerimônia.

O fundamento de uma mente altruísta de iluminação é a existência de um bom coração e de uma mente bondosa em todas as ocasiões. Todos nós podemos nos beneficiar por tal observância: não devemos nos zangar, brigar, caluniar as pessoas, ou coisas semelhantes. Quando alguém assim procede, o faz visando ganhos pessoais, mas na verdade está causando mal a si mesmo. Conseqüentemente, todos nós precisamos fazer o possível para cultivarmos uma mente e um coração bondoso. Não estou apenas explicando isso; estou também fazendo o que posso para colocá-lo em prática. Todo mundo deve fazer quanto puder, pois quanto mais praticarmos, mais seremos úteis.

Dedicando-se a essas práticas e obtendo experiência a partir delas, suas atitudes e o modo de encarar as outras pessoas mudarão; ao surgir um problema com o qual já se tenham deparado antes, não reagirão com a excitação de outrora nem gerarão as mesmas atitudes negativas. Essa mudança não diz respeito a algo externo, não se trata de obter um novo nariz ou um novo penteado: ela ocorre dentro da mente. Algumas pessoas conseguem suportar problemas, outras, não; a diferença está na atitude interna.

A transformação que ocorre ao colocarmos esses ensinamentos em prática vai se processando paulatinamente. Depois de algum tempo, é comum encontrarmos pessoas que nos asseguram terem notado alguma mudança em nosso comportamento; é um sinal positivo de que as práticas surtiram efeito. Essa reação é bem-vinda, pois indica que não estamos mais causando problemas aos outros e que, em vez disso, estamos agindo como bons cidadãos do mundo. Talvez não consigamos levitar, voar, ou nos exibir em proezas semelhantes, mas tais habilidades são, na verdade, secundárias e até contraproducentes se estivermos sendo causa de problemas para o mundo. O importante é dominar a mente e aprender a ser boas pessoas. Se praticarmos estes ensinamentos, o nirvana virá gradualmente. Mas se agirmos com amargura e ódio, isso só fará com que ele fique mais distante.

A ênfase do budismo está voltada para a própria pessoa, para o *uso* que fazemos da doutrina. Embora os ensinamentos do budismo ofereçam os refúgios de Buda, a doutrina e a comunidade espiritual, sua finalidade é nos auxiliar a gerar o poder de nossa própria prática. Entre os três refúgios, o principal é a doutrina, não a doutrina que está dentro do *continuum* de outra pessoa, e sim aquela que nós mesmos devemos gerar em nosso *continuum*. Sem o esforço individual e a prática, as Três Jóias: Buda, a doutrina, e a comunidade espiritual, não podem oferecer qualquer refúgio.

Isso encerra a abordagem da intenção altruísta de atingir a iluminação; alcançamos agora o ponto do último dos três aspectos principais do caminho: a correta percepção do vazio. Por que é importante gerar a sabedoria de percebê-lo? Dzong-ka-ba diz:

> *Sem a sabedoria que compreende o modo de ser das coisas,*
> *Mesmo que tenham sido desenvolvidos, tanto*
> *O pensamento de abandonar para sempre a existência cíclica*
> *Como a intenção altruísta,*
> *A raiz da existência cíclica não poderá ser extirpada.*
> *Pratica, pois, os métodos que te farão entender a manifestação*
>   *dependente.*

"O modo de ser das coisas" relaciona-se com o modo como subsistem os fenômenos que possuem muitos níveis. Dzong-ka-ba refere-se aqui ao nível mais sutil, à realidade final. Das duas verdades, esta é a verdade suprema. Existem muitos modos convencionais de subsistência aos quais os fenômenos se submetem, mas a percepção correta do vazio abrange a maneira final de subsistência, a verdade fundamental.

Sem a sabedoria que percebe o modo final de subsistência fenomênica, mesmo que tenhamos realizado um grande esforço na meditação e gerado tanto a determinação de nos libertarmos da existência cíclica como a intenção altruísta de obter a iluminação, a raiz da existência cíclica não poderá ser extinta, pois ela se localiza na ignorância da maneira pela qual subsistem os fenômenos, na concepção errada acerca da natureza das pessoas e outros fenômenos. É necessário gerarmos uma consciência de sabedoria, que, observando os mesmos objetos, o faça com uma percepção completamente oposta ao da concepção errônea que nasce da ignorância. Ainda que a aspiração de abandonar a existência cíclica ou a intenção altruísta de atingir a iluminação sejam úteis de algum modo, elas não podem servir de antídotos diretos para a superação da concepção errônea que é a raiz da existência cíclica. Daí a importância de percebermos o vazio.

Observem que Dzong-ka-ba nos exorta: "Pratica, pois, os métodos que te farão entender a manifestação dependente." E não: "Pratica os métodos de perceber o vazio." Porque o significado da manifestação dependente reside no significado do vazio, e inversamente, o significado deste está no significado da manifestação dependente. De onde, indicando que o vazio deve ser compreendido como o significado da manifestação dependente, e vice-versa — libertando a pessoa dos dois extremos — ele diz que devemos nos esforçar por incrementar os métodos de percepção da manifestação dependente.

O vazio deve ser compreendido não como a mera negação de todas as coisas, mas como a negação da existência inerente das mesmas — cuja ausência é compatível com a manifestação dependente. Se o entendimento do vazio e o entendimento da manifestação dependente não estiverem relacionados, interpretando-se o vazio de forma errônea, como niilismo, não apenas o vazio não seria corretamente compreendido como também essa concepção, em vez de ser vantajosa, teria a grande falha de cair no extremo do aniquilacionismo. Em conseqüência, Dzong-ka-ba fala explicitamente da compreensão da manifestação dependente.

Então:

Aquele que, percebendo serem inquestionáveis
Causa e efeito de todos os fenômenos
Da existência cíclica e do nirvana,
E destruir, inteiro, o modo de percepção equivocado
Dos objetos [tidos como de existência inerente],
Terá, assim, ingressado num caminho que apraz ao Buda.

Quando, através da investigação desse modo final de subsistência fenomênica chegarmos a compreender a não-existência do objeto a que faz referência a concepção de um si-próprio, ou da existência inerente do mesmo nas pessoas ou nos fenômenos — isto é, quando percebermos a ausência de existência inerente —, sendo ainda capazes de determinar, em erro, a causa e o efeito de todos os fenômenos contidos na existência cíclica e no nirvana, aí teremos ingressado no caminho que apraz ao Buda. O vazio deve ser entendido sem que seja anulada nossa compreensão de causa e efeito dos fenômenos mundanos e supramundanos, que obviamente trazem benefício e provocam dano, e que não podem ser negados. Quando a percepção do vazio conjuga-se à compreensão do não-erro, da não-confusão e da não-perturbação do processo de causa e efeito, ou seja, da manifestação dependente, essa percepção é capaz de destruir toda a compreensão equivocada dos objetos como dotados de existência inerente.

Enquanto se afigurarem como separadas as duas compreensões
Da indubitabilidade da manifestação dependente
E do vazio — a não-afirmação [da existência inerente] —
Não será compreendido o pensamento do Buda Shākyamuni.

Se o entendimento, isento de confusão, dos aspectos externos como manifestações dependentes, e a compreensão do vazio da existência inerente desses mesmos aspectos parecem reciprocamente exclusivos e sem uma relação mútua — se a compreensão do primeiro não facilita o entendimento do segundo ou faz com que este pareça impossível — então não há compreensão do pensamento do Buda Shākyamuni. Se sua percepção do vazio faz com que a percepção da manifestação dependente diminua, ou se sua percepção da manifestação dependente faz com que a percepção do vazio decresça, e então ambas as percepções se alternam como se fossem separadas e contraditórias, não está havendo percepção correta.

> *Quando [ambas as percepções ocorrem], simultâneas, sem alternância,*
> *E quando, apenas por ver a manifestação dependente como indubitável*
> *O conhecimento preciso destrói por completo o modo de percepção [da concepção de existência inerente],*
> *Está completa a análise da apreensão [da realidade].*

A sabedoria que percebe a ausência de existência inerente, a ausência de uma entidade auto-instituída, é induzida quando procuramos e não encontramos um objeto determinado, como por exemplo o nosso próprio corpo, através de um método analítico como o do raciocínio séptuplo[15]. Finalmente, através do fundamento de que o objeto é uma manifestação dependente, o praticante conclui que esse objeto não possui existência inerente, pois, uma vez que sofre a influência de outros fatores dos quais depende, é através dessa dependência de algo, que o objeto mostra ser vazio de existência inerente. Visto que determinamos, em razão da dependência de algo ou da manifestação dependente, que um objeto não existe de forma autônoma, um fenômeno de manifestação dependente é considerado como presumível depois da refutação.

Se investigarmos um ser humano que aparece em sonho e um ser humano concreto em estado de vigília através do raciocínio séptuplo, não encontraremos nenhuma entidade auto-instituída em nenhum dos casos. Contudo, embora nem o ser humano do sonho nem o ser humano verdadeiro sejam encontráveis quando investigados pelo raciocínio séptuplo, não significa que um ser humano sonhado deva ser considerado como um verdadeiro ser humano. Haveria contradição com a cognição válida que vivencia os objetos convencionais; uma cognição válida convencional subseqüente refuta o fato de um ser humano onírico ser realmente humano, ao passo que considerar um verdadeiro ser humano como tal não é impugnado pela cognição válida convencional.

Embora não possamos encontrar um ser humano quando o procuramos através do raciocínio séptuplo, não é adequado concluir que os seres humanos não existem, pois essa afirmação seria refutada pela cognição válida convencional. A cognição válida convencional institui seres humanos verdadeiros, e, conseqüentemente, devemos considerar que os seres humanos existem. Como não são encontráveis através de uma análise do raciocínio séptuplo mas de fato existem, pode-se determinar que tais seres não existem de forma autônoma e, sim, somente sob a influência de outros fatores, ou em função deles. Desse modo, o significado de vazio de existência autônoma significa depender dos outros.

Quando Nāgārjuna e seus alunos dão razões comprobatórias do vazio dos fenômenos, usam, com freqüência, o fundamento da manifestação dependente, dizendo que a produção fenomênica depende de causas, condições, etc. Diz Nāgārjuna no *Treatise on the Middle Way* (Tratado sobre o Caminho do Meio)[16]:

Porque não existem fenômenos
Que não sejam manifestações dependentes,
Não existem fenômenos que não sejam
Vazios [de existência inerente].

Como não há fenômenos que não sejam manifestações dependentes, não existem aqueles que não sejam vazios de existência inerente. O *Four Hundred* (Quatrocentos) de Āryadeva diz[17]:

De todos [os fenômenos], nenhum tem existência autônoma;
Portanto, não existe o si-próprio [existência inerente].

Não há fenômeno cuja existência seja autônoma, isto é, nenhum deles é estabelecido através do seu próprio caráter ou condição. Isso não quer dizer que, pelo fato de serem vazios, os objetos ou fenômenos não sejam vistos, tocados ou sentidos. Quando dizemos que os fenômenos são vazios, não significa que não possuem a capacidade de executar funções e, sim, que são vazios de existência inerente.

O significado de manifestação dependente não é que os fenômenos surgem *inerentemente* em dependência de causas e condições, como os ilusionismos de um mágico. Se compreenderem bem o significado de vazio e de manifestação dependente, poderão compreender, com relação a um objeto, sua aparência externa inconfundível, inquestionável, bem como seu vazio de existência inerente; esses dois aspectos não são em absoluto contraditórios. Entretanto, poderíamos pensar ser impossível perceber esses dois fatores, a realidade verdadeira do vazio e a realidade não-verdadeira da manifestação dependente, referentes a um único objeto. Contudo, uma vez que tenham percebido o vazio da existência inerente através do próprio fundamento da manifestação dependente, é impossível que o entendimento da aparência externa e a compreensão do vazio venham a se separar.

Um vazio de existência inerente assoma à mente através da eliminação de um objeto de negação que, neste caso, é a existência inerente. Nessa ocasião, uma mera vacuidade que é a negação dessa existência inerente, aparece à mente; essa ausência não implica que outro fenômeno positivo apareça no lugar. Para que possamos entender o vazio precisamos eliminar um objeto de negação tal como, por exemplo, para compreender a ausência de flores à minha frente é necessário eliminar-lhes a presença. Quando falamos sobre essa vacuidade, que é uma simples negação ou negativa da existência inerente, estamos falando do modo pelo qual o vazio nos vem à mente — como mera vacuidade desprovida do objeto de negação. *Não* queremos dizer que nessa ocasião não existe uma consciência ou pessoa percebendo o vazio; na verdade, estamos descrevendo *como* isso aparece na meditação, na mente do meditante.

Em resumo, devido a serem os fenômenos manifestações dependentes, surgindo em dependência de outros fatores, determinamos que são vazios de existência inerente. Uma vez que a manifestação dependente é usada como argumento para a vacuidade da existência inerente, então, com relação a uma base [ou objeto], convém que o praticante evite os dois extremos: o da existência inerente e o da não-existência absoluta.

Quando o vazio é compreendido a partir da percepção das aparências externas em si — percepção da manifestação-dependente — essa compreensão ajuda o entendimento do vazio. Quando chegamos a compreendê-lo por percebermos apenas a manifestação-dependente, sem qualquer outro tipo de raciocínio, de modo que uma compreensão não prejudique a outra e, que em vez disso se ajudem mutuamente, sem necessidade de alternar a compreensão das circunstâncias externas e a compreensão do vazio, como se se tratasse de fatores separados e não relacionados, então, a análise da percepção está completa.

Como Chandrakīrti afirma em seu *Supplement to (Nāgārjuna's) "Treatise on the Middle Way"*. [Adendo ao "Tratado sobre o Caminho do Meio" (de Nagarjuna)]; (*Madhyamakāvatāra, dbU ma la 'jug pa*)[18]:

[Quando] um iogue não descobre a existência dessa
   [carruagem],
Como dizer que existe o que não existe [de maneira inerente]
   nos sete modos?

É assim que, facilmente, entra ele também na qüididade. Portanto, que assim seja firmada, aqui, a instituição dessa [carruagem].

Os fenômenos não podem ser encontrados quando procurados através dos sete modos; contudo, são considerados existentes. Essa existência não advém do próprio poder do objeto e sim do poder da conceitualidade do outro. Assim, uma compreensão completa de como os fenômenos são considerados convencionalmente é útil para a obtenção de um entendimento de sua natureza fundamental.

Antes desse nível profundo de percepção, ao compreendermos algo sobre o vazio, poderemos nos perguntar se a atuação de causa e efeito, do agente, da atividade e do objeto podem ocorrer dentro do vazio. Devemos então estudar uma imagem no espelho que, apesar de um simples reflexo, é formada ao verificarem-se certas condições e desaparece quando elas deixam de existir — esse é um exemplo da viabilidade da funcionalidade dentro da existência não-inerente. Ou podemos refletir acerca da nossa própria experiência do benefício e do dano evidentes devido à presença ou à ausência de certos fenômenos, fortalecendo assim a crença na manifestação dependente. Se começarem a tender a direção do extremo de considerar a existência dos fenômenos como sendo concreta, reflitam sobre o vazio. Em sentido contrário, quando estiverem se inclinando para o extremo do niilismo, reflitam sobre a manifestação dependente. Com essa alternância habilidosa entre a reflexão sobre o vazio e a reflexão sobre a manifestação dependente, através da união da meditação estabilizadora com a meditação analítica, a compreensão da manifestação dependente e do vazio da existência inerente chegarão a ser cada vez mais profundas, e a certa altura o entendimento das aparências externas e do vazio igualar-se-ão.

O texto prossegue:

E mais: exclui-se o extremo da existência [inerente]
[Conhecendo-se a natureza] das circunstâncias externas
[Que existem apenas como designações nominais].
E, ao extremo da [total] não-existência, elimina-se
[Conhecendo-se a natureza] do vazio
[Como ausência de existência inerente e
Não como ausência de existência nominal].

Todas as quatro escolas budistas da doutrina, bem como, por exemplo, as escolas Sāmkya ou ainda as niilistas, têm como verdadeiro que o extremo da não-existência — ou seja, considerar o que existe como não-existente — é removido pela aparência-externa; e que o extremo da existência — considerar o que não-existe como existente — é afastado pelo vazio. Contudo, de acordo com a peculiar perspectiva da escola Prāsangika-Mādhyamika, o oposto também é verdadeiro: através da circunstância externa ou da aparência, o extremo da existência é evitado, e através do vazio, evita-se o extremo da não-existência. Essa doutrina tem como ponto fundamental que o significado da manifestação dependente equivale ao do vazio, e que o significado do vazio equivale ao da manifestação dependente.

O entendimento da manifestação dependente difere nas escolas Chittamātra, Svātantrika-Mādhyamika e Prāsangika-Mādhyamika. A escola Chittamātra considera o significado da manifestação dependente apenas em termos de fenômenos compostos, que advêm de causas e condições, delas dependendo. Na escola Svātantrika-Mādhyamika, o significado da manifestação dependente aplica-se a todos os fenômenos, permanentes e impermanentes, segundo o qual todos eles dependem das suas partes. Na escola Prāsangika-Mādhyamika a manifestação dependente é, além disso, interpretada como o nascimento ou a instituição de todos os fenômenos a partir da imputação ou designação através da conceitualidade. Devemos entender, assim, a compatibilidade mútua da manifestação dependente e do vazio.

O texto prossegue nessa linha de pensamento:

Se for por ti sabida, dentro do vazio, a presença da causa
   e do efeito,
Não serás aprisionado pelas percepções extremas.

Quando causa e efeito, de dentro da esfera do vazio, aparecem em função deste, no sentido de que as manifestações dependentes são viáveis por causa do vazio, é como se as manifestações dependentes das causas e dos efeitos surgissem do vazio ou fossem por ele produzidas. Quando entendemos a viabilidade da manifestação dependente em função do vazio, libertamo-nos dos dois extremos.

Assim, a compreensão do vazio em si auxilia-nos a evitar o extremo da não-existência. Quando entendemos que a dependência de causas, condições, partes, ou de uma consciência qualificadora, contesta a existência inerente, essa mesma compreensão da manifestação dependente ajudará a evitar o extremo de considerarmos a existência como sendo realmente concreta. Uma vez que o significado do vazio aparece como manifestação dependente, de tal forma que o que é apenas vazio de existência inerente aparece como causa e efeito, é impossível que a mente seja dominada por um ponto de vista extremo que torne concreto o que não existe, ou negue o que existe.

Se praticarmos essa percepção do vazio associando-a à determinação de nos livrarmos da existência cíclica, ela atuará como causa de libertação de tal existência. Se for também cultivada em associação com a intenção altruísta de atingir a iluminação, servirá como causa da iluminação total, como a de um Buda. Visto que a percepção do vazio é causa de iluminação comum aos três veículos — o veículo dos Ouvintes, dos Sábios Solitários e dos Bodhisattvas — pode-se compará-la a uma mãe.

Os praticantes qualificados do mantra, aos quais o sistema mântrico foi intencionalmente revelado, devem ter como perspectiva da realidade o ponto de vista do sistema da escola Prāsaṅgika-Mādhyamika. Entretanto, de modo geral, não é necessário adotar esse enfoque para ser um praticante do mantra; a perspectiva filosófica poderá ser a da escola Chittamātra ou a da Mādhyamika. Contudo, a prática não poderá se dar dentro de uma perspectiva inferior a essas; o ponto de vista grosseiro de perceber apenas a ausência das pessoas, como é apresentado nas escolas da Grande Exposição (Vaibhāṣhika) e do Sūtra (Sautrāntika) não é suficiente.

Isso completa a exposição dos três principais aspectos do caminho para a iluminação: a determinação de nos livrarmos da existência cíclica, a intenção altruísta de nos convertermos em iluminados e a correta percepção do vazio. Fundamentalmente é através do pleno desenvolvimento da concentração e da sabedoria que se encontra a profundidade distintiva do grande poder do mantra, cuja prática está centrada nesses três mesmos aspectos.

A base verdadeira da prática é a intenção altruísta de nos tornarmos iluminados, sendo a determinação de abandonar a existência cíclica uma preparação para isso. As seis perfeições são os temas de treinamento dos Bodhisattvas, e entre elas, os aspectos característicos do mantra referem-se ao pleno desenvolvimento da concentração e da sabedoria. Todas as práticas de todos os veículos — pequeno, grande, e, dentro do Grande Veículo, os sistemas Sūtra e tantra — podem ser incluídos entre (1) as preparações, (2) a verdadeira parte central das práticas dos Bodhisattvas, e (3) seus adendos.

Concluindo a exposição dos três principais aspectos do caminho, Dzong-ka-ba aconselha que, uma vez compreendidos os pontos importantes desses três aspectos, devemos gerar esses caminhos e seus frutos dentro do nosso *continuum*:

Ao teres compreendido com exatidão, do caminho
Os três aspectos principais, no que têm de essencial,
Procura a solidão e gera o poder de esforço.
Que logo chegues à meta final, meu filho!

No início, isso é alcançado ouvindo os ensinamentos; depois através da reflexão, que elimina falsas concepções quanto a esses tópicos e conduz ao conhecimento definitivo; finalmente através da meditação, que elimina todas as dispersões, concentrando a mente de modo unidirecional. É assim que devemos alcançar os três principais aspectos do caminho e o fruto que produzem — a onisciência do Estado de Buda.

Isto conclui uma exposição explanatória dos três principais aspectos do caminho, constituídos por um grande conjunto de práticas, e que são um excelente guia. Se realizarem essas práticas continuamente, virão a compreendê-las melhor.

É muito importante gerar o mais que pudermos uma boa atitude e um coração bondoso. A partir de ambos, conseguiremos a felicidade, para nós e para o próximo, a curto e a longo prazo.

O EU E A AUSÊNCIA-DO-EU

Universidade de Harvard

Sinto-me muito feliz por ter a oportunidade de falar nesta famosa universidade e especialmente para o Center for Study of World Religions (Centro de Estudos das Religiões Mundiais). Assim que cheguei, senti uma afeição calorosa por todos vocês. É muito importante termos uma relação humana mais profunda uns com os outros. Mera polidez e diplomacia são agradáveis, claro, mas não podem atingir nosso íntimo. A franqueza, a honestidade e a sinceridade conseguem chegar a um nível bem mais profundo.

Se desejamos a verdadeira harmonia e a amizade, precisamos em primeiro lugar nos conhecer mutuamente. Sem o conhecimento mútuo, que é fundamental, não nos é fácil consolidar a confiança e alcançar um estado de unidade genuína, sem o qual é difícil obtermos a paz. O contato de coração para coração é essencial. Nos dias de hoje, estamos desprovidos, em alguns casos, do verdadeiro relacionamento humano, o que faz com que percamos o respeito pelo valor da humanidade e passemos a encarar os seres humanos como partes de uma máquina.

O fato de não podermos mais perceber o valor das criaturas humanas é uma grande infelicidade. Um ser humano é muito mais que sua parte material — dinheiro e riqueza. Estes foram feitos para o homem, não o homem para eles. Se nos concentrarmos demasiadamente na riqueza e no progresso exterior, negligenciando os valores e a dignidade humana, o resultado será infelicidade, perturbação mental, desencorajamento e depressão.

Se pensarmos: "Sou um ser humano. Um ser humano pode fazer tudo o que se propuser", essa determinação, essa coragem e essa autoconfiança serão importantes fontes de vitória e de sucesso. Sem força de vontade e determinação, não conseguiremos alcançar nem mesmo o que poderia ter sido facilmente obtido. Se tiverem força de vontade e coragem razoável — não uma coragem cega, e sim desprovida de orgulho — até mesmo coisas que pareciam impossíveis numa determinada fase tornam-se alcançáveis pelo esforço constante gerado por essa coragem. Assim sendo, a determinação é muito importante.

Como isso pode ser desenvolvido? Não através de máquinas nem de dinheiro, mas com nossa força interior que se baseia na clara percepção do valor dos seres humanos, da dignidade humana; uma vez percebido que o homem é muito mais do que algo físico, muito mais do que dinheiro, poderemos sentir a importância da vida humana, o que nos fará perceber o mérito da compaixão e da bondade.

Os seres humanos, por natureza, querem a felicidade e não desejam o sofrimento. Tomadas por esse sentimento, as pessoas, sem exclusão, tentam alcançar a felicidade e se livrar do sofrimento, e a todos cabe o direito fundamental de fazê-lo. Sob esse aspecto, todos aqui são iguais, ricos e pobres, instruídos ou não, orientais e ocidentais, ateus e crentes — e, entre estes, budistas, cristãos, judeus, maometanos, e assim por diante. Basicamente, sob o ponto de vista dos verdadeiros valores humanos, somos todos iguais.

Por exemplo, eu venho do Oriente; mais especificamente, do Tibete. Sob o aspecto material, nossa situação é, de um modo geral, bem diferente da dos Estados Unidos, mas se observarmos com atenção, sou um ser humano, vocês são seres humanos — somos iguais. Se examinarmos a partir da perspectiva do espaço cósmico, este pequeno planeta não tem fronteiras; é um só planeta. Todas essas demarcações de limites fronteiriços são artificiais; nós fabricamos diferenças baseadas na cor, na localização geográfica, e assim por diante, e então, com base num sentimento separatista, algumas vezes discutimos uns com os outros, ou criticamos ou, ainda, brigamos. A partir de um ponto de vista mais amplo, contudo, somos todos irmãos e irmãs.

Sob o aspecto social, a atitude de valorização do outro é essencial e, ao mesmo tempo, vantajosa em nossa vida diária; com tal comportamento podemos permanecer mentalmente calmos, com muita paz interior. Apesar de nem sempre termos sucesso em nosso cotidiano — sendo natural fracassarmos em algumas das nossas tarefas — não perderemos a sensação de paz interior e de estabilidade. Se, basicamente, tivermos interesse pelas outras pessoas, nem mesmo o fracasso poderá perturbar nossa mente.

Muitos problemas são minimizados em virtude da atitude interior. Apesar dos obstáculos, poderemos manter a calma e a paz, com isso, as pessoas às quais nos associarmos também poderão compartilhar essa atmosfera de calma e tranqüilidade. Contudo, tensos e zangados, perderemos a paz interior e não poderemos dormir bem e nem comer, mesmo com uma boa comida à nossa frente, por causa das emoções intensas de raiva e de apego. E a tendência é que isso se alastre: os membros da família e até os animais de estimação, os cachorros, os gatos, sofrerão; poderemos rejeitar os amigos. O resultado da raiva e do ódio nunca é a paz. Todos sabemos disso, através de nossa própria experiência.

Quando as observamos efetivamente, constatamos que fortes emoções de raiva e ódio não concorrem, de modo algum, para a nossa felicidade; uma vez que criam uma atmosfera negativa, nossos vizinhos, amigos e até nossos pais são afetados por elas e se distanciam.

Assim sendo, a atitude mental que adotamos é muito importante para nossa vida diária e para a sociedade como um todo.

Devido ao grande desenvolvimento da ciência e da tecnologia, estamos penetrando cada vez mais no espaço cósmico. Isso é muito bom. Desde a infância aprecio a ciência e a tecnologia; elas são absolutamente necessárias para o benefício da humanidade. Ao mesmo tempo, se olharmos para dentro de nós veremos que, embora nossa cabeça não seja grande, ainda existe em seu interior muito espaço a ser explorado. Desse modo, valeria a pena dirigir a metade da nossa energia para fora e metade para dentro. Reflitam: Quem sou eu? Qual é a natureza da mente? Quais as vantagens dos bons pensamentos? Quais os benefícios dos maus pensamentos? Façam essa espécie de investigação. Reflitam, reflitam, reflitam.

Através desta reflexão, podemos perceber com clareza que uma certa parte da mente é causadora de problemas, sendo necessário controlá-la, enquanto que outra parte é benéfica para nós e para o próximo, valendo a pena desenvolvê-la. Ou seja, o auto-exame é valioso.

Embora minha vivência como monge budista não seja notável, posso sentir através da minha pequena experiência o benefício destas atitudes — amor, compaixão, reconhecimento da dignidade e do valor humano. Estou agora com quarenta e quatro anos, e passei muitos deles tentando desenvolver a compaixão e a bondade; sinto que, em decorrência dessas práticas, sou uma pessoa bastante feliz. Apesar de muitas circunstâncias difíceis, sou feliz. Se por causa dessas dificuldades eu me sentisse sempre agoniado, não poderia ser muito útil, pois uma pessoa assim não consegue beneficiar a realidade. Contudo, o fato de aceitarmos os eventos infelizes não significa necessariamente que devamos ser resignados. Ao tentar superar as dificuldades e as tragédias, podemos, ainda assim, permanecer tranqüilos e estáveis.

Com base na minha experiência, onde quer que vá, falo a meus amigos a respeito da importância do amor e da compaixão. Embora as palavras não sejam refinadas são significativas e valiosas. Além disso, é fácil falar sobre amor, compaixão e bondade, mas palavras apenas não têm eficácia. Se gerarem intimamente essas atitudes e as vivenciarem conhecerão seu verdadeiro valor; vale a pena tentar desenvolvê-las. Se concordam com isso, tentem, por favor. Caso contrário, nem pensem no assunto.

Inicialmente, meu único objetivo ao vir a este país era trocar idéias, mas o propósito evoluiu para a intenção de fomentar a compaixão e o amor, bem como uma compreensão maior entre os vários credos. Nas últimas semanas, tive várias oportunidades de me encontrar com seguidores de diferentes crenças. Determinadas motivações fundamentais ou pontos básicos são comuns a todas elas — o amor, o sentimento de fraternidade e a meta final de felicidade para a sociedade humana. As diferentes — e, com freqüência, opostas — filosofias, são métodos que visam ao mesmo resultado. O tema principal é o mesmo. Com respeito e sinceridade constatamos que todas as religiões são muito boas. Trata-se de técnicas através das quais diferentes pessoas podem alcançar a paz.

Faltam poucos dias para minha visita terminar. Sinto que ela deu uma pequena contribuição no campo do amor, da bondade e da união; sinto-me, portanto, muito feliz.

A segunda parte da minha palestra, por ser sobre a natureza do eu, é mais técnica; assim sendo, direi adeus ao meu inglês e falarei, a partir de agora, através de um intérprete.

Para que possamos cultivar a compaixão — o altruísmo — na meditação, é necessário termos a ajuda da sabedoria. Diz-se que, com esse auxílio, a compaixão pode tornar-se ilimitada. As emoções perturbadoras impedem o desenvolvimento da compaixão sem limite; para podermos eliminar as emoções é necessário conhecermos a natureza dos fenômenos. As emoções perturbadoras sobrepõem aos fenômenos uma bondade e uma maldade além daquela que de fato possuem; a prova disso é que depois que o desejo ou a raiva passam, ao olharmos para o mesmo objeto que percebíamos anteriormente quando alterados, o vemos de um modo inteiramente diferente e até rimos de nós. Para combater a sobreposição, o que evitará que surjam emoções perturbadoras, é necessário conhecer de modo correto, sem sobreposições, a natureza fundamental dos fenômenos, sabendo que em todos eles há ausência de existência inerente.

Tal não-existência inerente envolve todos os fenômenos; entretanto, devido ao seu tipo de substrato ou objeto, é mais fácil que essa natureza final apareça à mente no que se refere à pessoa humana do que no que se refere a outros fenômenos. Assim, é importante que ao definirmos pela primeira vez a condição fundamental ou final das coisas estabeleçamos inicialmente a condição fundamental da pessoa. Sem definir o que é pessoa, torna-se impossível compreender sua natureza fundamental ou sua realidade.

O que é, pois uma pessoa? O que é o eu? O budismo sustenta a tese da ausência-do-eu. Isso não é a mesma coisa que dizer que o eu não existe? Se os budistas afirmassem que não existem pessoas e eus, não haveria ninguém para meditar sobre a ausência-do-eu, e tampouco pessoas para com as quais pudéssemos cultivar a compaixão. Desse modo, nossa experiência determina que existem pessoas, ou seja, eus.

Se o eu é determinado pela experiência, que teoria é essa que postula sua ausência? Isso não é uma grande contradição? Não, não é; deixem-me explicar. Analisem; é diferente o modo como o eu se apresenta quando estão tranqüilos e quando estão muito agitados. Por exemplo, se alguém por equívoco os condenar e disser: "Vocês fizeram essa coisa horrível", e sentirem: "*Eu* não fiz isso"; como o eu lhes surge à mente nesse momento? Da mesma forma, ao se lembrarem de um inimigo pensando: "Ele é meu inimigo", ele lhes vem à mente como se existisse de uma forma autônoma, de maneira auto-instituída, como algo concreto que pudéssemos apontar com o dedo.

Assim, os fenômenos *parecem* existir por si mesmos, quando, na realidade, isso não ocorre. O fato de serem determinados por si mesmos, essa determinação inerente, é chamada de "eu", sendo a sua não-existência a "ausência-do-eu"; isso é igualmente verdadeiro com referência a ambas as pessoas (o outro significado do eu) e a outros fenômenos.

Existem muitas maneiras diferentes através das quais a pessoa ou eu se manifesta à nossa mente. Sob determinado aspecto, o eu parece ser permanente, unitário, e parece existir de forma autônoma; nesse modo de manifestação afigura-se como uma unidade separada da mente e do corpo, sendo a pessoa o utilizador ou apreciador, e mente e corpo o que é usado ou usufruído. Nenhuma escola de ensinamento budista aceita a existência de uma tal pessoa; contudo há, em algumas das subescolas dentro da Escola da Grande Exposição (*Vaibhāṣhika*), certo tipo de receio que precisa ser eliminado, mas, de resto, todos são unânimes.

Outra forma de apresentação, define o eu como detentor de uma entidade substancialmente existente ou auto-suficiente, da mesma espécie da mente e do corpo. Tanto a forma inata como a artificial [ou erudita] de consciência consideram que o eu existe em conformidade com sua aparência.

Mais uma vez, noutra forma de manifestação, o eu não parece existir de modo definitivo e sim convencional, através de seu próprio caráter. Outra ainda é sua manifestação como se existisse inerentemente; nossa inata concepção errada acerca do eu é uma consciência que o percebe desta última maneira, como se o eu existisse de modo concreto, em conformidade com sua aparência. Há esta falsa interpretação em todos os seres, quer tenham estudado e sido afetados por um sistema de pensamento quer não.

Contudo, embora a situação assim se afigure, na verdade, nada disso existe. De acordo com os vários sistemas budistas, a não-existência desses respectivos níveis do eu, ou seja, a não-existência de reificação, constitui a ausência-do-eu, que vai do estágio mais grosseiro ao mais sutil.

Nesse caso, então, o que é esse eu que existe convencionalmente, que recebe ajuda e que a dor atinge? Nas escolas budistas, existem muitas e diferentes posturas a respeito do que possa ser a pessoa receptora de ajuda e sofrimento. Alguns sistemas defendem a tese de que a consciência é a pessoa; outros, que ela é a consciência mental; outros ainda, propõem uma base-mental-de-tudo (*ālayavijānāna, kun gzhi rnam shes*) que está separada da consciência mental. Entretanto, a mais profunda escola budista, a Prāsaṇgika-Mādhyamika, concebe a pessoa meramente em função dos agregados mentais e físicos. Além disso, como entre mente e corpo, a primeira é mais sutil e contínua, o eu ou pessoa é definido apenas em função do *continuum* da consciência.

Somente esse mero eu — definido de maneira dependente — pode ser considerado como aquilo que, sem nenhuma investigação e análise, se apresenta à compreensão inata quando pensamos: "Eu vou", "Eu fico", e assim por diante. Por ser definido de forma dependente, ele é dependente. Dependência e independência são explicitamente contraditórias e dicotômicas. Por exemplo, embora cavalo e ser humano sejam mutuamente excludentes, não são explicitamente contraditórios, não constituem uma dicotomia, ao passo que o humano e o não-humano, sim. Do mesmo modo, dependência e independência são explicitamente contraditórias; qualquer coisa observada tem de pertencer a uma categoria ou a outra — não existe uma terceira.

Como o eu é definido de forma dependente, não pode haver um eu independente e autônomo. À tal não-existência independente e autônoma chamamos ausência-do-eu. Visto ser este o caso, é através da natureza dependente de uma base existente, o eu, que podemos falar sobre a ausência dele. Por essa razão, quando compreendemos bem a ausência-do-eu, devemos ter compreendido a existência de sua base. Uma vez que a dependência de uma base específica existente é dada como a razão pela qual a base é vazia de existência inerente, pode-se ver facilmente que o vazio não é, de modo algum, niilismo.

Quando o significado do vazio da existência inerente aflora no contexto da manifestação dependente, evita-se o extremo da não-existência absoluta. Quando a manifestação dependente é compreendida como o motivo por que algo é vazio de inerência, evita-se o extremo da reificação da existência inerente. Para determinarmos a perspectiva do caminho do meio, precisamos estar livres de ambos os extremos: da não-existência absoluta e da reificação da existência na existência inerente.

Os diversos sistemas de ensinamento budista identificam de muitas maneiras diferentes, mais grosseiras ou mais sutis, o eu que serve como base ou substrato para determinar a natureza da realidade. As formas inatas da falsa aparência, a qual não envolve investigação e análise, ocorrem até com bebês. Um sinal de que os níveis iniciais de apresentação do eu e a falsa interpretação do mesmo, tanto na forma inata como na artificial, são mais grosseiras, e que os últimos são mais sutis, é que, mesmo enquanto determinamos a não-existência dos primeiros e a função dessa determinação não degenerou, a concepção do eu dos últimos, que contêm variedades mais sutis, ainda pode atuar. Contudo, quando investigamos um nível mais sutil de ausência-do-eu, sem que tenha deteriorado a atuação dessa consciência indagadora, os tipos mais grosseiros de concepção do eu não podem em absoluto operar.

Para determinarmos o significado da ausência-do-eu, precisamos, de um modo geral, nos dedicar à meditação analítica, analisando ponderadamente através do raciocínio. Por isso, o *Tratado Fundamental sobre o Caminho do Meio* de Nāgārjuna apresenta muitos raciocínios que visam provar, sob vários pontos de vista, que os fenômenos não são determinados por seu próprio poder, ou seja, são vazios de existência inerente. Em *Questions of Kāshyapa Chapter* (Perguntas do Capítulo de Kāshyapa) do *Pile of Jewels Sūtra* (Sūtra do monte de jóias, *Ratnakūṭa*), ao apresentar as três portas da libertação, diz-se que, em resumo, as formas não são vazias *por causa* do vazio; elas são vazias em si. Conseqüentemente, o vazio não significa que um fenômeno seja vazio de outro objeto, mas que é, em si, destituído de existência inerente. Assim, não é um vazio-do-outro e sim um autovazio, visto que os objetos são vazios de sua *própria* definição intrínseca.

Igualmente, o *Sūtra do Coração* afirma: "A forma é o vazio: o vazio é a forma." Tomando a forma como exemplo, dizer que a forma é o vazio significa que a natureza final das formas é sua natural falta de existência inerente; como as formas são manifestações dependentes, são vazias de uma entidade detentora de um poder autônomo.

Dizer que o vazio é a forma significa que essa natureza final, o vazio, que é a ausência de um princípio básico autônomo das coisas que existem em função de outros fatores — essa ausência natural de existência inerente —, torna possível as formas, que são seu brinquedo, no sentido de que são determinadas a partir dessa natureza final condicionada. Uma vez que as formas são vazias de definição autêntica — já que são elas as bases do vazio — o vazio é a forma; as formas surgem como reflexos do vazio.

Essa natureza final das formas, que é a ausência de não-dependência de outros fatores, é a razão pela qual as formas são vazias; deste modo elas representam o passatempo do vazio. Tomemos os dois lados de uma mão; quando olhamos um deles, há o vazio da existência inerente, a natureza final; ao olharmos o outro, observamos a manifestação, que é o substrato do vazio. Ambos são uma única entidade. Ou seja, a forma é o vazio e o vazio é a forma.

Ao contemplar assim o significado do vazio, progredimos gradualmente nos caminhos. O progresso é indicado pelo mantra do *Sūtra do Coração*: *gate gate pāragate pārasaṃgate bodhi svāhā* (prossiga, prossiga, prossiga, vá em frente com decisão, caminhe para diante, firme-se na iluminação). A primeira porta relaciona-se com o caminho da acumulação; a segunda, com a senda da preparação. Nesses dois períodos constatamos o vazio sob a forma da manifestação dualista da consciência da sabedorai, e compreendemos o vazio. "Prossiga em frente", significa, pois, passar do nível mundano para o nível supramundano do caminho da percepção no qual a manifestação dualista desapareceu. "Com decisão, vá em frente", refere-se ao caminho da meditação, durante o qual nos familiarizamos cada vez mais com o vazio percebido pela primeira vez no caminho da percepção. Através dele, ultrapassamos, afinal, a existência cíclica e atingimos o nível da iluminação (*bodhi, byang chub*) — um estado onde somos uma fonte de ajuda e felicidade para todos os seres sencientes.

Pergunta — Se não existe o eu, o que passa de uma vida para outra?
Resposta — O simples ou o mero eu — que não existe de modo inerente — passa de uma vida para outra. Além disso, muito embora a consciência esteja estreitamente relacionada com a matéria, ela é uma entidade de luminosidade e conhecimento puros; assim, não pode ser formada pela matéria. Ao contrário, deve ser produzida em função de um momento anterior de luminosidade e conhecimento puros. Em conseqüência, o *continuum* da consciência também não possui nem começo nem fim. O si-próprio ou o eu existente é definido em função desse *continuum* mental. O eu que é negado é a existência inerente.

Pergunta — Qual é o papel do desejo na natureza do eu?
Resposta — Existem dois tipos de desejo: os falsos desejos, baseados na sobreposição do que não existe realmente, e os desejos fundamentados na razão. O desejo gerado pelas emoções perturbadoras causa muitos problemas, ao passo que o desejo baseado no raciocínio pode levar à libertação e à onisciência. Devemos usar o desejo racional como sustento diário da nossa vida; por outro lado, devemos controlar os desejos causados pelas emoções perturbadoras irracionais.

Pergunta — O senhor sonha enquanto dorme?
Resposta — Naturalmente. Para uma pessoa que pratica ioga, há muito que fazer quando sonha. Em primeiro lugar, é preciso reconhecer o sonho como sonho, durante o sonho.

Concluindo, quero dizer que há muitos jovens estudantes aqui, e que o futuro depende da nova geração. O conhecimento é muito importante, mas, ao mesmo tempo, mais importante do que a educação é a mente que a implementa. Se, ao usarmos o conhecimento, faltar algo em nosso coração — se recorrermos somente ao cérebro — poderemos causar mais problemas e mais tragédias à sociedade humana. Ao cérebro humano deve corresponder um bom coração.

CONCEITOS TIBETANOS SOBRE A MORTE

Universidade da Virgínia

Visitei esta manhã o Centro Médico da Universidade da Virgínia onde vem sendo desenvolvido um trabalho sobre o prolongamento da vida. Mais tarde, conversei com o dr. Ian Stevenson a respeito da reencarnação — de como as pessoas renascem a partir de uma vida anterior. Agora, falarei acerca da morte, de seu processo e de como devemos nos preparar para ela.

A morte, por não ser desejada, tem sido analisada desde o passado mais distante, dentro ou fora da religião. No budismo, o primeiro dos ensinamentos de Buda é o das Quatro Nobres Verdades, a primeira das quais refere-se aos verdadeiros sofrimentos. É importante reconhecer o sofrimento. Ele está dividido em três tipos: o sofrimento do sofrimento, o sofrimento da impermanência e o sofrimento todo-penetrante de estarmos sob a influência de um processo contaminado de condicionamento. Depois de reconhecer o sofrimento, precisamos identificar-lhe as causas e libertar-nos delas. É necessário cultivar a consciência do caminho através do qual se alcança a cessação, ou seja, a extinção das causas que acarretam o sofrimento. Existem as Quatro Verdades: os sofrimentos, as origens do sofrimento, sua cessação e suas causas, e os caminhos que provocam essa cessação.

As Quatro Verdades se dividem em dezesseis atributos, quatro para cada verdade. Os quatro atributos dos verdadeiros sofrimentos são a impermanência, o sofrimento, o vazio e a ausência-do-eu ou ausência de um si-próprio. Quanto à impermanência, temos dois tipos dela: a impermanência grosseira e a sutil. Esta última refere-se a algo que os cientistas interessados nas micropartículas podem descrever, porque não têm como ponto pacífico a manifestação de um objeto sólido como uma mesa — que parece ser a mesma de ontem —, mas observam as mudanças ocorridas dentro dos elementos menores que compõem os objetos. As substâncias que compõem tais objetos externos desintegram-se a cada momento; da mesma forma, a consciência interna que os observa também se desintegra a cada instante. Essa desintegração de momento a momento é a impermanência sutil. A impermanência grosseira é, por exemplo, a destruição de um objeto, ou, no que diz respeito às pessoas, a morte de alguém.

Grandes benefícios advêm de atentarmos para a morte. Como disse anteriormente, se o sofrimento for reconhecido, suas causas podem ser pesquisadas e, acima de tudo, ele pode ser enfrentado. Mais cedo ou mais tarde, a morte virá. Não a desejamos, mas já que estamos sob a influência de ações contaminadas e de emoções perturbadoras, ela virá. Se desde o início pensarmos a seu respeito e nos prepararmos para ela, essa preparação poderá ajudar quando ela, de fato, vier. Esse é o objetivo de ficarmos atentos a ela.

O que estou expondo aqui é corroborado pelas explicações a respeito do renascimento fornecidas pelo dr. Ian Stevenson da Universidade da Virgínia.[19] Como? Se acreditarmos apenas nesta vida, não aceitando sua continuação, o fato de ficarmos atentos à morte não terá muita importância. A meditação a seu respeito e sobre a impermanência baseia-se na teoria da continuação de uma consciência no renascimento. Uma vez que existe outra vida — que é uma continuação da consciência no renascimento — prepararmo-nos para a morte só pode ser útil, pois, uma vez preparados, não ficaremos provavelmente ansiosos e amedrontados com o processo de sua ocorrência, nem o complicaremos com nossos pensamentos.

Se há vidas futuras, a qualidade da próxima depende desta. Conduzirmos bem nossa vida atual, será proveitoso para a próxima existência. A raiva, o apego e outros fatores fazem com que não conduzamos nossa vida de maneira favorável, o que se reflete em maus resultados futuros; uma das causas geradoras desses estados mentais desfavoráveis é a concepção de permanência. Há outras, como a concepção da existência inerente dos objetos, mas quando formos capazes de diminuir o grau de concepção de permanência, o apego à vida atual se enfraquece. Além disso, se formos capazes de manter a concepção de impermanência em nossa mente — percebendo que a própria natureza das coisas é a desintegração delas — é bem provável que a morte não nos choque muito quando efetivamente chegar.

Para que seja possível sua superação completa, precisamos eliminar nossas emoções perturbadoras, pois ao superarmos estas, o renascimento se extingue e, conseqüentemente, a morte também cessa. Para o conseguirmos devemos fazer um esforço; para isso, refletirmos sobre a morte e a impermanência será um auxílio. Pensando em ambas, geramos uma atitude de não desejá-las, que, por sua vez, faz com que investiguemos métodos capazes de superar a morte.

Além do mais, ao refletirmos sobre a morte e a impermanência, nossa preocupação exclusiva com assuntos superficiais limitados apenas a esta vida diminui a intensidade de sua força. A morte chegará, é indubitável. Se passarmos nossa existência com preocupações excessivas só com situações temporárias da vida presente, não realizando qualquer preparação para a morte, no dia em que ela chegar seremos incapazes de pensar em qualquer coisa além do nosso sofrimento e temor mental, e não teremos oportunidade de praticar mais nada. O que poderá acarretar arrependimento. Se tivermos refletido com freqüência a respeito da morte e da impermanência, saberemos que ocorrerão, e haverá bastante tempo para nos prepararmos paulatinamente. Então, quando a morte efetivamente chegar, as coisas serão mais fáceis. Ainda assim, alguns indivíduos que trabalham em hospitais me disseram que certas pessoas que não se preocupam com uma vida futura morrem com mais facilidade que outras, religiosas, que se preocupam com sua próxima existência.

Como a mente, na ocasião da morte, é uma causa próxima da continuação, da vida seguinte, é importante que a usemos com eficácia, nesse momento de desenlace. Não importa o que tenha ocorrido de bom e de mau na vida presente: o que acontece na própria hora da morte é particularmente poderoso. Em conseqüência, é preciso aprendermos a respeito deste processo e nos prepararmos para ele.

Dentro do Veículo Bodhisattva, em especial no Veículo Mantra [ou Tantra], existem explicações que relacionam os três tipos de corpos — o Corpo da Verdade, o Corpo do Regozijo Pleno e o Corpo de Emanação — que um Buda possui no estágio efetivo, com os três tipos de processo que temos naturalmente no estado ordinário: a morte, o estado intermediário e o renascimento. São apresentados três caminhos através dos quais esses fatores ordinários, que correspondem aproximadamente aos fatores de Iluminação, podem ser usados. Nessas explicações, pertinentes ao Mantra da Ioga Superior, também se diz que o conhecimento do processo da morte é fundamental.

A respeito de como nos prepararmos para a morte, existem no budismo ensinamentos encontrados no sūtra e no mantra, havendo, neste último, explicações concordes com os três tantras inferiores — a Ação, o Desempenho e o Tantra Ioga — e com o Tantra da Ioga Superior. Qual é a essência ou a natureza da morte? É o término ou o final da vida. No *Treasury of Knowledge* (Tesouro do conhecimento) (*Abhidharmakosha, Chos mngon pa'i mdzod*), fala-se que a vida serve como uma base de calor e de consciência, ao passo que a morte é o fim dessa função. Ou seja, enquanto esse corpo grosseiro e essa consciência, ambos temporários, estão ligados, a pessoa está viva, e quando se separam, ocorre a morte. É necessário distinguir entre corpo e mente grosseiros, sutis e muito sutis; a morte é a separação da consciência do corpo grosseiro pois não há maneira pela qual a consciência mais sutil possa se separar do nível físico mais sutil, sendo este último apenas o vento ou energia interna sobre o qual a consciência está assentada.

Diferentes condições de morte são descritas. Uma é a morte que ocorre quando o tempo de vida se extinguiu; outra é aquela que se dá por extinção do mérito; a terceira é a morte que acontece num acidente. A última dar-se-ia no caso, por exemplo, de uma pessoa que bebe e, embriagada, se mata numa estrada, dirigindo um automóvel.

Perto da hora da morte verifica-se uma vaga indicação do tipo de renascimento que teremos. Isso pode se visto pela maneira como o calor se acumula dentro do corpo. Em algumas pessoas ele começa a se acumular ou a retirar-se a partir da parte superior do corpo; em outras, ele começa a retirar-se primeiro da parte inferior. É pior quando o calor começa a se concentrar de cima para baixo e melhor quando se acumula de baixo para cima.

Algumas pessoas morrem com tranqüilidade; outras, terrivelmente amedrontadas. Quando alguém está morrendo, lhe aparecem na mente vários fenômenos, agradáveis e desagradáveis.

Se o ponto de vista do sistema mântrico, a morte, no Tantra da Ioga Superior, é interpretada como a cessação dos ventos e das energias grosseiras. Como a morte se relaciona com a cessação de energias interiores e estas dependem do corpo, é importante termos algum conhecimento da estrutura corporal. Abordaremos aqui sobretudo os tópicos do sistema mântrico referentes aos canais, aos ventos internos e às gotas do fluido essencial. O sistema do sūtra, apresenta 80 mil canais, enquanto que no mântrico existem 72 mil. Entre estes, os três mais importantes são: o canal central que vai da fronte ao topo da cabeça, descendo depois até a base da espinha, e que tem canais laterais à direita e à esquerda. Quanto aos ventos ou energias internas, são expostos muitos tipos diferentes, mas dez são os mais importantes — cinco principais e cinco secundários. As gotas do fluido essencial representam os componentes vermelho e branco. De modo geral, os seres morrem de modo semelhante, no sentido de que o processo culmina com o surgimento da clara luz da morte; contudo, devido a vários tipos de percursos realizados nos canais pelos ventos e gotas do fluido internos, diferentes tipos de fenômenos ocorrem a uma pessoa que está para morrer. Além disso, devido a diferenças físicas secundárias, o processo muda ligeiramente de pessoa para pessoa.

Nas etapas da morte, considera-se que 25 fatores se dissolvem. São chamados de "vinte e cinco objetos grosseiros".

Cinco agregados:
  formas, sentimentos, discriminações, fatores componentes e consciências.
Quatro componentes:
  os quatro elementos: terra, água, fogo e vento.
Seis princípios:
  o sentimento da visão, o da audição, o do olfato, o do paladar, o do tato e o mental.
Cinco objetos:
  formas visíveis, sons, odores, sabores e objetos tangíveis.
Cinco sabedorias comuns:
  sabedoria básica como espelho, sabedoria básica da eqüidade, sabedoria básica de análise, sabedoria básica de conclusão de atividades e sabedoria básica da natureza dos fenômenos.

Durante o processo efetivo da morte, esses fatores se dissolvem em etapas. Existem diferentes sinais físicos internos e externos que as indicam. Para que tais sinais ocorram de modo gradual e na ordem, os componentes do moribundo não devem ter sido por demais consumidos pela doença, e a pessoa não deve ter morrido de forma repentina num acidente. No caso de morte por acidente numa estrada, por exemplo, essas oito etapas surgirão rapidamente e a pessoa não terá oportunidade de pôr coisa alguma em prática e sofrerá duplamente: a perda advinda da morte acidental antes do tempo e por não ter tido oportunidade de conscientizar-se enquanto se dá o desdobramento gradual das etapas de dissolução. Se a morte for paulatina, os sinais aparecerão gradualmente e na ordem.

A primeira etapa é representada pela dissolução do agregado das formas. Falando de modo aproximado, quando o agregado das formas começa a desintegrar-se, significa que o componente terra vai perdendo sua força, tornando-se menos capaz de servir como base de consciência. Simultaneamente, torna-se mais evidente a capacidade do componente água, no sentido de servir como base de consciência; esse processo é chamado de "dissolução do componente terra no componente água". O sinal externo disso é que nossos membros ficam mais delgados, mais frágeis, e o frescor da nossa aparência se deteriora. Temos a sensação de que o nosso corpo está afundando na terra, e nossa visão se torna turva.

Nessa ocasião, o sinal interno, de acordo com o *Guhyasamāja Tantra*, é a sensação visual de estarmos vendo uma miragem. Contudo, de acordo com o *Kālachakra Tantra*, verifica-se a visão imaginária de fumaça. Essa variação explicativa origina-se de pequenas diferenças na estrutura física dos canais, dos ventos e das gotas de fluido essencial nos respectivos adeptos desses tantras, especificamente no número de pétalas dos canais do chakra do topo da cabeça e da garganta, por exemplo. Esses dois tantras descrevem de forma extensa seis centros de canais, quatro menos detalhadamente, mas diferem com relação ao seu número de pétalas.

Depois disso, na segunda etapa, dissolve-se o agregado de sentimentos. Nessa ocasião, diminui a força do componente água, no que diz respeito à sua capacidade de atuar como base de consciência; em decorrência, a capacidade do componente fogo [o fator do calor corporal] torna-se mais evidente. Como sinais externos, os fluidos do corpo secam — nossa boca e o fluido ocular ressecam-se ligeiramente e decresce o movimento dos olhos. De acordo com o *Guhyasamāja Tantra*, o sinal interno dessa etapa é termos a sensação de estarmos vendo algo semelhante a fumaça.

Na terceira etapa, o agregado de discriminação se dissolve, e diminui a força do componente do fogo que se torna menos capaz de servir como base de consciência; torna-se então mais evidente a capacidade do componente vento. Ocorre o sinal externo da diminuição da sensação de calor, uma vez que o calor corporal retirou-se; em termos de pensamento, deteriora-se a lembrança de assuntos relativos a pessoas mais chegadas. Ocorre um sinal interno: a sensação de que vemos vaga-lumes ou fagulhas esparsas.

Na quarta etapa, dissolve-se o agregado dos fatores componentes, enfraquecendo a capacidade de atuação do componente vento como base de consciência. O sinal externo, é que pára a respiração. Como sinal interno, temos a sensação do intenso brilho avermelhado de uma chama; os fenômenos anteriores como vaga-lumes e outros, tornaram-se cada vez mais sutis, deixando apenas um brilho avermelhado. De um modo geral, acredita-se que isso seja a morte, pois o nosso coração não bate mais e não mais respiramos. Se um médico nos examinar então, dirá que estamos mortos; contudo, do nosso ponto de vista, ainda nos encontramos no processo da morte: ainda não morremos. Nossa consciência sensorial desapareceu, mas a consciência mental permanece. Entretanto, isso não quer dizer que poderíamos reviver a partir desse estado.

Dentro da consciência mental, existem muitos níveis de densidade e sutileza. Os textos budistas propõem diferentes números de consciências — nove, oito, seis e uma — embora a afirmativa que prevaleça seja a de seis. A Escola da Mente Segundo a Escritura afirma que existem oito — a consciência dos cinco sentidos, a consciência mental, a mentalidade perturbada e uma mente que é a base de tudo. Os dois últimos termos são também empregados em outros contextos com diferentes significados; assim, seu uso não envolve necessariamente a afirmação de que haja oito consciências em concordância com a escola Chittamātra.

Independentemente do número de consciências, ela pode ser dividida em mentes principais e fatores mentais; o primeiro seria o simples conhecedor da entidade de um objeto, e o último, aquilo que diferencia as características desse objeto. O caráter geral da consciência é de mera luminosidade e conhecimento, que permeia todas as consciências. Sua essência é de simples luminosidade, não sendo obstruída por nada; sua função é o conhecimento baseado na manifestação de qualquer objeto.

Na formação da consciência do sentido da visão, por exemplo, são necessárias três condições: uma que detenha o poder, que é uma faculdade de sentido físico; uma condição-de-objeto-observado, que neste caso é uma forma ou uma cor; e uma condição imediatamente precedente, um momento anterior de consciência. Quando as três se completam, forma-se uma consciência capaz de perceber uma forma visível. As três condições têm funções diferentes; o fato de a consciência ser uma entidade de luminosidade e conhecimento deve-se à condição imediatamente precedente; o fato de ela perceber a forma visível e não o som deve-se à condição que detém o poder, isto é, a faculdade do sentido da visão; o fato de ela ser gerada na imagem de uma cor ou de uma forma deve-se à condição-de-objeto-observado, objeto em si. É assim que uma consciência grosseira é formada.

Neste caso, contudo, durante o processo da morte, as bases dessas consciências de sentidos grosseiros — a faculdade do sentido da visão, a faculdade do sentido da audição, e assim por diante — se deterioram, e, em virtude disso, cessam as consciências a elas associadas. Ainda assim permanecem quatro níveis de densidade e de sutileza no interior das mentes, existindo, pois, quatro etapas posteriores de dissolução de consciência após as quatro etapas anteriores de dissolução dos elementos. O mais denso dissolve-se primeiro, a começar pelos oitenta pensamentos conceituais[20]. Essas oitenta concepções dividem-se em três grupos que caracterizam respectivamente os três níveis mentais mais sutis. Trinta e três possuem a natureza da mente de manifestação branco-radiante[21]; quarenta, a natureza da mente decrescente negro-radiante; e sete, a natureza da mente próxima-do-fim do negro-radiante. O nível de flutuação — grande, médio e pequeno — do vento interno ou da energia que é o suporte desses três grupos de concepções serve para ilustrar a natureza do movimento do vento ou da energia associada aos três níveis mentais mais sutis.

Quando os oitenta pensamentos conceituais se dissolvem e, com eles, os ventos ou energias que lhes servem de suporte, o sinal interno é o surgimento de um fenômeno branco: é a mente de manifestação branco-radiante. Compara-se a um céu claro de outono inundado pelo luar. Não existem mais sinais exteriores.

Quando essa mente se dissolve e, com ela, o vento ou energia que é como seu suporte, surge uma mente mais sutil, chamada de crescente vermelho-radiante. É comparada a um céu azul de outono inundado pelo vermelho ou laranja da luz do sol.

Quando essa mente se dissolve com seu suporte, surge uma mente ainda mais sutil, a mente próxima-do-fim de negro-radiante. Ela se compara à completa escuridão de um céu outonal sem nuvens, no primeiro período da noite. Durante a parte inicial desse nível mental, ainda estamos conscientes, mas então a capacidade para a percepção consciente se deteriora, e nos tornamos como que inconscientes.

Quando a mente próxima-do-fim de negro-radiante se dissolve, junto com o vento que lhe serve de suporte, surge então a mais sutil de todas as mentes — a clara luz da morte, a morte verdadeira. Compara-se a um céu de amanhecer outonal, não havendo nenhuma outra manifestação. A mente de clara luz é chamada de mente fundamental por ser a raiz de todas as mentes; com relação a ela, todas as demais são apenas fortuitas. É a mente que não tem início, existe continuamente em cada indivíduo através de cada vida e atinge o Estado de Buda. Só podemos obter uma explicação a respeito disso no Mantra da Ioga Superior.

Durante as fases da dissolução é importante estarmos conscientes; quanto mais o estivermos, maior será nossa capacidade de lembrar a vida anterior depois do renascimento. Acontece o mesmo quando, à noite, antes de dormir, resolvemos firmemente com uma consciência nítida, em que horário desejamos acordar de manhã e o que vamos fazer depois de nos levantarmos; então, mesmo que não nos lembremos disso durante o sono, acordaremos, devido à intenção prévia, exatamente na hora prevista e nos lembraremos de imediato do que precisamos fazer. Do mesmo modo, durante essas fases da morte, enquanto a consciência se mantém, devemos procurar manter-lhe a capacidade completamente alerta.

Uma pessoa que morre naturalmente, sem maiores sofrimentos e sem muita deterioração física, permanecerá por cerca de três dias no estado mental mais sutil, da mente de clara luz. Durante esse tempo, a consciência mais sutil ainda estará habitando o antigo corpo. Algumas pessoas excepcionais, que, por terem praticado durante toda a vida, foram capazes de identificar a natureza da mente e se dedicaram às práticas relacionadas aos canais, aos ventos e às gotas de fluido essencial, são capazes de reconhecer o processo da morte de tal modo que, quando a clara luz surge, mantêm-se completamente conscientes. Devido ao seu controle, podem permanecer nesse estado por uma semana ou até por um mês, se assim quiserem. Desde que chegamos à Índia em 1959 já ocorreram cerca de dez desses casos entre os tibetanos. Mesmo na estação quente da Índia, pessoas permaneceram na clara luz por duas semanas, como alguém que estivesse dormindo — sem respirar, como um cadáver, mas, à diferença de um morto, sem exalar mau cheiro.

Quando ocorre um movimento muito leve dentro da mente sutil de clara luz, essa mente se extingue, a consciência abandona o antigo corpo, e tem início o processo inverso, em que se regressa à mente próxima-do-fim de negro-radiante e aos outros seis níveis de manifestação — crescente vermelho-radiante, manifestação branca-radiante, manifestação semelhante a uma lamparina acesa, manifestação semelhante a vaga-lumes, manifestação semelhante a fumaça e manifestação semelhante a uma miragem. Se tivermos de renascer no Reino do Desejo ou no Reino da Forma — renascimento que requer um estado intermediário (*antarābhava, bar do*) — por ocasião da mente próxima-do-fim de negro-radiante tem início o estado intermediário. Se formos renascer no Reino sem Forma, não há estado intermediário.

O estado intermediário termina, para as pessoas que passam por ele, com a ligação ao novo estado da vida, e nessa ocasião passamos novamente pelos oito sinais mortais que culminam no surgimento da mente de clara luz da morte. Se estivermos renascendo num útero, a ligação com a nova vida no útero da mãe e o surgimento da mente próxima-do-fim de negro-radiante depois da luz clara da morte do estado intermediário ocorrem simultaneamente; assim, em certo sentido, a vida começa com a mente de clara luz.

De um modo geral, o estado comum da vida abrange o nível mais grosseiro de consciência; a morte, o mais sutil; e o estado intermediário, o nível médio. Da mesma forma, com relação ao período das 24 horas de um dia, o estado comum de vigília encontra-se no nível mais grosseiro de consciência; o sono profundo, no mais sutil; e o estado onírico, num nível intermediário. Quando uma pessoa desmaia, a mente se torna mais sutil. Assim, num dia comum atravessamos esses vários níveis mentais, embora não de modo completo como no processo da morte.

Concluindo, é muito importante identificarmos nossa própria mente básica, de clara luz. Para compreendermos a mente mais sutil, o primeiro passo é a compreensão da natureza da mente em seu nível convencional. Com a percepção da natureza da mente podemos nos concentrar nela em si, aumentando de forma gradativa o poder de percepção da essência da consciência. Através desse método, a mente pode ser controlada. A força do controle, por sua vez, ajuda a deter mentes grosseiras, e, uma vez detidas, as mentes sutis automaticamente se manifestam. Se, antes da morte, conseguirmos perceber a mente sutil, ela poderá ser transformada em sabedoria — a maior arma para destruir a ignorância e o sofrimento a que ela induz. Para um praticante, há muito a ser aprendido e muito treinamento a efetuar.

Pergunta — Sua Santidade disse que parte do processo da preparação para a morte é aprender a vivenciar os diversos sinais dela enquanto estamos vivos; assim, ao vivenciá-los na hora da morte, estaremos mais preparados para eles. Há alguma prática pela qual a consciência possa separar-se deste corpo grosseiro durante a vida, e o senhor estabelece algum paralelo entre isso e as experiências registradas no Ocidente de pessoas que, chegando muito perto da morte, se sentiram como se estivessem fora do corpo físico e dentro de outro mais sutil?

Resposta — Existem casos em que o corpo grosseiro e a mente se separam devido a uma familiarização com essas práticas em vidas anteriores, afirmando-se, então, como um "dom" nesta vida; há também casos em que isso ocorre devido à prática realizada na atual existência. Especificamente, um corpo *especial* de sonho não é apenas um fenômeno mental e sim um verdadeiro corpo sutil capaz de se separar do corpo costumeiro e vivenciar fatores externos tal como fazemos normalmente. Não posso especificar em detalhes se o corpo costumeiro continua a respirar ou se passa para um estado como o de meditação profunda, no qual a respiração grosseira cessa. De qualquer maneira, o corpo sutil pode ir a todos os lugares. Além disso, sem um corpo grosseiro não estamos limitados pela distância, podemos alcançar o espaço exterior, ir a qualquer parte. É possível mesmo voltar ao corpo antigo, se o quisermos. Isso costuma ocorrer em experiências próximas à morte bem como por ocasião de uma grave enfermidade.

Pergunta — Muitos de nós lemos o *Tibetan Book of the Dead** e ficamos naturalmente impressionados com as divindades pacíficas e coléricas que encontraremos no estado intermediário; entretanto, não pertencemos, falando de modo geral, ao budismo tibetano e não recebemos iniciações, permissões nem instruções sobre as meditações. Não tendo, de antemão, qualquer idéia relativa ao aspecto dessas divindades, nós as veremos, ainda assim, nesse estado?

Resposta — Não creio. De um modo geral, o *Tibetan Book of the Dead* descreve manifestações de divindades pacíficas e coléricas para aqueles que praticaram e se familiarizaram com elas durante a vida. Se um praticante for incapaz de ser libertado através do reconhecimento e uso dos estados prévios à morte, então, em cada período do estado intermediário, um praticante do *Tibetan Book of the Dead* procura fazer com que as manifestações das divindades pacíficas e coléricas ocorram em concordância com uma prática predeterminada. Ao praticar para que apareçam, ele visa ficar consciente durante o estado intermediário para ser capaz de identificar a essência do conhecimento básico, da mente fundamental, a natureza luminosa e cognitiva da mente. Essa é uma prática do sistema Nying-ma da Grande Perfeição. O Poder da familiarização prévia com essas divindades serve para ativar a atenção, de forma que, à medida que os fenômenos gradualmente ocorram, obtêm-se diversas oportunidades de um bem-sucedido despertar da consciência, compreendendo-se, dessa forma, a natureza suprema da mente.

---

* Publicado em português pela Editora Pensamento sob o título *O Livro Tibetano dos Mortos*. (N. da Trad.)

Pergunta — Por favor, fale mais a respeito de *rig pa* (mente fundamental ou conhecimento) em termos da vida cotidiana.

Resposta — Há um momento em que a mente fundamental da pessoa se transforma numa entidade consciente e sem que as preocupações já se tenham estabelecido. É importante identificar esse fator de conhecimento puro. Iogues que possuem essa experiência asseguram que para podermos fazer isso é muito importante ter fé e respeito pela doutrina, sendo necessário recebermos instruções de um lama, fundamentadas na própria experiência deste. Contudo, é útil observarmos nossa mente todos os dias, analisando-lhe o caráter básico e a natureza básica, essa natureza luminosa e cognitiva. É muito proveitoso fazermos isso logo pela manhã, pois a consciência encontra-se mais translúcida nessa hora.

Pergunta — O senhor acha ser adequado ou eficaz os ocidentais utilizarem uma tradução do *Tibetan Book of the Dead* para as pessoas que estejam morrendo, mesmo que não tenham sido instruídas formalmente sobre a prática? E será de auxílio para o doente, se o leitor estiver imbuído da necessária pureza?

Resposta — De um modo geral, sem a preparação da iniciação, da meditação e assim por diante, será difícil. A familiarização com os ensinamentos é necessária. Assim, se um moribundo conhecer bem os textos sobre o processo da morte, será benéfico usá-los. Quando um indivíduo está morrendo, é muito importante que ele parta de modo tranqüilo. Não devemos provocar excitação ou nervosismo numa pessoa próxima da morte. Não devemos agir de modo a fazer com que ela fique agitada; além disso, é importante para aquele que está morrendo, ter o pensamento claro.

Pergunta — Como podemos aumentar a intensidade da percepção consciente?

Resposta — Antes que a consciência grosseira se dissolva, precisamos gerar uma poderosa vigilância. Devemos nos familiarizar, durante a meditação, com simulações dos estados que conduzem à morte. Em minha prática diária, através da meditação, passo seis ou sete vezes pelas etapas que levam à morte. Não sei ainda se serei bem-sucedido ou não, claro, mas pelo menos estou alcançando as causas do sucesso ao estimular a atenção e a identificação. Por exemplo, se vocês tivessem de participar de uma guerra em determinada parte do mundo estudariam um mapa da região para identificar onde fica uma montanha, um rio, um lago e assim por diante; ao chegar à área do conflito, seriam capazes de identificar o que estivessem vendo, decidindo com mais facilidade o que fazer. Por estarem bem familiarizados com as características da região, não se esquivariam à tarefa nem ficariam muito ansiosos.

A TRANSFORMAÇÃO DA MENTE ATRAVÉS DA MEDITAÇÃO

*Instituto Naropa, Boulder
e Universidade do Colorado, Denver*

A meditação é a *familiarização* da mente com um objeto de meditação. De acordo como a mente se familiariza com o objeto há muitos tipos de meditação. Num deles, ela é transformada na essência de uma espécie particular de consciência, como na compaixão meditativa ou na sabedoria meditativa. Nessa meditação, procuramos transformar nossa mente numa consciência compassiva ou numa consciência sábia; a compaixão e a sabedoria não representam o objeto sobre o qual meditamos, e sim a essência em que estamos procurando transformar nossa consciência através de um processo de familiarização.

Entretanto, quando meditamos sobre a impermanência ou ausência-do-eu ou em si-próprio, eles são considerados objetos do modo de compreensão da mente, e nós estamos meditando *sobre* eles. Em outro tipo de meditação, se meditarmos sobre as boas qualidades de um Buda com o objetivo de obtê-las, estas são objeto de desejo; é a chamada meditação baseada no desejo. Outra espécie de meditação é aquela que faz com que níveis do caminho venham à mente apontando-lhe a existência de tais e tais níveis de percepção; é chamada meditação reflexiva.

De outra maneira, a meditação divide-se em dois tipos: a meditação analítica e a estabilizadora. De um modo geral, a absorção na tranqüilidade (*shamatha, zhi gnas*) é a meditação estabilizadora, ao passo que a visão intuitiva especial (*vipashyana, lhag mthong*) é a meditação analítica.

No que diz respeito aos objetos de meditação, tanto os da meditação estabilizadora como os da analítica podem representar o modo final de ser dos fenômenos ou qualquer das variedades fenomenais. Falando amplamente, o vazio é algo encontrado na conclusão da análise através da investigação racional e do modo de ser dos objetos; contudo, ao observar o vazio durante a meditação estabilizadora, o meditante fixa-se unidirecionalmente no significado do vazio que foi determinado, não tentando analisar. Assim, tanto a meditação estabilizadora como a analítica observam o vazio.

De modo semelhante, na observação de quaisquer tipos de fenômenos, podem ocorrer tanto a meditação estabilizadora quanto a analítica, dependendo de como a mente está agindo sobre o objeto.

A absorção na tranqüilidade, predominantemente meditação estabilizadora, ocorre tanto junto aos não-budistas como aos budistas. No budismo, ela é comum ao Pequeno e ao Grande Veículo, sendo, neste último, habitual tanto no Veículo do Sūtra como no do Mantra. Explicarei sucintamente como alcançar a absorção na tranqüilidade.

Nossa mente, tal como é no momento, está completamente dispersa entre os objetos exteriores; por isso, é importante. Nossos pensamentos são como água que corre em todas as direções. A água, porém, quando canalizada, torna-se poderosa; o mesmo ocorre com a mente.

Como podemos canalizar a mente? No Veículo Mantra de um modo geral, e no Mantra da Ioga Superior em particular, são descritas muitas técnicas. Primeiro vou expor a técnica comum a todos os Veículos. Para podermos fixar a mente em qualquer objeto de observação, é necessário antes de mais nada determinarmos tal objeto. Buda descreveu quatro tipos — objetos que purificam o comportamento, objetos hábeis, objetos que purificam as perturbações e objetos presentes em tudo. Por exemplo, com relação aos objetos que purificam o comportamento, não importa com qual emoção perturbadora tenhamos estado mais envolvidos anteriormente, sua força permanece em nossa mente agora. Sendo assim, é necessário escolhermos um objeto de meditação que combata a força dessa emoção perturbadora específica. Para alguém que esteja predominantemente envolvido com o desejo, o objeto da meditação é a fealdade. Entre os quatro fundamentos da atenção plena isso se explica em ligação com a atenção plena sobre o corpo. Nesse caso, a "fealdade" não se relaciona necessariamente com aspectos deformados; a verdadeira natureza do nosso corpo — composto de sangue, carne, ossos, e assim por diante — poderá parecer superficialmente muito bonita, tendo uma boa cor, sendo sólida e ao mesmo tempo suave ao toque; porém, quando a investigamos, vemos que sua natureza intrínseca é formada por coisas como ossos. Se eu estivesse usando óculos de raios X, veria uma sala cheia de esqueletos, assim como um esqueleto estaria falando neste pódio. Deste modo, meditar sobre a "fealdade" significa investigar a natureza do nosso corpo físico.

Uma pessoa envolvida principalmente com o ódio deve tomar como objeto de meditação o amor. Aquela submersa no ofuscamento deverá meditar sobre os doze elos da manifestação dependente da existência cíclica. Alguém cuja emoção perturbadora principal seja o orgulho deve meditar sobre as divisões dos componentes porque, ao fazer isso, atingirá o ponto onde perceberá a existência de muitas coisas que não conhece, o que fará com que seu orgulho diminua. Aqueles dominados pela conceitualidade devem dedicar-se à meditação que observa a exalação e a inalação. Esses são os objetos que purificam o comportamento.

Como mencionamos anteriormente, o objeto de observação também pode ser o vazio. Além disso, é possível que sejamos levados a tomar até uma flor, ou qualquer outra coisa, como objeto. Poderíamos ainda tomar nossa mente como objeto de observação. Um budista poderá meditar sobre o corpo de Buda; um cristão sobre Jesus na cruz.

Não importa qual seja o objeto, não se trata de uma meditação em que olhamos para um objeto externo com nossos olhos; ao contrário, fazemos com que sua imagem surja à consciência mental. Essa imagem é chamada de "reflexo" e é o objeto de observação.

Depois de determinarmos o objeto, como fixaremos nossa mente nele? De início, é necessário ouvirmos um mestre falar a respeito do assunto sobre o qual vamos meditar; depois, o esclareceremos em nossa mente pensando repetidamente a respeito. Por exemplo, para meditar sobre o corpo de um Buda, precisamos em primeiro lugar conhecê-lo ouvindo sua descrição, olhando para uma gravura ou uma estátua, familiarizando-nos com ela para que possa surgir claramente em nossa mente.

Quando isso acontecer, imaginemos que o objeto esteja a pouco mais de um metro à nossa frente, na altura das sobrancelhas. Devemos vê-lo claramente, com uma natureza luminosa, o que ajuda a evitar que a indolência tome conta de nós.

Imaginemos também que o corpo do Buda é pesado; isso ajuda a evitar a excitação. Reduzamos o mais possível o tamanho do objeto, pois isso ajuda a mente a se recolher, canalizando-a. Nossa postura física (vejam págs. 72-73) também é importante.

Com relação ao objeto de observação pode-se usar letras ou partículas de luz em lugares importantes do corpo. Nesse tipo de meditação o objeto deve ser pequeno; quanto menor, melhor. Uma vez que o objeto tenha sido definido, não poderemos alterar-lhe o tamanho, para maior ou menor; precisamos fixá-lo durante o período da meditação para gerarmos a absorção na tranquilidade.

Façamos primeiro com que o objeto surja à mente. Devemos ficar atentos a ele para não o perdermos. Mantermos o objeto devido à atenção atua como causa do desenvolvimento da introspecção.

Enquanto permanece fixa no objeto, nossa mente deve possuir duas qualidades: (1) grande clareza, não apenas com relação ao objeto, mas também com relação à consciência; (2) ater-se unidirecionalmente ao objeto de observação. Dois fatores opostos impedem esse desenvolvimento: a indolência e a excitação. A indolência impede o desenvolvimento da clareza, e a excitação não permite a estabilidade de permanecermos com o objeto.

A indolência é uma situação em que a mente se torna por demais relaxada, excessivamente solta, pouco intensa; o tônus mental enfraquece. Uma das causas da indolência é a letargia: é como se tivéssemos um chapéu na cabeça, um peso. Para combatê-la, precisamos retesar a mente.

Quando o modo de percepção mental é retesado diminui o perigo de que ocorra a indolência, mas aumenta o risco de gerar a excitação. Quando a mente fica dispersa devido ao desejo, chamamos a isso excitação; assim, a dispersão pode referir-se a qualquer tipo de objeto enquanto a excitação é uma dispersão relacionada apenas com os objetos de desejo. Para combater a excitação e qualquer outro tipo de dispersão, precisamos afrouxar o nível do modo de percepção da mente, tornando-a menos tensa.

Enquanto estiverem sustentando atentamente o objeto de observação, investiguem de vez em quando, introspectivamente, se a mente caiu sob a influência da indolência ou da excitação. Se, através da introspecção perceberem que existe o perigo de que ocorra a indolência, será preciso elevar o modo de percepção; se há o risco de ocorrer a excitação, reduzam um pouco o modo de percepção. Através da experiência, desenvolver-se-á um sentido de um nível moderado de tensão.

Para que possamos elevar o nível do modo de percepção da mente devemos refletir sobre algo que nos torne alegre, e, para diminuí-lo, refletir sobre alguma coisa que nos torna a mente séria, como o sofrimento. Quando começarmos a meditar dessa maneira, será melhor realizarmos sessões de meditação freqüentes e curtas, pois é difícil no início atingir um estado meditativo profundo, para o qual torna-se necessário um completo isolamento e quietude. Sem sossego, é quase impossível alcançar um estado totalmente adequado de absorção na tranqüilidade.

À medida que praticamos, a mente desenvolve gradativamente cada vez mais estabilidade, o que culmina na absorção na tranqüilidade. Através do poder da meditação estabilizadora na qual a mente é colocada de forma unidirecional no seu objeto de observação, gera-se a flexibilidade ou docilidade mental. Baseada nesta, verifica-se a flexibilidade física. Em função disso, surge a satisfação da flexibilidade mental. Quando a satisfação da flexibilidade mental se torna estável, alcançamos a absorção na tranqüilidade. Entre as concentrações e as quatro absorções sem forma, esse é o estado inicial — associado ao contentamento físico e mental — e é o mais baixo entre os preliminares para a primeira concentração.

Alcançamos uma visão intuitiva especial quando a satisfação da flexibilidade mental é induzida, não pelo poder da meditação estabilizadora, mas pelo poder da análise com sabedoria de investigação. Existem formas mundanas e supramundanas de visão intuitiva especial. No caso das formas mundanas, consideramos grosseiro um nível mais baixo, e tranqüilo um nível mais alto; ao passo que a visão intuitiva especial mundana, se considera de forma genérica, toma o aspecto das Quatro Nobres Verdades. Do ponto de vista específico dos sistemas de ensinamento do Grande Veículo, a visão intuitiva supramundana especial tem o aspecto da ausência de-um-si-próprio dos fenômenos.

Para que a meditação estabilizadora seja induzida com rapidez ainda maior, os sistemas do mantra possuem técnicas especiais girando em torno da ioga da divindade. O caminho da ioga da divindade proporciona um progresso mais rápido em direção ao Estado de Buda através de técnicas especiais que visam ao desenvolvimento da concentração e da sabedoria unificadas; estas são as duas últimas das seis perfeições — a generosidade ou doação, a ética, a paciência, o esforço, a concentração e a sabedoria — expostas nas escrituras do Bodhisattva. Sem a concentração necessária, na qual a nossa mente não flutua e permanece estável e pura, a faculdade da sabedoria não será capaz de conhecer seu objeto exatamente como é, com todas as suas sutilezas. Conseqüentemente, faz-se necessário possuirmos a concentração. A razão para o cultivo da sabedoria que percebe o vazio da existência inerente é que a simples concentração não pode remover a falsa concepção de que os objetos existem de maneira autônoma. É necessária a união da concentração com a sabedoria.

De acordo com o *Vajarapañjara Tantra*, um tantra explicativo do ciclo *Guhyasamāja*, existem quatro divisões no Veículo Mantra: a Ação, o Desempenho, a Ioga e os Tantras da Ioga Superior. Entre eles, os três tantras inferiores — a Ação, o Desempenho e a Ioga — descrevem um modo de progredir no caminho espiritual em função de iogas com e sem sinais, que são iogas da não-dualidade do profundo e do manifestado. A estabilização meditativa é alcançada quando tomamos como objeto de observação da meditação a aparência pura do *nosso próprio* corpo como a de uma divindade. Enquanto observamos o nosso corpo purificado ou visualizado como o de uma divindade, verificamos que ele não possui existência inerente, efetuando-se assim uma combinação da manifestação na forma divina e da profunda sabedoria que compreende a natureza final desse corpo. Essa profunda e simultânea percepção e manifestação divina representa a ioga da não-dualidade do profundo e do manifestado.

No Tantra da Ação, durante a ioga com sinais, o modo de gerarmos uma divindade ou de nos imaginarmos como ela se dá através dos seis passos chamados "as seis divindades". A primeira é a *divindade suprema*, meditação sobre o vazio da existência inerente, tanto nossa como da divindade. A segunda é a *divindade do som*, na qual percebemos uma manifestação da forma natural do vazio como os sons do mantra da divindade específica ecoando no espaço.

A terceira é a *divindade das letras*, na qual os sons do mantra aparecem sob a forma de letras situadas em volta da borda de um disco lunar. A quarta é a *divindade da forma*, a transformação da Lua e das letras no corpo da divindade.

A quinta é a *divindade do selo*, a bênção de locais importantes do corpo divino através de gestos, chamados de "selos", realizados com as mãos. Depois, colocamos um *oṃ* branco no topo da cabeça, um *āḥ* vermelho na garganta, e um *hūṃ* azul no coração, simbolizando o corpo, a palavra e a mente sublimes, e nos concentramos nesse corpo divino que possui agora todas as características ou sinais distintivos de uma divindade. Esse é o último passo, a *divindade do sinal*.

Quando alcançamos algum sucesso em visualizarmo-nos como uma divindade, utilizamos a concentração da permanência no fogo e a da permanência no som para intensificar o rápido desenvolvimento da estabilização meditativa[22]. Depois disso, nos dedicamos à ioga sem sinais; essa concentração concede a libertação no final do som. Este é o cultivo da visão intuitiva especial que observa o vazio da existência inerente. Embora ainda estejamos executando a ioga da divindade, a ênfase principal é colocada no fator da verificação da natureza final dos fenômenos.

A explicação do procedimento do caminho no Tantra do Desempenho é aproximadamente a mesma que a dada pelo Tantra da Ação, embora a da ioga tântrica seja ligeiramente diferente. Nesse caso, consideram-se como base da purificação o corpo, a fala, a mente e as atividades; descrevem-se como métodos purificadores quatro selos que visam transformar essas bases no corpo, palavra, mente e atividades sublimes da etapa de realização do Estado de Buda. Neste processo, a conquista da absorção na tranqüilidade é intensificada pela meditação sobre um pequeno símbolo, como um *vajra*; situado na ponta do nariz, seu número aumenta gradualmente de forma que nosso corpo, em primeiro lugar, e depois os que nos rodeiam são envolvidos pelo pequeno símbolo. Este símbolo de específico uso manual é determinado em concordância com as cinco linhagens do Buda, cujas divindades trazem nas mãos um símbolo especial: Vairochana, por exemplo, traz uma roda, Akṣhobhya um *vajra*. A meditação sobre esse pequeno símbolo de uso manual é útil no desenvolvimento da absorção na tranqüilidade devido ao tamanho do objeto, e ajuda a aumentar a perícia da meditação através da prática da dispersão e reunião de muitas formas do símbolo.

Os Tantras da Ioga Superior descrevem principalmente uma ioga de indiferenciada satisfação e de vazio como duas etapas da ioga: uma de geração, imaginária e inventada, e uma de conclusão, não-imaginária e não-inventada. Tanto na etapa da geração como na de conclusão, no Mantra da Ioga Superior os estados ordinários da morte, o estado intermediário e o do renascimento são trazidos para o caminho a fim de serem transformados nos Três Corpos de um Buda: o Corpo da Verdade, o Regozijo Pleno e o Corpo da Emanação.

No Mantra da Ioga Superior existem técnicas para a meditação sobre os canais internos, sobre os ventos [energias], e sobre as gotas do fluido essencial. Os canais são apresentados de duas maneiras: uma é uma descrição física, ao passo que a outra é apenas para meditação. A última descrição visa específicos efeitos meditativos, não sendo, portanto, a meta, a exata correspondência física. Os efeitos almejados, contudo, se produzem com exatidão.

Um praticante medita sobre as gotas do fluido essencial, sobre a luz, ou sobre as letras nesses canais centrais. Devido aos lugares especiais sobre os quais fixamos a nossa meditação e à força da iniciação, bem como às meditações preliminares, chamadas de "aproximação ao estado de uma divindade", e assim por diante, empregamos apenas a meditação estabilizadora no cultivo da visão intuitiva especial que percebe o vazio da existência inerente. Além disso, é possível alcançar simultaneamente a absorção na tranqüilidade e a visão intuitiva especial.

A técnica da concentração nas letras ou na luz incidente em importantes pontos internos do corpo serve como vigorosa interrupção da conceitualidade. O motivo de a suprimirmos é que, dentro da consciência, existem muitos níveis que vão do grosseiro ao mais sutil, e no Mantra da Ioga Superior os mais sutis níveis de consciência são transformados em consciências do caminho da sabedoria. Quando morremos, normalmente cessam os níveis mais grosseiros de consciência e os mais sutis se manifestam, o que culmina na manifestação da consciência de maior sutileza, a mente da clara luz da morte. Uma pessoa comum não possui qualquer percepção consciente durante essa fase: é como se estivesse desmaiada. Entretanto, se, enquanto o corpo — a base da mente — não tiver se deteriorado, um iogue recolhe os níveis mais grosseiros de consciência através do poder da meditação, as consciências mais sutis podem ser vivenciadas com total percepção e clareza. Um iogue, ao recolher poderosamente os níveis mais grosseiros e mais sutis do vento [energia] e da mente, manifesta o mais sutil de todos os níveis, o da mente de clara luz. Este, quando empregado no processo do caminho, é particularmente poderoso e rápido. Para amadurecer a mente de forma a tornar possível a prática do caminho, é necessário praticar em primeiro lugar a etapa de geração.

Esta é apenas uma breve apresentação; a compreensão desses estados e do modo como são alcançados no sūtra e no mantra é muito benéfica.

AS DUAS VERDADES

Universidade da Califórnia, Berkeley

Existem muitas maneiras diferentes pelas quais podemos apresentar a estrutura básica da doutrina budista. A partir de um dos mais importantes pontos de vista, as *bases* são as duas verdades: a convencional e a final; os *caminhos* que delas dependem são o método e a sabedoria; os *frutos* desses caminhos são os dois Corpos de Buda — os Corpos de Forma que visam ajudar aos outros, e o Corpo da Verdade que é a realização da nossa própria felicidade. No budismo não há um Buda específico que tenha sido sempre um Buda, que tenha sido eternamente iluminado. Os Budas são pessoas que, como nós, possuíam de início uma mente que continha máculas; aos poucos transformaram-se em seres que alcançaram todos os bons atributos e eliminaram todas as falhas.

A raiz da capacidade de colocar isso em prática está em ser a natureza da mente de mera luminosidade e conhecimento. A mente é algo que possui a capacidade de assumir o aspecto de qualquer objeto, através da intensidade com que o aspecto desse objeto é colocado nela, e é uma entidade de simples clareza e cognição, cuja natureza é a da experiência. Desintegra-se de momento a momento. Contudo, entre duas diversas causas — classificadas em causas substanciais e condições de cooperação — ela deve, como entidade de experiência consciente, ter como causa substancial uma causa imediatamente precedente, um momento anterior de consciência. Não é possível que uma entidade com caráter de luminosidade e conhecimento seja formada a partir de elementos materiais externos que seriam sua causa substancial. Da mesma forma, uma mente interna não pode atuar como a causa substancial de elementos externos. Como cada momento de consciência requer um momento anterior de consciência como sua causa substancial, não há outra saída a não ser considerar que o *continuum* básico da mente não tem início. Alguns tipos específicos de mente [como o desejo por um automóvel] têm um começo e um fim, ao passo que outros tipos [como a ignorância que afirma a existência inerente] não possuem um começo mas têm um fim. Contudo, nem um início nem um fim podem ser atribuídos à mente de luminosidade e conhecimento. Em conseqüência, embora a mente se desintegre de momento a momento, seu *continuum* não tem início.

Se esta é a situação da mente, como pode ser transformada? O fato de a mente ter estados imperfeitos deve-se à ignorância, ao ofuscamento quanto ao modo de subsistência dos fenômenos. Para eliminar essa ignorância, devemos gerar um conhecimento de tal subsistência. Para podermos gerar a consciência que conhece a natureza dos fenômenos, é necessário entender os objetos que devem ser conhecidos. Quanto ao que deve ser conhecido, existem duas condições — os objetos convencionais que são meras aparências externas, e o modo final da existência desses objetos. Os primeiros são encontrados pelas consciências que percebem as convencionalidades, enquanto os últimos são objetos encontrados pelas consciências que distinguem o modo final de existência. Os primeiros são chamados de "verdades convencionais" (*saṃvṛtisatya, kun rdzob bden pa*), e os segundos, de "verdades finais" (*paramārthasatya, don dam bden pa*).

A doutrina das duas verdades é ensinada de maneiras diferentes nos sistemas não-budistas, assim como em todos os sistemas superiores e inferiores de ensinamentos budistas. Dentro do budismo, alguns sistemas defendem, outros não, a ausência-de-um-si-próprio dos fenômenos; não me alongarei aqui sobre as declarações das duas escolas — a escola da Grande Exposição (*Vaibhāṣhika*) e a escola do Sūtra (*Sautrāntika*) — que não defendem a ausência-de-um-si-próprio dos fenômenos; por outro lado, explicarei de forma sucinta as afirmações sobre as duas verdades efetuadas pela escola Chittamātra e pela escola do Caminho do Meio (*Mādhyamika*), que advogam a ausência-de-um-si-próprio dos fenômenos.

Com relação às duas verdades, tais como são explicadas pela escola Chittamātra, há uma apresentação das três naturezas. Naturezas dependentes ou dominadas por outras (*paratantrasvabhāva*) são os substratos; naturezas de imputação (*parikalpitasvabhāva*) são os objetos de negação, negados com relação às naturezas dominadas por outras; as naturezas completamente instituídas (*pariniṣhpannasvabhāva*) são o vazio das naturezas de imputação das naturezas dominadas por outras. As naturezas totalmente instituídas são o vazio de uma diferença de entidade entre sujeito e objeto; elas são as verdades supremas ou finais.

Na escola Chittamātra, todos os fenômenos têm a mesma entidade da consciência que os percebe; não existem objetos que sejam entidades externas à consciência perceptiva. Desse modo, nesse sistema, o termo "si-próprio" em vista da ausência-de-um-si-próprio, é identificado como objetos exteriores que existem como entidades diferentes da mente que os percebe; essa é a natureza da imputação final da qual os fenômenos estão vazios, e que eles não possuem. A vacuidade dos fenômenos com relação a esse "si-próprio" é a natureza totalmente instituída. Assim, a escola Chittamātra afirma que é como se todos os fenômenos se dissolvessem dentro da mente.

Na escola do Caminho do Meio os eruditos descrevem as duas verdades de diversas maneiras, mas vou referir-me aqui apenas à apresentação de Buddhapālita. Ele explica as formas, os sons e assim por diante, não como a natureza essencial da mente — como faz a escola Chittamātra — mas como diferentes essências da mente. Além disso, Buddhapālita explica tais fenômenos não apenas como instituídos, mas como tendo naturezas essenciais diferentes da mente, que os percebe; o modo de determinação das suas naturezas essenciais também não corresponde ao que afirma a escola Chittamātra. Em vez disso, suas naturezas essenciais não possuem uma instituição inerente ou verdadeira.

Então, o que é essa ausência de instituição inerente ou verdadeira no sistema de Buddhapālita? Ela pode ser melhor compreendida se explicarmos seu oposto: a instituição ou existência inerente. Qualquer fenômeno que surja ante nós, parece existir autonomamente, de modo objetivo, por si só. Embora pareça existir independentemente, quando analisamos para determinar se existe do modo como aparece, não podemos encontrá-lo por meio da análise. Quando um objeto é dividido em partes, o todo não pode ser encontrado — não é possível determiná-lo analiticamente.

Além disso, nada há entre os objetos de conhecimento que seja desprovido de partes. Todos os objetos físicos possuem partes direcionais; por exemplo, mesmo quando consideramos os *quarks* que encerram os prótons num núcleo, verificamos que ocupam uma determinada área; por conseguinte, possuem partes direcionais. Nas *Twenty Stanzas* (Vinte estrofes, *Vimshatikā*) o erudito Vasubandhu, da escola Chittamātra, efetua uma longa análise para mostrar que mesmo a partícula mais diminuta tem suas partes associadas às direções correspondentes às outras partículas que a envolvem; desse modo, ele demonstra a não-existência de coisas desprovidas de partes.

Vasubandhu conclui — depois de provar que não existem coisas sem partes — que os objetos externos não existem. Aplicando o raciocínio segundo o qual os objetos externos não podem ser encontrados por meio da análise, conclui sua não-existência. Para a escola do Caminho do Meio, contudo, embora não existam partículas desprovidas de partes, o simples fato de que os objetos exteriores não podem ser encontrados pela análise, significa que eles não são verdadeiramente instituídos, e não que não-existam. Assim, que não sejam encontrados através da análise final significa não ser *verdadeiramente existente* — e não, não-existente.

Os fenômenos existem; o fato de que deles advenham, de modo óbvio, a ajuda e o prejuízo, é um sinal de sua existência. Contudo, estão vazios de existir na maneira como nos aparecem. O fato de não poderem ser encontrados por meio da análise final indica que não têm existência real ou inerente.

Uma vez que são vazios de existência na maneira concreta sob a qual aparecem, todos eles existem dentro do contexto e da natureza de um vazio da existência inerente. Por exemplo, no contexto da não-investigação e da não-análise estamos usando esta estante; uma consciência que, sem investigar ou analisar, pensa: "Eis aqui uma estante", representa uma percepção consciente de uma convencionalidade, e o objeto encontrado por essa consciência, a simples estante, é uma verdade convencional.

Ainda assim, se a mera aparência da estante não nos satisfizer e procurarmos descobrir a condição da sua natureza, da sua natureza essencial, não poderemos encontrá-la. Ao separarmos a cor, a forma e o mais que compõem as características de uma estante e que são o seu substrato, do qual ela depende, não conseguimos encontrar a estante.

A percepção consciente ou consciência que empreende essa busca de tal maneira — por não satisfazê-la a mera aparência do objeto, a mera convenção — é a que se preocupa com a natureza final do objeto. O que essa percepção consciente descobre depois de efetuar a análise? Ela descobre a não-possibilidade de a estante ser encontrada. Quando a procuramos — sendo ela, a estante, o substrato da análise

— a não-possibilidade de ser encontrada é a natureza final da estante. Trata-se de uma qualidade, a qualidade última do objeto, que é o modo final de ser, o modo da existência desse objeto.

Assim, quando Buddhapālita apresenta a doutrina da vacuidade, ele não afirma que os fenômenos sejam vazios da capacidade de executar funções, e sim que são manifestações dependentes e conseqüentemente vazios de existência inerente. Depender-de-outra-coisa e não-depender-de-outra-coisa são aspectos explicitamente contraditórios; são uma dicotomia, de modo que se algo não está incluído num desses aspectos tem de estar necessariamente no outro. Um exemplo é o humano e o não-humano; qualquer coisa é necessariamente humana ou não-humana, e nada podem ser ambas. Apesar de, por exemplo, o ser humano e o cavalo serem contraditórios, eles não são *explicitamente* contraditórios, não representam uma dicotomia. Entretanto, o humano e o não-humano são explicitamente contraditórios e dicotômicos; não pode ser definida uma categoria que não pertença a um desses dois aspectos. Como o dependente e o independente são explicitamente contraditórios, uma vez que uma coisa seja dependente, ela é vazia de ser independente.

Para que eu possa falar a respeito de como esse vazio surge à mente, é preciso abordar primeiro a consciência. Todos os objetos de compreensão estão incluídos nas duas verdades, e as consciências que percebem tais objetos são de diversos níveis. Existem aquelas que percebem objetos palpáveis sem depender de sinais ou de raciocínios; são chamadas de consciências diretamente perceptivas. Outras baseadas em sinais ou raciocínios percebem objetos menos óbvios; são as consciências dedutivas.

Com relação aos sinais ou raciocínios empregados no processo da dedução, Dharmakīrti apresenta três divisões principais: sinais de efeito, sinais da natureza e sinais de não-observação. Os sinais de não-observação são de dois tipos: a não-observação do que não aparece, e a não-observação do que seria conveniente que aparecesse [se existisse]. Entre os últimos estão os sinais que provam a ausência da existência inerente, como a impossibilidade de um fenômeno ser encontrado entre as suas bases de designação ou separado delas. Com base neste raciocínio, podemos induzir a cognição válida do vazio da existência inerente.

Com tal raciocínio, estabelecem-se primeiramente conseqüências (*prasaṅga*) para sobrepujar a vibração das concepções errôneas permanentes. Além disso, de acordo com a escola Prāsaṅgika, as próprias conseqüências podem induzir à cognição válida de uma tese. De qualquer modo, em função de tais provas, determinamos que a existência não-inerente de todos os fenômenos, seu modo de subsistência, é a verdade final.

O vazio da existência inerente de um objeto, assim verificado, é um fenômeno negativo a partir da divisão de todos os fenômenos em positivos e negativos. O fato de um fenômeno ser positivo ou negativo é determinado não apenas por meio da palavra que o expressa mas também através de como ele aparece a uma consciência conceitual que o apreende. Por exemplo, a palavra "vazio" é uma palavra negativa, e o vazio é um fenômeno negativo. Contudo, embora a palavra "realidade" (*dharmatā, chos nyid*) não seja negativa, quando seu significado surge à mente ele deve aparecer através de um percurso negativo — pela eliminação explícita de um objeto de negação, a existência inerente — sendo assim um fenômeno negativo.

Entre esses fenômenos negativos, que se manifestam à mente através da eliminação explícita de um objeto de negação, encontramos dois tipos: aqueles que subentendem algo em lugar da negação do seu respectivo objeto de negação, e aqueles que não o fazem. Os primeiros são chamados de negativas-afirmativas e os últimos de negativas não-afirmativas. No caso de uma verdade final, um vazio, quando surge como um objeto da mente, aparece apenas como uma mera vacuidade que é a negação do seu objeto de negação, a existência inerente; nenhum fenômeno positivo é subentendido em lugar do objeto negado. Ou seja, uma verdade final, ou vazio, é uma negativa não-afirmativa.

Significa que para uma mente que compreende decididamente a partir das profundezas dessa negativa não-afirmativa, o objeto de percepção é apenas essa eliminação do objeto de negação — somente essa ausência de existência inerente. Enquanto o modo de percepção não se deteriora, nada mais surge a não ser uma total vacuidade que é a ausência da existência inerente.

Depois de termos tido essa experiência através do equilíbrio da meditação, no período subseqüente a esse equilíbrio, embora os fenômenos pareçam existir de forma inerente como antes, o poder de havermos constatado o vazio da existência inerente gera a determinação de considerarmos esses fenômenos como ilusões, no sentido de que, apesar de eles parecerem existir de forma inerente, isso na verdade não ocorre. Além do mais, como o desejo, o ódio, e assim por diante, produzem-se com a ajuda da concepção da existência inerente, a percepção dos fenômenos como ilusões — no sentido de que há um conflito entre a maneira como parecem existir inerentemente e a maneira como efetivamente existem — serve para controlar essa consciência desfavoravelmente perturbadoras. Esta mesma percepção também é de benéfica ajuda às consciências virtuosas, pois, de maneira geral elas não exigem a falsa concepção dos fenômenos como sendo inerentemente existentes para poderem atuar.

A sabedoria se desenvolve em função das verdades finais, e de meditarmos sobre a compaixão e a bondade para o próximo, com base nas verdades convencionais. Ambas, tanto a sabedoria como a compaixão, devem ser praticadas em conjunto; este é o caminho da união da sabedoria e do método.

As sabedorias que surgem pelo ouvir e o pensar não são suficientes; para intensificarmos a consciência de sabedoria devemos gerar a sabedoria, que brota com a meditação. Uma consciência de sabedoria que observa o vazio — estado que nasce da meditação — é, em si, uma estabilização meditativa, ou seja, a união da absorção na tranqüilidade com a visão intuitiva especial. Além disso, o tantra descreve muitas técnicas especiais que visam intensificar o desenvolvimento dessa consciência. A principal técnica é a de uma consciência poder observar simultaneamente o círculo de divindades da mandala e perceber o fato de elas serem vazias de existência inerente. Desse modo, o vasto — o aparecimento das divindades — e o profundo — a percepção da qüididade — completam-se numa única consciência.

A impressão ou resultado da prática dessa ioga tântrica, na qual o método compassivo e a sabedoria profunda estão combinados numa só consciência, é a geração dos dois corpos de Buda. O Corpo da Forma — a manifestação física de um Buda — é o resultado da ioga que imagina o círculo divino, relacionado com as verdades convencionais. O Corpo da Verdade — a mente sublime de um Buda — é o resultado da consciência da sabedoria que percebe o vazio, a verdade final. A raiz da capacidade de desenvolvimento do Corpo da Forma e do Corpo da Verdade de um Buda é o próprio vento sutil [ou energia] e a própria consciência sutil que temos agora em nosso *continuum*. Isso é chamado de natureza de Buda.

Pergunta — No Tantra da Ioga Superior existe uma prática de observação do vazio na meditação ligada à bem-aventurança. Qual é o objeto desta última?

Resposta — Para podermos ter uma consciência sutil que constata o vazio, é necessário interrompermos os níveis mais grosseiros de consciência. Quando uma consciência jubilosa é gerada, nossa percepção consciente torna-se mais sutil; assim, o nível mais forte de bem-aventurança é empregado com a finalidade de auxiliar o processo de eliminação dos níveis mais grosseiros de consciência. Essa consciência jubilosa percebe, então, o vazio da existência inerente.

A UNIÃO DAS ANTIGAS E DAS NOVAS ESCOLAS DE TRADUÇÃO

$\mathcal{U}$MA, Boonesville, Virgínia

Este é um relato mais ou menos pessoal.

Já tenho há muito tempo a crença unidirecional de que Nying-ma (*rNying-ma*), Sa-gya (*Sa-skya*), Ga-gyu (*bKa'rgyud*) e Ge-luk (*dGe-lugs*) referem-se, todos, à união do sūtra e do mantra e que pertencem à Escola Prāsaṅgika, em termos da perspectiva do vazio. Portanto, tive a esperança e o interesse de conhecer os diversos estilos de explicação da perspectiva da meditação e do comportamento nessas escolas, e venho me esforçando para isso.

Embora não tenha havido na Índia qualquer referência relativa a sistemas novos ou antigos, no Tibete, as apresentações do Mantra se dividiram nas Antigas e nas Novas Escolas de Tradução do Mantra, a depender dos períodos de tradução das escrituras. Nying-ma é a Antiga; Sa-gya, Ga-gyu e Ge-luk incluem-se entre as Novas, tendo surgido depois das traduções de Rin-chen-sang-bo (*Rin-chen-bzang-po*, 958-1055)[23].

As escolas mais novas não diferem uma da outra num grau significativo no que diz respeito aos sistemas do sūtra, apresentando, porém, ligeiras diferenças com relação ao mantra [também chamado de tantra]. Quando não efetuamos uma investigação detalhada, as diferenças de terminologia e coisas afins podem fazer-nos pensar que existem grandes diferenças entre as Novas Escolas de Tradução quanto à prática do mantra; contudo, sua estrutura básica é a mesma.

A linhagem Ga-gyu se origina de Dak-bo-hlar-jay (*Dag-po-lha-rje*, 1079-1153), do seu lama Mi-la-re-ba (*Mi-la-ras-pa*, 1040-1123), e do lama deste último, Mar-ba (*Mar-pa*, 1012-1096). A principal divindade pessoal de Mar-ba era Guhyasamāja numa linhagem transmitida de Nāropa. De modo semelhante, na ordem Ge-luk, o ensinamento de Dzong-ka-ba (*Tsong-kha-pa*, 1357-1419) sobre as cinco etapas do estágio de conclusão dentro do Tantra da Ioga Superior tem como origem os ensinamentos da transmissão de Mar-ba das instruções quintessenciais de Nāropa sobre o *Guhyasamāja Tantra*. Além disso, há muitos outros assuntos importantes nas escolas Ga-gyu e na Ge-luk, como o *Chakrasaṃvara Tantra*, a obtenção de uma longa vida, o *Hevajra Tantra* e a transferência do eixo da consciência de Mar-ba. Assim, a base e a estrutura global das apresentações Ga-gyu e Ge-luk do Tantra são basicamente as mesmas, embora a clareza e a extensão da explicação algumas vezes difiram.

Com relação ao ponto de vista filosófico, o tradutor Mar-ba explorou a perspectiva do vazio sob a direção de Maitrīpāda, que, em seu *Ten Stanzas on Suchness* (Dez estrofes sobre a qüididade) (*Tattvadashaka, De kho na nyid bcu pa*), diz[24]:

Não defensores da Aparência, não defensores da não-Aparência,
Até os Mādhyamikas a quem não enriquece
As palavras do guru são apenas medíocres.

Ele diz que tanto os Verdadeiros como os Falsos Proponentes da Aparência da escola Chittamātra não possuem a perspectiva final, e que mesmo na escola Mādhyamika, aqueles não enriquecidos pelas instruções quintessenciais do guru, são medíocres. Num comentário a respeito disso, o aluno de Maitrīpāda, Sahajavajra, identifica o "guru" como o glorioso Chandrakīrti, deixando claro que Maitrīpāda considera as instruções quintessenciais de Chandrakīrti como fundamentais se a perspectiva pretende ser suprema. Assim, a posição de Maitrīpāda e, conseqüentemente, a de Mar-ba é a da escola Prāsaṅgika-Mādhyamika de Chandrakīrti.

Além disso, o aluno de Mar-ba, Mi-la-re-ba, em sua *Song to the Five Long Life Sisters* (Canção para as cinco irmãs de vida longa) (*Tshe ring mched lnga*)[25] diz que, embora os Budas, o Corpo da Verdade, as bases, os caminhos, e assim por diante — até mesmo o vazio —, não existam de forma definitiva, no escopo abrangido pela não-análise e pela não-investigação, o onisciente Buda afirmou que tudo existe para uma consciência convencional. Assim, Mi-la-re-ba defendia uma não-confusão de manifestações dependentes na esfera das verdades convencionais bem como a não-possibilidade de encontrar até mesmo o vazio de forma definitiva. Diferenciando assim as duas verdades, Mi-la-re-ba apresentou a visão verdadeira, inequívoca, da escola Prāsaṅgika-Mādhyamika. Como a perspectiva dos Ge-luk-ba também é a dessa escola, Ga-gyu e Ge-luk não diferem quanto a seu ponto de vista filosófico.

A escola Sa-gya difere ligeiramente na ênfase e na escolha da terminologia, porém a estrutura geral e o desenvolvimento sistemático são os mesmos. Por exemplo, Kay-drup [um dos principais alunos de Dzong-ka-ba, fundador da linhagem Ge-luk] observa em seu *Miscellaneous Works* (Obras variadas) que, embora os modos da explicação da perspectiva da escola do Caminho do Meio (*Mādhyamika*) por Dzong-ka-ba e Ren-da-wa (*Red-mda'-ba*, 1349-1412) e pelo mestre Sa-gya de Dzong-ka-ba, sejam divergentes, eles estão falando sobre a mesma coisa. Difere o modo de expressão, mas não o pensamento fundamental. Assim, em sua maior parte, é fácil perceber que o pensamento básico da Ga-gyu, da Sa-gya e da Ge-luk é o mesmo sob o ponto de vista filosófico, no sentido de que todos pertencem à escola Prāsaṇgika-Mādhyamika.

A escola na qual é difícil verificar essa semelhança é a Antiga Escola de Tradução do sistema Nying-ma. Em termos superficiais, as práticas podem ser divididas nas de visão, de comportamento e de meditação. Nas Antigas e nas Novas Escolas de Tradução não há muita diferença no que diz respeito às práticas de comportamento e meditação, com pequenas e insignificantes diferenças na maneira de ensinar, que varia entre rituais e a apresentação do caminho. Contudo, os pontos de vista filosóficos, quando observados superficialmente, podem parecer discordantes, em grau mais acentuado, devido ao emprego de uma terminologia diferente.

Mesmo Dzong-ka-ba [fundador de Ge-luk] reconheceu que as raízes do Nying-ma são válidas e estão de acordo com a realidade; ele recebeu do grande adepto de Hlo-drak, Nam-ka-gyel-tsen (*Lho-brag Grub-chen Nam-mkha'-rgyal-mtshan*), ensinamentos sobre a doutrina Nying-ma da Grande Perfeição. Dzong-ka-ba tomou esse mestre Nying-ma como um dos seus lamas e louvou-lhe o ensinamento; em vez de ir para a Índia a fim de assentar pontos de vista, Dzong-ka-ba gerou uma grande determinação com relação à perspectiva através de seu lama. As biografias de Dzong-ka-ba atestam claramente que ele o fez[26].

De fato, antes do desenvolvimento nas Novas Escolas de Tradução, havia muitos grandes eruditos e adeptos como os 25 discípulos do magnífico mestre Padmasambhava — o rei Tri-song-day-dzen (*Khri-srong-lde-brstan*, b. 742), e outros — que ascenderam ao nível de adeptos durante sua vida seguindo apenas o caminho Nying-ma. As Novas Escolas da Tradução não tinham nem sido formadas nessa ocasião. Além disso, nos dias de hoje, vemos muitas pessoas que dão sinal de terem alcançado grandes alturas espirituais seguindo o caminho Nying-ma. Desse modo, pode ser determinado que a Grande Perfeição da linhagem Nying-ma é, de modo categórico, um sistema puro de prática profunda do Mantra da Ioga Superior.

No *Miscellaneous Works* de Kay-drup há uma pergunta sobre a contestação da doutrina da Grande Perfeição do Nying-ma, querendo, a pessoa que a formulou, saber se ela é uma doutrina pura. Em resposta, Kay-drup declara que a contestação da doutrina da Antiga Tradução da Grande Perfeição surgiu a partir do comportamento exterior de alguns māntrikas [tantristas] que praticam a Grande Perfeição. Ele assinala que a Grande Perfeição é uma prática de níveis elevados do Mantra da Ioga Superior e que acompanhando essa perspectiva muitas pessoas alcançaram, sem dúvida alguma, estados elevados da condição de Adepto. Acrescenta que os tradutores tibetanos que visitaram a Índia viram em Magadha os manuscritos originais sânscritos do *Secret Essence Tantra* (Tantra da essência secreta) (*Guhyagarbha, gSang snying*) e coisas afins, e conclui dizendo que a contestação dessa doutrina acarretaria o renascimento numa má migração. Lê-se na passagem do *Miscellaneous Works* de Kay-drup[27]:

Pergunta — Essa Antiga Escola de Tradução do Mantra Secreto foi refutada por antigos eruditos, e mesmo hoje em dia há muitos que a contestam. Como o senhor explica isso?

Resposta — As traduções dos ensinamentos do Mantra Secreto durante a antiga propagação são chamadas de Antigas (*rNying ma*), e as versões de propagação posterior são chamadas de Novas (*gSar ma*). O motivo para a freqüente contestação das Antigas é que durante o intervalo [período em que o budismo foi perseguido], quando o ensinamento enfraqueceu por causa do [rei] Lang-dar-ma (*gLang-dar-ma*, c. 803-842), os māntrikas passaram a apresentar um comportamento impróprio, como matrimônio e liberalidade. Hoje em dia também existem muitos chefes de família [praticantes] que usam o cabelo enrolado em espiral sobre a cabeça [no estilo de um māntrika leigo]. A ridicularização da doutrina [Nying-ma] parece ter ocorrido por influência do comportamento dessas pessoas.

A verdadeira situação referente a essa Antiga Escola de Tradução pertencente ao mantra é bastante diferente. No início, os excelentes reis religiosos enviavam à Índia, portando conchas de ouro à guisa de oferenda, tradutores que eram seres fidedignos, como Vairochana e Ma-nyek (rMa-snyegs), os cinco monges e outros. Em terra indiana receberam doutrinas de insuperáveis mantras secretos como a Grande Perfeição, de pessoas de indiscutível renome como eruditos e adeptos; a seguir, os traduziram. Além disso, Padmasambhava, Vimalamitra, Buddhaguhya e outros foram convidados para irem ao Tibete onde transmitiram ensinamentos das profundas doutrinas pertencentes ao veículo superior. Determinou-se com base na cognição válida que através da prática desses sistemas um enorme número de pessoas fosse liberado [da existência cíclica] e alcançasse o estado de Adepto.

No mosteiro de Sam-yay (bSam yas) ainda restam muitas cópias dos textos indianos da Antiga Escola de Tradução, e tradutores tibetanos que foram para a Índia informaram que existem em Magadha edições indianas do *Secret Essence Tantra* (Tantra da essência secreta), do *Five Scriptural Sūtra* (Cinco sūtras das escrituras) (*T. Lung gi mdo lnga*) e outras correlatas. Conseqüentemente, aqueles que contestam essas profundas doutrinas do Grande Veículo Superior estão apenas [acumulando] causas de [renascimento em] um inferno.

Desse modo, Day-drup identifica a Grande Perfeição como o mais profundo e inigualável modo de praticar o Tantra da Ioga Superior. De onde podemos, de fato, concluir tratar-se de uma doutrina pura.

Várias pessoas nas quatro principais escolas do budismo tibetano — Nying-ma, Sa-gya, Ga-gyu e Ge-luk — disseram que todas as quatro possuem o mesmo pensamento básico. Na escola Ge-luk, o primeiro Panchen-Lama, Lo-sang-chö-gyi-gyel-tsen (*bLo-bzang-chos-kyi-rgyal-mtshan*, 1567[?]-1662), declara no texto que deu origem ao seu *Great Seal* (Grande Selo) que, embora as escolas se utilizem de diferentes definições verbais, ao serem analisadas por um iogue experimentado, todas se reduzem ao mesmo pensamento. Diz o primeiro Panchen-Lama[28]:

Embora existam muitas e diferentes designações nominais
[Nos sistemas] de união inata, o pequeno invólucro,
O quíntuplo, gosto igual, as quatro letras,
Pacificação, exorcismo, grande perfeição,
Instruções sobre a visão da escola Mādhyamika e o mais;
Quando tais coisas são analisadas por iogue experiente,
Versado em escritura e argumentação conclusiva,
Reduzem-se [todas] ao mesmo pensamento.

Contudo, alguns lamas Ge-luk, como o terceiro Panchen-Lama, Lo-sang-bel-den-ye-shay (*bLo-bzang-dpal-ldan-ye-shes*, 1737-1780), declararam que o primeiro Panchen-Lama visava um objetivo político ao afirmar o que foi anteriormente citado e que na realidade não acreditava que o pensamento das diversas escolas fosse basicamente o mesmo. O motivo para que suspeitassem disso é que na Nying-ma o ponto de vista da Grande Perfeição é uma negativa afirmativa (*paryudāsapratiṣhedha, ma yin dgag*) ao passo que na Ge-luk é uma negativa não-afirmativa (*prasajyapratiṣhedha, med dgag*); assim, acreditam não ser possível que ambas possam estar querendo dizer a mesma coisa. Essa questão suscitou muitas divergências, com eruditos refutando-se mutuamente e defendendo suas próprias posições.

Na Ga-gyu e na Sa-gya há muitas contestações específicas referentes ao sistema da Grande Perfeição, e, embora nas obras posteriores da Ge-luk também encontremos diversas delas, nos escritos de Dzong-ka-ba sobre os quais a Ge-luk se baseia, as expressões "Nying-ma" ou "Grande Perfeição" não são nem sequer mencionadas. Aqueles que levantaram objeções estavam contestando pontos específicos explicados por determinadas pessoas, mas seu estilo poderá dar a infeliz impressão de que a Grande Perfeição está sendo refutada como um todo — o que é uma situação muito triste.

Na minha opinião, não há dúvida de que o primeiro Panchen-Lama quis realmente dizer que todas as quatro escolas sustentam a mesma coisa; também é inegável que muitos praticantes tornaram-se iogues altamente desenvolvidos apoiados nos ensinamentos da Grande Perfeição da Nying-ma. Se um iogue puder desenvolver uma percepção totalmente qualificada com base num determinado caminho, então esse caminho é puro. Assim sendo, ponderei atentamente sobre *como* essas duas posições poderiam estar se referindo à mesma coisa, e embora tenha formado algumas idéias a respeito disso, não me será possível explicá-las com total definição e clareza. É necessário efetuar uma análise mais profunda, contudo quero apresentar-lhes meu pensamento, basicamente fundamentado na obra do mestre da Nying-ma, Do-drup-chen Jik-may-den-bay-nyi-ma (*rDo-grub-chen 'Jigs-med-bstan-pa'i-nyi-ma*, 1865-1926), cujos escritos são a chave para minha análise.

Em que o primeiro Panchen-Lama se baseou para dizer que todos esses sistemas se reduzem ao mesmo pensamento? Seria muito simplificador afirmar que o pensamento da escola Mādhyamika e o da Grande Perfeição da Nying-ma é o mesmo. Afinal, a perspectiva da primeira é compartilhada até por praticantes do Pequeno Veículo[29] de acordo com a interpretação da escola Prāsaṇgika-Mādhyamika de Chandrakīrti; enquanto que a Grande Perfeição não é encontrada nem no Grande Veículo do Sūtra, e muito menos no Pequeno Veículo. Na divisão de nove veículos da Nying-ma, existem três veículos sūtra — o dos Ouvintes, dos Sábios Solitários e o dos Bodhisattvas; três sistemas tântricos exteriores — Kriyā, Upa e Ioga; e três sistemas tântricos interiores — Mahāyoga, Anuyoga e Atiyoga. Considerando-se os seis veículos do tantra, não encontramos a Grande Perfeição nem nos três exteriores e nem mesmo nas divisões Mahāyoga e Anuyoga dos interiores; ela é praticada apenas no mais elevado dos veículos, no grande Atiyoga. Não poderíamos possivelmente afirmar que o sistema da Grande Perfeição, o ponto culminante de todos esses nove veículos, é o mesmo sistema da escola Mādhyamika explicada por Nāgārjuna, pois a perspectiva desta escola é partilhada até pelos Ouvintes e pelos Sábios Solitários que alcançaram o nível D'Aqueles que

Entraram na Corrente [ou seja, que perceberam diretamente a verdade do vazio da existência inerente]. Assim, não podemos comparar o ponto de vista da Grande Perfeição com o da Mādhyamika; comparar a Grande Perfeição com o cultivo da perspectiva desta última escola é uma generalização que peca por excesso.

Então, se o ponto de união desse sistema, que é o mais elevado dos sistemas tântricos na Nying-ma, e a perspectiva das Novas Escolas de Tradução não pode ser verificado em termos da explicação sūtra da escola Mādhyamika, o que pode ser comparado com o ponto de vista da Grande Perfeição? Nos Tantras da Ioga Superior como o *Guhyasamāja Tantra*, como é praticado nas Escolas Novas de Tradução, existe um modo de desenvolver o ponto de vista da escola Mādhyamika por meio de uma mente especial, a sabedoria inata da grande bem-aventurança. Quando esse modo de desenvolvimento e o da Grande Perfeição das Antigas Escolas de Tradução da Nying-ma são considerados paralelos, a comparação está sendo realizada no nível correto.

Na explicação do *Guhyasamāja Tantra* realizada pelas Novas Escolas de Tradução, o estudo do ponto de vista divide-se em duas partes — perspectiva objetiva e perspectiva subjetiva. O ponto de vista objetivo refere-se à visão do objeto, ou seja, ao vazio da existência inerente que é o objeto da consciência de sabedoria; quanto a isso, o *Guhyasamāja Tantra* não difere em nada do sistema Mādhyamika de Nāgārjuna. Contudo, eles diferem enormemente sob o aspecto da perspectiva subjetiva, isto é, a consciência que compreende o vazio. De acordo com o sistema do Guhyasamāja, durante a etapa de conclusão, o vazio deve ser percebido por uma consciência intensa, mais sutil, chamada de mente inata fundamental de clara luz; ao passo que na escola Mādhyamika ele é compreendido por uma consciência que é grosseira em relação à mente de clara luz.

De acordo com Dam-tsik-dor-jay (*Dam-tshig-rdo-rje*), um mongol de Kalka, quando o ponto de vista da Grande Perfeição é ensinado, ele também é dividido em duas categorias: a objetiva e a subjetiva.

A primeira pode ser entendida através do vocabulário das Novas Escolas de Tradução já descritas como a clara luz objetiva, ou seja, como o vazio que é o objeto de uma consciência de sabedoria; a visão subjetiva é uma consciência de sabedoria sutil, a mente básica, e não uma consciência comum e grosseira. Na Grande Perfeição o termo "visão" não se refere na maioria das vezes ao objeto vazio, e sim ao sujeito, à consciência de sabedoria e, mais ou menos, à união do objeto — o vazio — com o sujeito — a consciência de sabedoria que o percebe. Essa mente inata fundamental de clara luz é enfatizada igualmente nos sistemas do Tantra da Ioga Superior das Novas Escolas de Tradução e no sistema da Grande Perfeição da Nying-ma, e é o ponto adequado de comparação entre as novas e antigas escolas.

A maneira de tratar o objeto — o vazio — como visão, e também o sujeito — a consciência de sabedoria — como visão, não é uma característica exclusiva do tantra; pelo contrário, assemelha-se à apresentação da escola Svātantrika-Mādhyamika, onde o vazio aparece como sendo a verdade final, e a mente que percebe o vazio uma *convergência* final [o que é aceito tanto pelas Novas Escolas de Tradução como pelas Antigas]. Na Grande Perfeição, contudo, a visão subjetiva, ou seja, a mente que toma o vazio como seu objeto, não é a mente comum ou grosseira descrita no Veículo da Perfeição do Grande Veículo e sim uma mente sutil. É o conhecimento fundamental (*rig pa*), a clara luz (*'od gsal*), a mente inata fundamental de clara luz (*gnyug ma lhan cig skyes pa'i 'od gsal*) que é a condição final (*gnas lugs*) das coisas.

A partir da perspectiva das duas verdades, como é postulado pela escola Mādhyamika, essa mente muito sutil e clara luz seria considerada como uma *convergência* final e uma convencionalidade verdadeira, e não como uma genuína verdade final, pois, na escola Mādhyamika, uma genuína verdade final é um objeto encontrado por uma consciência que distingue o modo final de existência dos objetos — o vazio — ao passo que um objeto encontrado por uma consciência que distingue um objeto convencional [ou seja, qualquer coisa, exceto o vazio] é uma verdade convencional. Entretanto, as duas verdades, tal como aparecem nos textos da Grande Perfeição não são as da escola Mādhyamika, pois estas não se baseiam numa distinção entre objeto e sujeito na compreensão da realidade; ao contrário, harmonizam-se com o entendimento ímpar das duas verdades do Tantra da Ioga Superior.

O mestre Do-drup-chen da Nying-ma refere-se às "duas verdades especiais" logo no início de seu *General Meaning of the "Secret Essence Tantra"* (Significado geral do "Tantra da essência secreta") (*gSang snying spyi don*)[30]. Descreve sete verdades finais especiais — as bases, o caminho e o fruto, sendo este ainda dividido em cinco categorias. O princípio fundamental dessa doutrina é a mente-*vajra*, base de todos os fenômenos da existência cíclica e do nirvana. Na interpretação do Mantra da Ioga Superior realizada pelas Novas Escolas de Tradução, isso é conhecido como a clara luz inata e fundamental, denominada "verdade final". Na Grande Perfeição da Nying-ma essa mente ou conhecimento básico é a verdade suprema e suas manifestações como fenômenos impuros e puros são consideradas como verdades convencionais. As verdades convencionais são fenômenos grosseiros e fortuitos, ao passo que a verdade final se refere ao que é fundamental e inato, a mente-*vajra* que existe desde sempre. Essa é a apresentação ímpar das duas verdades de acordo com a Grande-Perfeição.

Apesar dos termos — final e convencional — serem os mesmos que os empregados na escola Mādhyamika, seu significado é diferente e devemos tomar cuidado para não confundi-los. Essa diferença de significado não é inédita, pois mesmo na escola Mādhyamika, o termo "final" é usado de maneiras distintas. Por exemplo, o *Sublime Continuum of the Great Vehicle* (O sublime *continuum* do Grande Veículo, *Uttaratantra, rGyud bla ma*), de Maitreya, fala do refúgio final e convencional, e, em seu *Discrimination of the Middle and Extremes* (Discernimento do meio e dos extremos, *Madhyānta-vibhaṅga, dbUs mtha' rnam 'byed*), descreve o final de três modos: o final *objetivo* é o vazio; o final *prático* é a consciência de sabedoria do equilíbrio meditativo; e o final *realizado* é o nirvana.

Além disso, até as Novas Escolas de Tradução usam os termos "final" e "convencional" de maneiras diferentes; por exemplo, na sua interpretação das cinco etapas do Tantra da Ioga Superior elas falam das etapas de conclusão da verdade final e da verdade convencional com um significado diferente daquele usado com esses termos pela escola Mādhyamika. Tal como se expõe na Grande Perfeição, essa doutrina envolve uma compreensão invulgar das duas verdades. A clara luz subjetiva [a mente muito sutil de clara luz, que é a quarta das cinco etapas do estágio de conclusão] é chamada de "verdade final"; contudo, de acordo com a distinção das duas verdades na escola Mādhyamika, ela seria uma verdade convencional — apenas uma verdade final *convergente*, e não uma verdade real.

Desse modo, o sistema do Tantra da Ioga Superior das Novas Escolas de Tradução postula a mente fundamental que serve como base para todos os fenômenos da existência cíclica e do nirvana como a verdade final dos fenômenos (*dharmatā, chos nyid*); também é algumas vezes chamada de "clara luz" (*ābhāsvara, 'od gsal*) e de não-composta (*asaṃskṛta, 'dus ma byas*). Na Nying-ma é chamada de "mente-*vajra*": não é a mente que encontramos quando efetuamos a divisão em conhecimento básico (*rig pa*) e mente (*sems*), e sim o fator de simples luminosidade e conhecimento, cognição básica em si. Essa é a origem final de todas as mentes, para sempre indestrutível, imutável, um *continuum* inquebrantável como um *vajra* [ou diamante]. Assim como as Novas Escolas de Tradução postulam uma mente sem início e sem fim, a Nying-ma define uma mente-*vajra* sem fim nem princípio, a qual prossegue sem interrupção através da etapa de efeito do Estado de Buda. Ela é considerada "permanente" no sentido de que continua para sempre; conseqüentemente é apresentada como uma mente permanente. Ela o é não no sentido de não desintegrar-se de momento a momento e sim no de que seu *continuum* não é interrompido — isso é análogo à declaração de Maitreya no *Ornament for Clear Realization* (*Abhisamayālaṃkāra, mNgon rtogs rgyan*) de que as atividades sublimes de um Buda são consideradas permanentes por serem inexauríveis. Ela também é não-produzida, isto é, não é produzida fortuitamente e de maneira nova por meio de causa e condições [uma vez que seu *continuum* sempre existiu].

Seguindo o mesmo raciocínio, o erudito e adepto Ge-luk, Nor-sang-gya-tso (*Nor-bzang-rgya-mtsho*, 1423-1513) diz que tudo o que existe é necessariamente composto (*saṃskṛta,'dus byas*), embora sua referência seja mais geral do que o significado costumeiro de "composto". Não se está afirmando que todos os fenômenos, inclusive os permanentes, são formados pela agregação de causas e condições, e sim que todos existem de modo condicional, em função tanto das suas partes como de uma consciência conceitual que os define. Igualmente, como essa mente básica, segundo a linhagem Nying-ma, não é criada *de maneira nova* em função de causas e condições, ela é chamada de "não-criada", e a referência relaciona-se a um sentido mais amplo do termo.

Na Nying-ma, considera-se a mente-*vajra* como a verdade final. Tal verdade não é definida como sendo um objeto encontrado por uma consciência que distingue o vazio, como na escola Mādhyamika; em vez disso ela é a mente fundamental de clara luz que não possui começo nem fim, base de todos os fenômenos da existência cíclica e do nirvana. Possui a natureza de ser o Verdadeiro Corpo da etapa de efeito do Estado de Buda. Por estar além de todos os fenômenos fortuitos, é chamada de verdade final. O "passatempo", as manifestações, ou suas formas grosseiras são verdades convencionais.

A *natureza essencial* (*ngo bo*) dessa mente básica é fundamentalmente pura (*ka dag*) ou, no vocabulário da escola Mādhyamika, naturalmente destituída de existência inerente desde o início. Na esfera dessa natureza de simples luminosidade e conhecimento, todos os fenômenos puros e impuros aparecem como o "passatempo" ou a manifestação de sua natureza espontânea. Todos esses fenômenos são caracterizados por essa natureza (*rang bzhin*) de espontaneidade (*lhun grub*). O livre esplendor da mente fundamental é chamado "compaixão" (*thugs rje*) porque seu efeito são as atividades compassivas de um Buda, baseadas na natureza essencial fundamentalmente pura e na natureza espontânea da mente-*vajra*.

Naturalmente pura desde o início e contemplada com uma natureza espontânea, a mente-*vajra* é a base de todos os fenômenos que ocorrem na existência cíclica e no nirvana. Mesmo quando ainda somos um ser senciente, e apesar de gerarmos muitas concepções boas e más como o desejo, o ódio e a indecisão, a mente-*vajra* em si está livre da influência dessas contaminações. A água pode estar extremamente suja; contudo, sua natureza permanece clara — a sujeira não a altera. Igualmente, não importa quais emoções perturbadoras tenham sido geradas como o "passatempo" da mente-*vajra*, e nem quão poderosas sejam elas: a mente fundamental em si, que é a base da aparência desse artifício, permanece intocada pela contaminação: é total e eternamente íntegra (*samantabhadra, kun tu bzang po*).

Todas as qualidades sublimes da etapa de efeito do Estado de Buda, como os dez poderes e as quatro coragens, estão presentes em essência na mente-*vajra*; apenas a presença de determinadas condições impede que se manifestem. Assim, considera-se que somos iluminados desde o início, e que fomos contemplados com uma mente fundamental completamente íntegra.

Se identificarmos essa qüididade, essa verdade final, ou mente fundamental e verificarmos que todos os fenômenos da existência cíclica são seus "passatempos", então, avançando no caminho, compreenderemos que todos os fenômenos puros e impuros existem, como afirmam os textos da escola Mādhyamika, apenas de forma nominal. Entenderemos que todos os objetos de conhecimento que surgem e ocorrem são fortuitos e desprovidos de essência, e que embora tais fenômenos não tenham sido determinados desde o início pelo seu próprio poder, parecem para nós possuir uma natureza autônoma; por isso apegamo-nos a essa percepção de uma suposta existência inerente. Compreenderemos, ainda, que essa má interpretação fará com que nos envolvamos em diversas ações boas e más e na acumulação dessas predisposições, o que conduz a um emaranhamento ainda maior na existência cíclica. Contudo, se pudermos fazer com que todos esses fenômenos se afigurem o "passatempo" da mente fundamental sem desviar-se da esfera desta, não seremos influenciados pelas concepções convencionais. Quando nós mesmos identificamos a nossa natureza essencial básica e constatamos continuamente e para sempre seu significado de modo direto através do equilíbrio meditativo, então, embora atuemos no mundo, seremos Budas.

De modo semelhante, nas Novas Escolas de Tradução, diz-se que quando a clara luz é tornada real, o grande iogue descansa. No vocabulário das Novas Escolas de Tradução, todas as elaborações conceituais causadoras de ações que resultam na acumulação de predisposições, são consciências mais grosseiras até do que a mente de aparição ou manifestação, a mente de crescimento e a mente próxima-do-fim[31], que devem se extinguir antes que a mente de clara luz possa surgir. Depois de manifestarmos a mente de clara luz, se não conseguirmos permanecer nela, serão geradas as mentes próximas-do-fim, de crescimento e de aparição ou manifestação, e nascerão as oitenta concepções[32]; a partir delas ocorrerão novamente ações contaminadas, e suas predisposições se acumularão. É isso que causa o mal. Contudo, quando se extinguem as oitenta concepções, bem como as três mentes já descritas, enquanto permanecemos firmemente na clara luz, emoções e concepções perturbadoras não podem ser geradas. Se permanecermos nesse estado, estaremos além do escopo da conceitualidade; nem mesmo a mais forte das emoções perturbadoras poderá introduzir-se nessa etapa. Trata-se de um descanso verdadeiro.

Essa é a apresentação das Novas Escolas de Tradução. No vocabulário da Nying-ma, se viermos a compreender a realidade da mente-*vajra* e seu modo de subsistência, entenderemos que todas as manifestações da existência cíclica e do nirvana surgem através de sua força, como sendo seus "passatempos"; em decorrência perceberemos que tais fenômenos não existem por si mesmos e sim através da força dessa mente básica. Da mesma maneira, a *Precious Garland* (Grinalda preciosa) de Nāgārjuna[33], mostra a existência cíclica como falsa por originar-se de uma causa falsa: a ignorância. Portanto, embora a mente básica não seja falsa em si, os fenômenos da existência cíclica e do nirvana são os seus "passatempos", embora não apareçam como tal; a partir deste ponto de vista são considerados como falsos. Ao percebermos isso, forçosamente compreendemos que tais fenômenos só existem de forma nominal. Do-drup-chen afirma que quando somos capazes de perceber que todos os objetos de conhecimento surgem e ocorrem como o "passatempo" da mente básica, necessariamente compreendemos ainda melhor a posição da escola Prāsaṅgika, que afirma que esses objetos existem somente através do poder da conceitualidade.

A Grande Perfeição apresenta uma prática que encara todos os fenômenos da existência cíclica e do nirvana como "passatempo" e auto-resplendor da mente, enquanto sustenta a percepção consciente da natureza essencial da mente. Embora haja poucas explicações a respeito da eliminação do objeto de negação (isto é, da existência inerente) e da percepção dos fenômenos como definidos de forma nominal, isso é compreendido como um subproduto do entendimento de que todos esses fenômenos são apenas as manifestações, ou "passatempos", dessa mente básica de clara luz. Conseqüentemente, todos os pontos da perspectiva do vazio, tal como encontrados na apresentação das Novas Escolas de Tradução da escola Mādhyamika estão contidos nessa prática.

A escola Prāsaṅgika-Mādhyamika descreve essa percepção como decorrência da compreensão de que os fenômenos existem apenas através da força de convenções nominais e não de forma inerente. De acordo com a interpretação da linhagem Ge-luk, e de outras, durante a meditação a ausência da existência inerente é tomada como o *único* modo de percepção, e nada mais. O objeto de negação é apenas a mera negativa da existência inerente. O praticante procura permanecer em meditação sem perder esse objeto. A consciência que determina esse significado deve perceber uma negativa não-afirmativa, uma negação que não implique nenhuma coisa positiva no seu lugar. Um dogma fundamental do sistema Mādhyamika é que o vazio é uma negativa não-afirmativa. Bhāvaviveka, por exemplo, explica esse ponto muito claramente em seu comentário sobre a primeira estrofe do primeiro capítulo do *Treatise on the Middle Way* (Tratado sobre o Caminho do Meio) de Nāgārjuna; ele diz que as coisas não são criadas a partir de um si-próprio, de um outro, de ambos, ou de um modo sem causa. Buddhapālita e Chandrakīrti também afirmam a mesma coisa.

Na Grande Perfeição, contudo, meditamos sobre a mente básica de clara luz, e observamos unidirecionalmente o fator da mera luminosidade e conhecimento; essa mente meditativa não possui a percepção de uma simples negativa não-afirmativa. Todavia, antes dessa etapa, ao ser apresentado à mente fundamental na prática chamada de "penetração", o praticante da Grande Perfeição analisa de onde surge a mente, onde reside e para onde ela vai. No decorrer dessa prática, tal como nos textos da escola Mādhyamika, determina-se que a mente está destituída dos extremos da elaboração conceitual; essa é a percepção ou cognição da sua falta de existência inerente. Mais tarde, ao meditar sobre a mente fundamental ou de clara luz, que está livre do surgir, residir e partir, o praticante estará meditando sobre uma negativa afirmativa, na qual aparece a mente básica, sendo, porém, compreendida como vazia de existência inerente.

No sistema Nying-ma, na prática de penetração, o vazio é explicado principalmente em relação à mente, ao passo que na escola Mādhyamika é explicado com relação à pessoa, fundamentalmente, dividindo-se todos os fenômenos em pessoas — usuárias dos objetos — e em objetos usados. A prática do vazio no sistema de penetração está associada à mente devido à ênfase que a linhagem Nying-ma dá à mente em si, à cognição, à mente básica. Āryadeva faz, em seu *Lamp Compendium for Practice* (Compêndio esclarecedor para a prática), um comentário sobre as cinco etapas do *Guhyasamāja Tantra* — um Tantra da Ioga Superior muito importante, das Novas Escolas de Tradução e especialmente da Ge-luk. Nesse compêndio, ao estudar a terceira das três etapas, que é a chamada de "isolamento mental", o autor diz que é impossível atingir a libertação se não se conhece a natureza da mente. É importante reparar que ele não afirma que se não conhecemos a natureza da pessoa ou de qualquer manifestação externa não poderemos nos libertar. Na verdade, não existe diferença entre o vazio da mente e o vazio da pessoa ou de qualquer manifestação sob o aspecto de ser ele simplesmente a eliminação da existência inerente; mas, como Āryadeva está explicando o tantra e, nele, a etapa do isolamento mental no Tantra da Ioga Superior, enfatiza a diferença que surge na forma da consciência que percebe o vazio. Do mesmo modo como Āryadeva enfatiza a natureza da mente, a prática de penetração da Nying-ma também o faz; nessa prática meditamos sobre a mente compreendendo-a como caracterizada por uma ausência de existência inerente.

Na Nying-ma não há uma explicação clara e detalhada sobre se essa combinação da mente com o vazio é uma negativa afirmativa ou não-afirmativa; contudo, alguns eruditos da Nying-ma asseveraram tratar-se de uma negativa afirmativa. Por isso, algumas pessoas dizem que não há maneira segundo a qual os defensores da perspectiva de uma negativa não-afirmativa possam concordar com os que advogam a perspectiva de uma negativa afirmativa. Entretanto, o assunto é mais complexo que isso.

Mesmo na explicação do sūtra verificamos que existem dois tipos básicos de meditação: (1) a meditação sobre um aspecto objetivo, por exemplo sobre a impermanência; (2) a meditação, ou a transformação ou geração do sujeito num tipo diferente de sujeito, como no caso do cultivo do amor. Quando no sistema Nying-ma "meditamos" sobre a mente profunda, a própria mente está identificando a natureza profunda da mente e sustentando-a na meditação — à maneira do segundo tipo que acabamos de mencionar. Quando essa mente profunda identifica a si própria, ela se manifesta. Uma vez que, antes de entrarmos em contato com essa mente profunda e de identificarmos sua natureza essencial, já havíamos verificado o vazio de existência inerente da mente através da prática da penetração — ao observar de onde surge a mente, onde reside e para onde vai — aparece então uma mente que se considera como caracterizada por um vazio da existência inerente. Embora isso possa ser chamado de "meditação sobre uma negativa afirmativa", não se trata da negativa afirmativa da manifestação daquilo que é ilusório — um composto de manifestação e de vazio — sobre o qual meditamos com um nível mais sutil de consciência na escola Mādhyamika. Em vez disso, a meditação continua com uma mente mais sutil. À medida que nos familiarizamos mais com a mente básica, o complexo de concepções decresce gradualmente, a consciência se torna cada vez mais sutil, e a clara luz se manifesta.

Mesmo nas Novas Escolas de Tradução, ao manifestar-se a clara luz surge o vazio da existência inerente. De acordo com a interpretação de Nor-sang-gya-tso, erudito e adepto do sistema Ge-luk, quando a mãe-clara-luz[34] aparece na hora da morte, mesmo a uma pessoa comum, o vazio se manifesta, mas não é constatado. Isso ocorre porque quando qualquer ser, até um inseto, morre, há o desaparecimento da manifestação dualista grosseira. Não que a manifestação da existência inerente ou as manifestações convencionais desapareçam; desaparecem, sim, as manifestações convencionais *mais grosseiras*. Assim, diz-se que ao se dar a clara luz da morte surge o vazio, mas a pessoa, a não ser que se trate de um iogue altamente desenvolvido, não pode percebê-lo, já que ele não aparece devido à eliminação do objeto de negação, a existência inerente. Contudo, quando a mente identifica a si própria — por uma pessoa que percebeu o vazio — no momento em que desaparece, para essa pessoa, a manifestação dualista, não há dúvida de que essa mente é uma entidade indistinguível do vazio, e que o desaparecimento da manifestação dualista no vazio está sendo percebido em sua totalidade.

Na Grande Perfeição, à medida que um iogue mais se familiariza com a meditação sobre o composto do vazio e da manifestação com relação a uma mente sutil — a manifestação enquanto vazio dessa mente básica, considerando-se esta última como caracterizada por um vazio de existência inerente —, a manifestação das elaborações conceituais diminui gradualmente na esfera da mente básica, permitindo que a muito sutil clara luz se manifeste. Torna-se então evidente que todos os fatores envolvidos no cultivo da perspectiva do vazio apresentada nos textos comuns ao sūtra e ao mantra nas Novas Escolas de Tradução são contidos na meditação da Grande Perfeição.

É assim que meditamos sobre a verdade final, a mente fundamental, na doutrina da Grande Perfeição da Nying-ma. Nas Novas Escolas de Tradução, a efetivação da mente fundamental simultaneamente à manifestação das seis consciências atuantes (consciência visual, auditiva, do paladar, do tato e a mental) é impossível. É necessário dissolver, em primeiro lugar, todas as consciências grosseiras, rendê-las como se fossem impotentes; apenas aí a mente fundamental aparecerá de modo evidente. É impossível a ocorrência simultânea das consciências grosseiras e sutis, atuando para compreender os objetos.

Entretanto, para a Antiga Escola de Tradução da Grande Perfeição, é possível depararmo-nos com a clara luz sem a extinção das seis consciências atuantes. Mesmo quando uma emoção perturbadora é gerada num encontro com um objeto ao qual sobrepomos de modo falso um bem ou um mal localizado além daquilo que realmente possui, a emoção perturbadora em si possui a natureza de entidade de mera luminosidade e conhecimento. Uma vez que a mente de clara luz tem o caráter geral mental de uma entidade de mera luminosidade e conhecimento, o fator geral da clara luz pode ser identificado *mesmo* numa consciência perturbadora grosseira como o desejo ou o ódio. Conforme palavras de Do-drup-chen, o fator de simples luminosidade e conhecimento impregna todas as consciências, podendo ser identificado até durante a geração de uma forte emoção perturbadora sem que necessitem extinguir-se as consciências atuantes.

Da mesma forma, o *Kālachakra Tantra* refere-se à possibilidade de ser gerada uma forma vazia, uma manifestação da mente fundamental, sem a efetivação da mente fundamental em si. Diz-se que uma criança que nada sabe das doutrinas budistas pode conseguir gerar uma forma vazia enquanto apenas brinca. Embora uma forma vazia seja necessariamente uma manifestação da mente sutil fundamental, não é necessário que cessem as seis consciências atuantes e que se manifeste essa mente mais sutil para que tal manifestação ocorra. Isso se assemelha à doutrina da Grande Perfeição, na qual, para identificar-se o fator de mera luminosidade e conhecimento, não é preciso que cessem as seis consciências e que se manifeste a mente mais sutil de clara luz. Ainda assim, quando um iogue praticante da Grande Perfeição ou do *Kālachakra Tantra* alcança um alto nível de capacidade, as seis consciências atuantes se extinguem, e a mente mais sutil se manifesta, como no caminho do Mantra Secreto das Novas Escolas de Tradução. A diferença é que, para o sistema da Grande Perfeição, no *início* da prática da identificação da mente básica, essa extinção das seis consciências atuantes não é necessária. Pelo contrário, ao deixar as consciências grosseiras como são, o iogue percebe a clara luz.

Depois que isso ocorre, não é preciso eliminar deliberadamente as concepções de bem e mal. Em vez disso, não importa que tipo de concepção surja, ela não terá poder de ilusão sobre o praticante, que será capaz de permanecer concentrado unidirecionalmente no fator de mera luminosidade e conhecimento. Em conseqüência, diminui o poder das condições que geram a atuação mental incorreta, isto é, diminui o poder de gerar imputações falsas sobre os fenômenos, e a conceitualidade não pode efetivamente ter início uma vez que sua força vem sendo gradualmente reduzida. Assim, a doutrina da Grande Perfeição leva a termo um modo ímpar de apresentar a visão, a meditação e o comportamento àquele que tenha entrado em contato com a mente básica e a tenha identificado bem.

Existem, portanto, três formas de praticar a mente fundamental, de acordo com: (1) a interpretação do *Guhyasamāja Tantra* das Novas Escolas de Tradução; (2) a doutrina do vazio (e outras) da Kālachakra; (3) a doutrina da Grande Perfeição da Nying-ma. Conforme as Novas Escolas de Tradução, em determinado ponto da prática do Mantra Secreto, o māntrika se dedica a práticas especiais que prevêem, por exemplo, o concurso de um parceiro sexual, a caça de animais, e assim por diante. Embora seja fácil explicar o objetivo de empregar um parceiro como meio de trazer o desejo para o caminho, induzindo consciências mais sutis que compreendam o vazio, a caça aos animais não pode ser explicada assim. Sua finalidade incomum limita-se àqueles que conduziram a familiarização com a mente fundamental a tal nível, tão alto, que possuam enorme confiança em sua prática; o âmbito da conceitualidade já foi ultrapassado por esses praticantes. Para as pessoas de tal natureza, nenhuma concepção é exclusivamente boa ou exclusivamente má; nessa situação elevada a raiva é empregada no caminho com uma motivação piedosa. A base dessa prática nas Novas Escolas de Tradução é a mesma que a da Grande Perfeição.

Essa importante doutrina unificadora é iluminada por reunir as explicações dos pontos de vista da escola Mādhyamika, da *Guhyasamāja, da Kālachakra,* dos Tantras Mães como o Chakrasaṃvara, a Grande Perfeição e a interpretação elucidativa de Do-drup-chen. Contudo, também é importante encontrar e consultar um lama experimentado. O fundamento para a minha explicação advém dos ensinamentos do erudito e adepto totalmente qualificado da Nying-ma, Do-drup-chen Jik-may-den-bay-nyi-ma. Esse ser venerável foi discípulo de Jam-yang-kyen-dzay-wang-bo ('Jam dbyangs-khyen-brtse-dbang po, 1820-1892), que, por sua vez, foi uma encarnação do rei Trisong-day-dzen (Khri-srong-lde-brtsan), e também um notável lama, livre dos preconceitos relacionados aos pontos de vista da Nying-ma, Sa-gya, Ga-gyu e Ge-luk. Nos últimos anos de sua adolescência, Dodrup-chen já era versado em muitos textos da escola Mādhyamika, da Perfeição da Sabedoria, da Cognição Válida e das interpretações do *Kālachakra Tantra* e do *Guhyasamāja Tantra* realizadas pelas Novas Escolas de Tradução, bem como da Grande Perfeição — sua especialidade.

Eu havia percebido anteriormente na explicação de Dzong-ka-ba a respeito do significado oculto das primeiras quarenta sílabas da introdução ao *Guhyasamāja Tantra*, uma citação do *The Five Stages* (As cinco etapas, *Pañchakrama, Rim pa lnga*): "Tudo é como a estabilização meditativa da ilusão." Ao fazer essa citação, Dzong-ka-ba estabelece que tudo quanto nos rodeia e todos os seres são o "passatempo" do mero vento (ou energia) e da mente. Encontrando nessa declaração a essência de uma profunda doutrina, tomei-a como fundamento e explorei-lhe os diversos ensinamentos corretivos. Enquanto lia Dodrup-chen, sentia como se ele estivesse afagando minha cabeça em sinal de assentimento, transmitindo-me a confiança de que minha visão intuitiva tinha fundamento. Contudo, não posso reivindicar um conhecimento definitivo; esta é apenas a minha avaliação de como deve ser. É preciso que nos tornemos versados na escola Mādhyamika, no *Guhyasamāja Tantra* e no *Kālachakra Tantra*, e examinemos o *General Meaning of the "Secret Essence Tantra"* (O significado geral do "Tantra da essência secreta") de Do-drup-chen.

É claro que a argumentação dos Epistemologistas (Prāmāṇika)[35] e dos Proponentes do Caminho do Meio (Mādhyamika) não é suficiente para explicar a metodologia do procedimento dos altos níveis da prática do Mantra Secreto, tanto nas Antigas como nas Novas Escolas de Tradução. No sistema Guhyasamāja, por exemplo, certas formas são propostas como caminhos[36], e a sabedoria sublime da clara e verdadeira luz da quarta etapa [no estágio de conclusão] pode atuar como um antídoto instantâneo para os impedimentos perturbadores, artificiais e inatos[37]. É impossível explicar tais pontos sem um conhecimento dos ventos mais sutis e das consciências assentadas sobre eles, como descreve o Tantra da Ioga mais Elevada; apenas os procedimentos dos Epistemologistas e dos Proponentes da escola Mādhyamika, por si sós, não são suficientes. Da mesma forma, mesmo nas Novas Escolas de Tradução é difícil que alguém que tenha estudado apenas o sistema Guhyasamāja acredite na estrutura dos canais e dos ventos (ou energias) como é apresentada no sistema Kālachakra ou no modo de estabelecer, em função deles, uma forma vazia que sirva como causa geradora da bem-aventurança suprema e inalterável; depois disso, os 21.600 fatores materiais do corpo são consumidos pelas 21.600 gotas essenciais brancas e vermelhas, fazendo com que os 21.600 estados latentes de emissão sejam superados, o que resulta na efetivação do Estado de Buda. Somente com base na explicação decisiva de um lama qualificado e experimentado de que esse é um caminho válido veiculado por determinados tantras e que através dele geram-se certas percepções, é que alguém que se tenha restringido ao estudo de outro sistema pode vir a aceitar o que foi descrito.

De modo semelhante, a maneira como o sistema da Grande Perfeição apresenta os caminhos e temas afins, por exemplo no *Treasury of the Supreme Vehicle* (O Tesouro do Veículo Supremo) (*Theg pa'i mchog rin po che'i mdzod*) de Long-chen-ba (KLong-chen-pa Dri-med-'od-zer, 1308-63), difere muito pouco da maneira como as Novas Escolas de Tradução o fazem. Uma vez que se trata de apresentações transmitidas por pessoas diferentes, baseando-se todas no fundamento budista geral das duas verdades, as diferenças que podem existir nos ensinamentos são apenas o reflexo das características diferentes das pessoas que os transmitiram. Uma apresentação específica não pode ser criticada apenas por discordar daquela com a qual estamos familiarizados.

Igualmente, devido a diferenças nos corpos dos iogues, a estrutura dos canais e a ordem das aparições que ocorrem em função deles, são explicadas de modo diverso nos sistemas de Guhyasamāja, da Kālachakra e da Grande Perfeição. Por exemplo, segundo o sistema do Guhyasamāja há 32 pétalas-canais ou raios da roda [ou chakra] localizados no topo da cabeça e dezesseis na garganta, ao passo que o sistema Kālachakra propõe o inverso. Além disso, segundo o sistema Guhyasamāja, nas etapas de dissolução a miragem aparece antes que a fumaça, ao passo que ocorre exatamente o oposto no Kālachakra, sendo que no primeiro sistema há um total de oito sinais e no último, dez. Existem diferenças semelhantes com relação ao sistema da Grande Perfeição.

O que os vários sistemas apresentam são apenas técnicas diferentes para a manifestação da mente de clara luz. O sistema Guhyasamāja tem uma ioga dos ventos internos [ou correntes de energia]. No sistema Chakrasaṃvara há a geração das quatro bem-aventuranças. O sistema Hevajra enfatiza o calor interno, chamado de "mulher bravia" (*chaṇḍālī, gtum mo*). O Kālachakra prevê a prática da concentração sobre uma forma vazia. Uma característica particular da Grande Perfeição é que um iogue pode causar o surgimento da mente fundamental de clara luz, não por se envolver no raciocínio ou coisas semelhantes, mas apenas sustentando um estado de não-conceitualidade combinado a várias condições externas e internas. Existe também uma prática parecida no sistema Ga-gyu do Grande Selo (*Mahāmudrā, Phyag rgya chen po*).

Falemos agora sobre como identificar a clara luz na Grande Perfeição: quando, por exemplo, ouvimos um barulho, entre o momento em que o ouvimos e o momento em que o conceitualizamos como tal, existe um tipo de mente desprovido de conceitualidade, não sendo, contudo, como a do sono ou da estabilização meditativa, na qual o objeto é um reflexo dessa entidade de mera luminosidade e conhecimento. Nesse ponto, a natureza essencial da mente é identificada. Aqueles que estudam filosofia nas Novas Escolas de Tradução e que repetem com freqüência a definição de consciência "Aquilo que é luminoso e que conhece", precisam identificá-la experimentalmente. Não basta apenas proferir definições, discriminações e exemplificações; a experiência é necessária, e para isso o sistema da Grande Perfeição é extremamente valioso. Ele nos põe em contato com a realidade dessa natureza essencial de mera luminosidade e conhecimento.

Nos ensinamentos da Grande Perfeição diz-se que não podemos nos tornar iluminados através de uma mente artificiosa, não-natural; precisamos, ao contrário, identificar a mente básica, devendo, portanto, todos os fenômenos, ser compreendidos como o "passatempo" dessa mente; para tanto, induz-se unidirecionalmente a verificação contínua. Nessa prática não é necessário repetirmos mantras, recitarmos textos, e assim por diante, porque há algo maior. As outras práticas são elaboradas; elas exigem um esforço, ao passo que quando identificamos a mente básica e sustentamos a prática nesse contexto, ela não requer esforço algum. As práticas que exigem tal exercício são realizadas pela mente, mas as práticas espontâneas efetuadas sem esforço são realizadas pela mente básica.

Para fazermos isso, não é suficiente lermos os livros; precisamos da prática preparatória completa do sistema Nying-ma e, além disso, do ensinamento especial de um mestre qualificado que o transmita, bem como das suas bênçãos. Ainda assim, o estudante deve ter acumulado um grande mérito. O próprio grande Jik-may-ling-ba (*'Jigs-med-gling-pa*, 1729/30-1798) passou três anos e três fases da lua[38] num árduo retiro e só depois disso a esfera da mente fundamental se manifestou. Ela não o fez facilmente. Do-drup-chen também trabalhou com empenho total; em seus escritos, enfatiza que alguém que se dedique espontaneamente a essa prática sem esforço deve trabalhar arduamente em todas as práticas preliminares. É necessário que um lama de fato experiente o coloque em contato com a mente básica, sobre a qual ele meditará unidirecionalmente, com total renúncia a esta vida. Ele afirma que só podemos identificar a esfera da mente básica através desse procedimento, e de nenhum outro. Algumas pessoas, contudo, interpretam mal a doutrina quanto à não-necessidade de repetir mantras, de meditar sobre uma divindade, e assim por diante, e acreditam que o sistema da Grande Perfeição é muito fácil. Trata-se de uma tolice; o processo não é absolutamente fácil. Alguém que não conheça o ponto de vista da escola Mādhyamika e que não tenha vivenciado a intenção altruísta de se tornar iluminado o consideraria, provavelmente, impossível. Com tal experiência prévia, contudo, um grande progresso pode ser realizado.

Como resultado dessa prática completa, alcançamos uma união dos Corpos da Verdade e da Forma de um Buda. Segundo o sistema Guhyasamāja, isso é atingido através da prática da união do corpo ilusório convencional com a clara luz final. No sistema Kālachakra alcança-se o mesmo através da união da forma vazia com a imutável bem-aventurança. Na Grande Perfeição ela é alcançada pela unificação da visão e da meditação, ou da penetração e do salto transcendente — salto além-de[39]. A essência de todos esses caminhos sintetiza-se na mente inata fundamental de clara luz. Mesmo os sūtras que fundamentam o comentário de Maitreya no seu *Sublime Continuum of the Great Vehicle* têm como base de seu pensamento essa mesma mente fundamental, seja na discussão da natureza do Buda, ou da essência d'Aquele que chegou à Verdade (*Tathāgatagarbha, De bzhin gzhegs pa'i snying po*), embora essa prática não seja descrita de modo completo, como o é nos sistemas do Tantra da Ioga Superior.

Esse é o ponto onde, se comparados, os vários sistemas se unem. Transcendendo o sectarismo, podemos encontrar muita coisa que evoca a realização profunda, por constatarmos como essas escolas confluem para o mesmo pensamento fundamental.

NOTAS

1. XXVII.30: *gang gis thugs brtse nyer bzung nas/ / lta ba thams cad spang ba 'i phyir/ / dam pa 'i chos ni bstan mdzad pa/ / gau tam de la phyag 'tshal lo/ /*; Sânscrito: *sarvadṛṣṭiprahāṇāya yaḥ yaḥ saddharmamadeshayat/ anukampāmupādāya taṃ namasyāmi gautamaṃ*, ambos como são encontrados no Mūlamadhyamakakārikās de Nāgārjuna avec la Prasannapadā Commentaire de Candrakīrti, publicado por Louis de la Vallée Poussin, Bibliotheca Buddhica IV, Osnabrück, Biblio Verlag, 1970, p. 592.

2. O *Vajrapañjara Tantra* diz:
Os Tantras de Ação são para os inferiores.
A Ioga sem ações é para aqueles acima deles.
A Ioga suprema é para os seres supremos.
A Ioga Superior é para aquele acima deles.
Veja *Tantra in Tibet*, Londres, George Allen and Unwin, 1977, p. 151, de Tsong-ka-pa (publicado em português pela Editora Pensamento com o título *Tantra no Tibete*).

3. A tradução do texto de Dzong-ka-ba foi extraída, com uma pequena modificação, da tradução de Geshe Sopa e de Hopkin no *Practice and Theory of Tibetan Buddhism*, Londres, Rider and Co., 1976, com a gentil permissão do editor.

4. *khyod kyis ji snyed bka' stsal pa/ / rten 'brel nyid las brtsams te 'jug/ de yang mya ngan 'da'phyir te/ / zhi 'gyur min mdzad khyod la med/ /*, P6016, Vol. 153, 38.1.1-38.1.3.

5. O *Four Hundred*, capítulo XII.13: *zhi sgo gnyis pa med pa dang/ /*, Varanasi, Peasure of Elegant Sayings, 1974, vol. 18, 140.7. Em sânscrito: *advitīyaṃ shivadvāaram* em Karen Lang. "Āryadeva on the Bodhisattva's Cultivation of Merit and Know-

ledge", Ann Arbor, University Microfilms, 1983, p. 638. Essa passagem é abordada no *Commentary on "Four Hundred"* (*Āryadeva's*) de Chandrakīrti (*Bodhisattvayogāchārachatuḥshataka-tīkā, Byang chub sems dpa 'i rnal 'byor spyod pa bzhi brgya pa 'i rgya cher 'grel pa*) nas páginas 190b.1-191a.6 do vol. 8 (nº 3865) do *sDe dge Tibetan Tripiṭaka — bs Tan hgyur preserved at the Faculty of Letters, University of Tokyo*, Tóquio, 1979. Ela é comentada na *Explanation of (Chandrakīrti's) "Four Hundred", Essence of the Good Explanations* (*bZhi brgya pa 'i rnam bshad legs bshad snying po*), Pleasure of Elegant Sayings Printing Press, Sarnath, 1971, p. 9.

6. Para uma descrição dos níveis da etapa de conclusão veja o *Clear Light of Bliss* de Geshe Kelsang Gyatso, Londres: Wisdom Pulications, 1982.

7. O *Four Hundred*, capítulo VIII, 12: *gang la 'di skyo yod min pa/ / de la zhi gus ga la yod/ /*, Varanasi, Pleasure of Elegant Sayings, 1974, vol. 18, 122.2. Sânscrito: *udvego yasya nāstīha bhaktis tasya kutaḥ shive*, Lang, p. 609.

8. *Commentary on (Dignāga's) "Compendium of Valid Cognition"*, capítulo II: *sdug bsngal 'khor ba can phung po/ /*, Varanasi, Pleasure of Elegant Sayings, 1974, vol. 17, 56.7. Em sânscrito: *duḥkhaṃ saṃsāriṇaḥ skandhāḥ* como é encontrado no Swami Dwarikadas Shastri, *Pramāṇavārttika of Acharya Dharmakirtti*, Varanasi, Bauddha Bharati, 1968, vol. 3, 54.8.

9. V.1: *srid pa 'i rtsa ba phra rgyas drug*, Varanasi, Pleasure of Elegant Sayings, 1978, vol. 26, 205.2.

10. *Commentary of (Dignāga's) "Compendium of Valid Cognition"*, capítulo II: *sems kyi rang bzhin 'od gsal te/ / dri ma rnams ni blo bur ba/ /*, Varanasi, Pleasure of Elegant Sayings, 1974, vol. 17, 63.11. Em sânscrito: *prabhāsvaramidaṃ chittaṃ prakṛtyāgantatro malāḥ* como é encontrado no Swami Dwarikadas Shastri, *Pramāṇavārttika of Acharya Dharmakirtti*, Varanasi, Bauddha Bharati, 1968, vol. 3, 73.1.

11. *Engaging in the Bodhisattva Deeds*, V. 109cd: *sman dpyad bklags pa tsam gyis ni/ / nad pa dag la phan 'gyur ram/ /* Em sânscrito: *chikitsāpāṭhamātreṇa roginaḥ kiṃ bhaviṣyati*, ambos como são encontrados no *Bodhicaryāvatāra*, editada por Vidhushekhara Bhattacharya, Bibliotheca Indica, vol. 280, Calcutá; The Asiatic Society, 1960, pp. 79-80.

12. *Engaging in the Bodhisattva Deeds*, VI. 14ab: *goms na sla bar mi 'gyur ba 'i/ / dngos de gang yang yod ma yin/ /*; Em sânscrito: *na kiṃchidasti tadvastu yadabhyāsasya duṣkaraṃ* ambos como são encontrados no *Bodhicaryāvatāra*, ed. por Vidhushekhara Bhattacharya, Bibliotheca Indica, vol. 280, Calcutá; The Asiatic Society, 1960, p. 83.

13. I.28: *sdug 'dor 'dod sems yod kyang/ / sdug bsngal nyid la mngon par rgyud/ / bde ba 'dod kyang gti mug pas/ / rang gi bde ba dgra ltar 'joms/ /*; Em sânscrito: *duḥkhamevābhidhāvanti duḥkhaniḥsaraṇāshayā/ / sukhechch 'ūyaiva sammohāt svasu-*

khaṃ ghnanti shatruvat, ambos encontrados no Bodhicaryāvatāra, ed. por Vidhushekhara Bhattacharya, Bibliotheca Indica, vol. 280, Calcutá, The Asiatic Society, 1960, p. 9.

14. *Commentary on (Dignāga 's) "Compendium of Valid Cognition"*, capítulo II: *brtse ldan sdug bsngal gzhom pa 'i phyir/ / thabs rnams la ni mngon sbyor mdzad/ / thabs byung de rgyu lkog gyur pa/ / de 'chad pa ni dka' ba yin/ /*, Varanasi, Pleasure of Elegant Sayings, 1974, vol. 17, p. 54.14. Em sânscrito: *dayāvān duḥkhahānārthamupāyeṣhvabhiyujyate/ parokṣhopeyataddhetostadākhyānaṃ hi duṣhkaram* como é encontrado em Swami Dwarikadas Shastri, *Pramāṇavārttika of Acharya Dharmakirtti*, Varanasi, Bauddha Bharati, 1968, vol. 3, 50.3.

15. Esta é uma análise sobre se a pessoa e se o complexo mente-corpo possuem inerentemente ou não a mesma natureza essencial, se a pessoa depende inerentemente da mente e do corpo, se a mente e o corpo dependem inerentemente da pessoa, se a pessoa possui inerentemente mente e corpo, se a pessoa é a forma do corpo, e se a pessoa é o conjunto mente e corpo. Veja *Meditation on Emptiness* de Jeffrey Hopkins, Londres, Wisdom Publications, 1983, I. cap. 3 & 4 e II. Cap. 5.

16. XXIV. 19: *gang phyir rten 'byung ma yin pa 'i/ / chos 'ga 'yod pa ma yin pa/ / de phyir stong pa ma yin pa 'i/ / chos 'ga 'yod pa ma yin no/ /* Em sânscrito: *apratītya samutpanno dharmaḥ kashchinna vidyate/ yasmāttasmādashūnyo 'hi dharmaḥ kashchinna vidyate*, ambos como são encontrados no *Mūlamadhyamakakārikās* de *Nāgārjuna* com o *Prasannapadā Commentaire* de *Candrakīrti* publicado por Louis de la Vallée Poussin, Bibliotheca Buddhica IV, Osnabrück, Biblio Verlag, 1970, p. 505.

17. P5246, Vo. 95 139.2.7, XIV.23. *'di kun rang dbang med pa ste/ / des na bdag ni yod ma yin/ /*, como é encontrado no *Madhyamakāvatāra par Candrakīrti*, publicado por Louis de la Vallée Poussin, Bibliotheca Buddhica IX, Osnabrück, Biblio Verlag, 1970, p. 279. Inexistente em sânscrito. Os comentários em colchetes são do comentário de Chandrakirti (P5266, vol. 98 270.3.6).

18. VI.160: *rnam bdum gyis med gang de ji lta bur/ / yod ces rnal 'byor pas 'di'i yod mi rnyed/ / des de nyid la 'ang bde blag 'jug 'gyur bas/ / 'dir de 'i grub pa de bzhin 'dod par bya/ /*. Os elementos em colchetes são do *Illumination of the Thought* de Dzong-ka-ba (*dGongs pa rab gsal*), Dharamsala, Shes rig par khang edition, n.d.

19. Veja seus quatro volumes de *Cases of the Reicarnation Type*, publicado pela University Press of Virginia, Charlottesville.

20. Veja *Death, Intermediate State, and Rebirth in Tibetan Buddhism*, Londres, Rider and Co., 1979, pp. 38-41.

21. "Radiante" significa vívido, que não se irradia de um ponto a outro.

22. Para uma descrição dessas práticas, veja *The Yoga of Tibet* de Tsong-ka-pa, Londres, George Allen and Unwin, 1981.

23. As datas foram extraídas do *Cultural History of Tibet* de Snellgrove e Richardson, Nova York, Praeger, 1968, ou dos verbetes de E. Gene Smith no fichário da Library of Congress card catalogue.

24. P3080, Vol. 68 275.3.1. O comentário de Sahajavajra é o *Tattvadashakatīkā* (*De kho na nyid bcu pa 'i rgya cher 'grel pa*), P3099, vol. 68 297.4.6ss. A alusão de "Nāgārjuna, Āryadeva, Chardrakīrti, e assim por diante" está no 299.1.6 e a identificação específica de instruções quintessenciais no 299.2.2, 299.5.3, 300.2.3. Essa passagem é citada e as mesmas observações são feitas no *The Presentation of Tenets* (*Grub mtha 'i rnam bzhag*) por Jang-gya Rol-bay-dor-jay (lCang-skya Rol-pa 'i-rdo-rje, nascido em 1717), 297.20, Sarnath, Pleasure of Elegant Sayings Press, 1970.

25. Essa é uma canção para cinco fêmeas sedutoras não-humanas. Com relação ao tibetano, veja *The Complete Biography of Milarepa* (*rJe btsum mi la ras pa 'i rnam thar rgyas par phye pa mgur 'bum*), n.d., 1971, 347.15-8.11. Para a tradução inglesa de Garma C. C. Chang, veja *The Hundred Thousand Songs of Milarepa*, Hyde Park, University Books, 1962, p. 325.

26. Para uma breve biografia de Hlo-drak Ken-chen Nam-ka-gyel-tsen (*Lho-brag mKhan-chen Nam-mkha'-rgyal-mtshan*, 1326-1401) veja *Lives of the Teachers of the Lam-Rim Precepts* (também chamado *Biographies of eminent gurus in the transmission lineages of the teachings of the Graduated Path*) (*Byang chub lam gyi rim pa 'irgyan mchog phul byung nor bu 'i phreng ba*) por Tsay-chok-ling Yong-dzin Ye-shay-gyel-tsen (*Tshe-mchog-gling Yongs-'dzin Ye-shes-rgyal-mtshan*, 1713-1793), 640.5-9.2, com uma menção posterior na 731.6ss. Ensinamento que Dzong-ka-ba recebeu de Nam-ka-gyel-tsen numa visão com Vajrapāni e foi traduzido por Robert Thurman em *Life and Teachings of Tsong Khapa*, Dharmsala, Library of Tibetan Works and Archives, 1982, pp. 213-30. Suas obras completas foram publicadas em dois volumes como *Collected Writings of Lho-brag Grub-chen Nam-mkha'-rgyal-mtshan*, Nova Delhi, Tshering Dargye, 1972. Nam ka-gyel-tsen é algumas vezes colocado como um Ga-dam-ba (*bKa' gdams-pa*), e está claro que os ensinamentos sobre a visão que Dzong-ka-ba recebeu deles estão no vocabulário inigualável do Sistema da Grande Perfeição da Nying-ma.

27. *mKhas grub dge legs dpal bzang po 'i gsung thor bu 'i gras rnams phyogs gcig tu bsdebs pa*, The Collected Works of the Lord Mkhas-grub rJe dGe-legs-dpal-bzan-po, Nova Delhi, 1980, 125.1.6.3.

28. 2b.2. O Primeiro Lama Panchen (1567(?)-1662) fornece curtas descrições desses sistemas em seu comentário, *Very Brilliant Lamp, Extensive Explanation of the Root Text of the Great Seal in the Traditions of the Precious Ge-luk Ga-gyu* (*dGe ldan bka' brgyud rin po che 'i bka' srol phyag rgya chen po 'i rtsa ba rgyas par bshad pa yang gsal sgron me*), 12a2-11b.2 no Gangtok 1968 edition.

29. A referência neste caso é a prática dos Hearers e dos Solitary Realizers como é descrita na Middle Way Consequence School, e não à prática como é descrita nas chamadas escolas do Veículo Menor ou Hearer schools, que são as Escolas da Grande Exposição e do Sūtra.

30. O primeiro verbete no Volume Ga das suas Obras Completas.

31. Para um estudo sobre esses níveis mais básicos e progressivamente mais sutis que também são vivenciados na hora da morte, veja o *Death, Intermediate State, and Rebirth in Tibetan Buddhism*, Londres, Rider, 1979, pp. 38-46, publicado pela Editora Pensamento com o título *Morte, estado intermediário e reencarnação no budismo tibetano*.

32. Essas são oitenta variedades de consciências conceituais, divididas em três grupos, que têm a natureza das três consciências mais profundas correspondentes à *radiant white appearance, radiant red increase,* e *radiant black near attainment,* anteriormente mencionadas. Veja *Death, Intermediate State, and Rebirth in Tibetan Buddhism*, Londres, Rider, 1979. pp. 38-42.

33. Capítulo I.29:
Os agregados mentais e físicos surgem
Da concepção que é na verdade falsa.
Como poderia o que cresce
De uma falsa semente ser verdadeiro?
Veja o *Precious Garland and the Song of the Four Mindfulnesses* de Nāgārjuna e Kaysang Gyatso, Londres, George Allen and Unwin, 1975, p. 21.

34. A luz mãe pura é a própria mente da luz clara da morte; a luz filho pura é aquela que se manifesta através do cultivo do caminho iogue. Um iogue experimentado pode empregar a mãe luz pura da morte para perceber o vazio da existência inerente, e isso é chamado de encontro das luzes puras mãe e filho. Veja *Death, Intermediate State, and Rebirth in Tibetan Buddhism*, Londres, Rider, 1979, pp. 47-48.

35. Os Prāmāṇikas (*Tshad ma pa*) são fundamentalmente aqueles que seguem Dignāga e Dharmákīrti, os que seguem o raciocínio de Sautrāntika e de Chittamātrin. Eles podem ser chamados de "Epistemologistas" por causa de sua preocupação com a cognição válida (*pramāṇa, tshad ma*), sendo essa a origem de seu nome.

36. Nos sistemas do sūtra os caminhos são principalmente consciências que, quando geradas no *continuum* mental, conduzem a pessoa a um estado mais elevado; contudo, a linguagem correta, que é a forma em alguns sistemas, também é considerada um caminho. Aqui na Guhyasamāja, o corpo ilusório em si é considerado como a terceira das cinco etapas no estágio de conclusão e desse modo é um caminho. Em nenhum sistema do sūtra o próprio corpo é considerado como um caminho.

37. No sistema do Grande Veículo do Sūtra (chamado de Veículo da Perfeição), é necessário um período de um número incontável de éons para que um Bodhisattva supere as inatas obstruções aflitivas — inatas — a concepção habitual de que os fenômenos existem inerentemente assim como os outros estados de aflição que ela induz. No Tantra da Ioga Superior esses obstáculos são superados num único instante de percepção do vazio com a mente muito sutil de luz clara, e isso é possível devido à sua tremenda força.

38. A fase da Lua ou é crescente ou é minguante; assim, isso significa três anos e um mês e meio. Muitas pessoas interpretaram erroneamente *lo gsum phyogs gsum* como sendo três anos e três meses.

39. Saltar por cima refere-se a um modo de progresso no caminho que avança através dos fatores mentais espontâneos e positivos. Veja *Tantric Practice in Nyingma* de Khetsun Sangpo, Londres, Rider, 1982, p. 222.